DAS RÖMISCHE INSTITUT DER GÖRRES-GESELLSCHAFT

TÄTIGKEITSBERICHT 2011 BIS 2021

Stefan Heid

SCHNELL + STEINER

Abbildung der vorderen Umschlagseite:
Blick aus der Bibliothek des Campo Santo Teutonico auf den Petersdom

Bibliografische Information der Deutschen Nationalbibliothek:
Die Deutsche Nationalbibliothek verzeichnet diese Publikation
in der Deutschen Nationalbibliografie; detaillierte bibliografische
Daten sind im Internet über http://dnb.dnb.de abrufbar.

1. Auflage 2022

Umschlaggestaltung: Falk Flach, typegerecht berlin
Satz: typegerecht berlin
Druck: Hubert & Co. GmbH und Co KG, Göttingen

ISBN 978-3-7954-3788-6

Weitere Informationen zum Verlagsprogramm erhalten Sie unter:
www.schnell-und-steiner.de

Das Römische Institut
der Görres-Gesellschaft

Tätigkeitsbericht
2011 bis 2021

INHALT

GELEITWORTE

PROFESSOR DR. BERND ENGLER

Präsident der Görres-Gesellschaft

Die Görres-Gesellschaft zur Pflege der Wissenschaft e. V. vollzieht seit mehreren Jahren eine Neuausrichtung ihrer Tätigkeit hin zu mehr gesellschaftlicher Relevanz und öffentlicher Sichtbarkeit. Sie möchte, von ihrem christlichen Wertehorizont ausgehend, Impulsgeber für Debatten an der Schnittstelle von Wissenschaft, Gesellschaft, Politik und Religion sein. Kennzeichnend für ihre Tätigkeit sind drei Säulen: (1) ihre wissenschaftliche Tätigkeit: Beispielhaft hierfür ist die Edition der 8. Ausgabe des Staatslexikons wie auch zahlreiche weitere wissenschaftliche Veröffentlichungen, z. B. die von ihr herausgegebenen Jahrbücher und Zeitschriften; (2) die Vermittlung von Wissenschaft in die interessierte Öffentlichkeit hinein: Zu nennen sind wissenschaftliche Vorträge und Tagungen, in den vergangenen beiden Jahren angesichts der Corona-Pandemie auch unter Nutzung digitaler Formate in Webinaren sowie (3) die Unterstützung des wissenschaftlichen Nachwuchses: Hierzu hat sich das »Junge Forum der Görres-Gesellschaft« etabliert, das einen höchst erfreulichen Zulauf hat und dem mittlerweile 150 Nachwuchswissenschaftlerinnen und -wissenschaftler angehören.

Für alle diese Bereiche leistet das Römische Institut der Görres-Gesellschaft (RIGG) wesentliche Beiträge. So trägt das Institut mit seinen wissenschaftlichen Schwerpunkten Christliche Archäologie sowie Kirchen- und Kunstgeschichte zum wissenschaftlichen Profil der Görres-Gesellschaft bei. Kennzeichnend hierfür ist die mit großem Erfolg herausgegebene Römische Quartalsschrift und weitere Publikationen wie auch die wissenschaftlichen Tagungen, die in stetig wachsender Zahl vom Römischen Institut durchgeführt werden. Zu den regelmäßig durchgeführten Görres-Vorträgen im Institut kommen stets zahlreiche Teilnehmerinnen und Teilnehmer. Die Görres-Abende bilden so einen wichtigen Baustein in der Vermittlung von Wissenschaft in die Öffentlichkeit hinein. Darüber hinaus ist die Unterstützung des wissenschaftlichen Nachwuchses ein ganz besonderes Augenmerk des Römischen Instituts. So werden vom RIGG Stipendien für den wissenschaftlichen Nachwuchs ausgeschrieben. Im März 2022 konnten sich rund 20 Mitglieder des Jungen Forums ein eigenes Bild vom Römischen Instituts und seinen Angeboten für junge Wissenschaftlerinnen und Wissenschaftler machen, als sie zu einer Studienfahrt nach Rom gekommen waren.

Dank dieser Leistungen ist das Römische Institut für die Görres-Gesellschaft insgesamt von höchster Bedeutung. Es ist höchst erfreulich, dass das Institut in den vergangenen Jahren sein wissenschaftliches Profil schärfen und vermehrt in die Öffentlichkeit hinein wirken konnte. Den Verantwortlichen für das Institut, insbesondere seinem Direktor, Herrn Professor Dr. Stefan Heid, gelten meine besten Grüße und guten Wünsche für eine erfolgreiche Zukunft. Ich freue mich auf die künftige Zusammenarbeit und die wertvollen Impulse des Römischen Instituts für die Görres-Gesellschaft.

DR. BERNHARD KOTSCH

Botschafter der Bundesrepublik Deutschland beim Heiligen Stuhl

Das Römische Institut der in Bonn ansässigen Görres-Gesellschaft stellt seit seiner Gründung 1888 ein kleines, aber charakteristisches Element der deutsch-römischen Wissenschaftslandschaft dar. Zum einen hat es durch seinen Sitz am *Campo Santo Teutonico* teil an dessen besonderer Nähe zum Vatikan, zum anderen ist es doch ein unabhängiges weltliches Institut. Es ist seit 1946 Gründungsmitglied der »Unione internazionale«, die aus drei Dutzend italienischen und ausländischen Instituten besteht – ein europaweit einmaliges Netz außer-universitärer Zusammenarbeit. Gründungsursprung der »Unione« war die Rettung der deutschen Bibliotheken nach Ende des Zweiten Weltkriegs. Das Römische Institut der Görres-Gesellschaft konnte hier aufgrund seiner neutralen Lage eine hilfreiche Rolle spielen. So sind denn die Bibliotheken aller deutschen Institute in Rom erhalten geblieben und in besonderer Weise auch der italienischen Öffentlichkeit verpflichtet.

Die Botschaft der Bundesrepublik Deutschland beim Heiligen Stuhl hat stets die Arbeit des Römischen Instituts wertgeschätzt und dies auch immer wieder zum Ausdruck gebracht. Der vorliegende Tätigkeitsbericht der vergangenen elf Jahre – nach dem Wechsel im Direktorat 2011 – zeigt eindrücklich die Lebendigkeit und Innovationskraft des Römischen Instituts, das sich einen wachsenden Kreis an Mitgliedern und Freunden in Italien, Deutschland und vielen anderen Ländern erworben hat. Ihnen und den Mitarbeitern gelten meine besten Wünsche.

1. DAS RÖMISCHE INSTITUT

Das Römische Institut der Görres-Gesellschaft (auch: Historisches Institut der Görres-Gesellschaft) (RIGG) wurde 1888 als erstes Auslandsinstitut der »Görres-Gesellschaft zur Förderung der Wissenschaft im katholischen Deutschland« gegründet und hat seither seinen Sitz im deutschen Priesterkolleg am *Campo Santo Teutonico* im Vatikan. Es widmet sich der Grundlagenforschung auf dem Gebiet der Kirchengeschichte und Christlichen Archäologie in einer weiten Perspektive: Berücksichtigt wird die gesamte Kirchengeschichte von der Spätantike bis zur Gegenwart unter Einschluss der Klassischen Altertumswissenschaften, der Profangeschichte, der Geschichte des Christlichen Orients, der Kunstgeschichte, der Liturgiegeschichte usw.

Das RIGG ist, auch wenn es seinen Sitz in den Räumen des Priesterkolleg im Vatikan hat, kein kirchliches Institut, sondern unabhängig. Es widmet sich der historisch-kulturwissenschaftlichen Forschung im Dialog mit Gesellschaft, Kirche und Kultur. Es versteht sich als deutsch-italienische Kontaktstelle für Forscher jeder Nation auf dem Feld der Kirchengeschichte und Christlichen Archäologie sowie benachbarter Fächer.

Die Tätigkeiten des Instituts werden durch die Görres-Gesellschaft ermöglicht und durch ein Team von ehrenamtlichen Gelehrten, Forscherinnen und Mitarbeitern vor Ort getragen. Das Institut fördert deutschsprachige Wissenschaft im Ausland, insofern es entsprechend seiner kulturellen Tradition und entsprechend den europäischen Idealen an Deutsch als Wissenschafts- und Publikationssprache festhält. Es ist antragsberechtigt bei der Deutschen Forschungsgemeinschaft (DFG).

Das Institut ist mit vielen akademischen Institutionen vor allem Deutschlands und Italiens vernetzt und unterhält entsprechende Kooperationen, die von Fall zu Fall, je nach Anfragen und Bedürfnissen, aktiviert und erweitert werden. In den letzten elf Jahren waren darunter Die *Associazione Italiana dei Professori di Storia della Chiesa*, das Centrum für Religion und Moderne in Münster, der Deutsche Verein vom Heiligen Land, die Fachhochschule der Diakonie in Bethel, die *Fondazione Vaticana Joseph Ratzinger / Benedetto XVI*, die Forschungsstätte Christlicher Orient der Universität Eichstätt, die Forschungsstelle für Vergleichende Ordensgeschichte in Dresden, das Department Geschichte der Friedrich-Alexander-Universität Erlangen-Nürnberg, die Gesellschaft für Konziliengeschichtsforschung e. V. in Augsburg, das Institut für Bayerische Geschichte der Ludwig-Maximilians-Universität München, das Institut für deutsche Kultur und Geschichte Südosteuropas in München, das Institut für Osteuropäische Geschichte in Wien, das Institut Papst Benedikt XVI. in Regensburg, das Historische Seminar und das Institut für Altertumswissenschaften der Johannes Gutenberg-Universität Mainz, die Kommission für Zeitgeschichte in Bonn, das Melanchthon Zentrum Rom, das Päpstliche Institut *Santa Maria dell'Anima* in Rom, das *Pontificio Comitato di Scienze Storiche* in Rom, die Universidad CEU San Pablo in Madrid, das Institut für Altertumskunde der Universität zu Köln, das Romanische Seminar der Universität Mannheim, die *Université Paris XIII Sorbonne* und der Lehrstuhl Neuere Geschichte der Universität Potsdam.

Rom bietet mit seinen unzähligen Universitäten, Hochschulen, Museen, Bibliotheken und Archiven ein ideales Umfeld für Grundlagenforschung, thematische Studien als auch kulturelle Fortbildung. Dazu bietet das Institut nicht nur den idealen Stützpunkt direkt neben dem Petersdom, sondern auch ein kulturell aufgeschlossenes kirchliches Umfeld, da es eine enge Symbiose mit dem deutschen, international besetzten Priesterkolleg am *Campo Santo Teutonico* eingeht. Vom Institut aus können Zugänge zu den wichtigsten Forschungsinstitutionen (Vatikanische Bibliothek, Vatikanisches Archiv u. a.) eröffnet und hilfreiche Tipps zum Arbeiten in italienischen oder vatikanischen Einrichtungen gegeben werden. Dem dient auch die Mitgliedschaft in der *Unione Internazionale degli Istituti di Archeologia, Storia e Storia dell'Arte in Roma*, einer Interessenvertretung von 37 Instituten und Forschungseinrichtungen zur Archäologie, Kunst und Kunstgeschichte in Rom. Das RIGG ist hier seit der Gründung der *Unione* 1946 dabei.

Diese Vernetzung hat es dem Institut in den vergangenen elf Jahren ermöglicht, 25 Tagungen am *Campo Santo Teutonico* durchzuführen oder zu unterstützen und Hunderte von Wissenschaftlerinnen und Wissenschaftlern zu Konferenzen und Vorträgen willkommen zu heißen. Das Personenverzeichnis am Ende dieses Bandes ist dafür ein eindrucksvoller Beleg. Die teilnehmenden Institutionen haben immer auch finanziell die Veranstaltungen mitgetragen. Darüber hinaus konnte das Institut immer wieder Drittmittel von der Fritz Thyssen Stiftung, der Deutschen Forschungsgemeinschaft, der Gedächtnis Stiftung Peter Kaiser, der Geschwister-Zabel-Stiftung, der *Fondazione pro Arte e Musica Sacra*, der *Fondazione Vaticana Joseph Ratzinger / Benedetto XVI*, zahlreichen kirchlichen Institutionen und privaten Groß- und Kleinspendern einwerben.

Die vielfältigen Initiativen und Angebote des Instituts finden sich ständig aktualisiert auf der Website (www.goerres-gesellschaft-rom.de). Das Institut bietet Förderungen für Studierende (Postgraduate, Postdoc) in Rom an, heißt aber auch »Forscherinnen und Forscher zu Gast« willkommen. Wissenschaftliche Mitarbeiterinnen und Mitarbeiter, die eine Promotion (ggf. den Master) abgeschlossen haben, bereichern das Institut durch ihre Ideen, Publikationen, Tagungen und Expertisen. Vor allem durch thematisch sehr variable Tagungen, die nie alleine unternommen, sondern immer mit auswärtigen akademischen Institutionen (ob in München, Paris, Wien oder anderswo) durchgeführt werden, entsteht ein Ort der Willkommenskultur.

Das 125-jährige Bestehen des Römischen Instituts wurde 2013 bewusst mit der Tagung »Orte der Zuflucht und personeller Netzwerke: Der *Campo Santo Teutonico* und der Vatikan 1933–1955« begangen, um die Dankbarkeit des Instituts gegenüber der Erzbruderschaft zur Schmerzhaften Mutter Gottes und dem Priesterkolleg zum Ausdruck zu bringen. Denn nunmehr seit 134 Jahren genießt das Institut die privilegierte Gastfreundschaft dieser beiden Institutionen[1]. Aber auch umgekehrt sind die Erzbruderschaft und das Kolleg stolz auf ein Institut, das zuverlässig zur wissenschaftlichen Präsenz des *Campo Santo Teutonico* beiträgt und dabei auch die Geschichte dieses einzigartigen Ortes im Schatten von Sankt Peter wertschätzt, etwa durch mehrere Bände, die in diesen Jahren über die Geschichte des *Campo Santo Teutonico* herausgegeben oder initiiert wurden (siehe Kap. 6). Ausdruck dieser besonderen Symbiose ist auch die gemeinsame Verantwortung für die sowohl vom Kolleg als auch vom Institut herausgegebene Fachzeitschrift »Römische Quartalschrift für Christliche Altertumskunde und Kirchengeschichte« (RQ).

Am 8. Dezember 2010 begann die Amtszeit des derzeitigen Rektors der Erzbruderschaft und des Kollegs, Prälat Dr. Hans-Peter Fischer. Am 1. Januar 2011 nahm auch der neue Direktor des Instituts, Mons. Prof. Dr. Stefan Heid, seinen Dienst auf. Das ist Grund genug, von einem Neubeginn zu sprechen. Nach einer Phase der Neusortierung hat sich in der besten Tradition des Hauses eine engagierte, liberale Zusammenarbeit entwickelt, die einer Profilierung aller Institutionen zugutekommt. Der *Campo Santo Teutonico* ist ein in hohem Maß idealer Ort: Nur wer für ihn lebt und pulsiert, wird viel bewirken und reich belohnt.

Hat Rektor Prälat Prof. Dr. Erwin Gatz in seinem gedruckten Tätigkeitsbericht über die Jahre 1975 bis 2010 noch alle drei Institutionen in einem Heft zusammengefasst[2], so ist das jetzt nicht mehr möglich. Zu stark haben sich die Initiativen auf allen Seiten vermehrt. Daher soll hier allein das Römische Institut dargestellt werden, teils erzählerisch, teils nüchtern auflistend, in jedem Fall aber so, dass die ungeheure Fülle jener Personen deutlich wird, die für und hinter diesem Institut stehen und ein großes akademisches Freundschaftsnetz bilden: in Rom, in Italien, Deutschland, Österreich und der Schweiz, ja sogar weltweit.

Nach einem Jahrzehnt eine erste Bilanz zu ziehen, ist gerade auch jetzt geboten. Der *Campo Santo Teutonico* wird in den kommenden Jahren baulich erneuert. Das wird Anlass sein, dem Institut neue Anstrengungen abzuverlangen, die für die Zu-

1 Die heutige Geschäftsgrundlage der Institutsarbeit bildet ein Nutzungsvertrag vom 16. Dezember 2001 zwischen der Erzbruderschaft zur Schmerzhaften Mutter Gottes als Eigentümerin des *Campo Santo Teutonico* und der Görres-Gesellschaft. Die novellierten Statuten des RIGG wurden am 18. April 2015 vom Präsidenten Prof. Dr. Wolfgang Bergsdorf und dem Gesellschaftsvorstand gebilligt und in Kraft gesetzt, veröffentlicht in: Jahres- und Tagungsbericht der Görres-Gesellschaft 2014, 177–178. Vorausgehende Fassung in: Jahres- und Tagungsbericht der Görres-Gesellschaft 1953, 66–69.

2 E. Gatz, Der *Campo Santo Teutonico* bei St. Peter in Rom 1975–2010. Ein Tätigkeitsbericht (Regensburg 2010).

kunft tragen. Die Kirchengeschichte wird ein immer wichtigeres und größeres Feld der Forschung und Bildungsarbeit in einer entchristlichten Gesellschaft werden, die immer weniger über ihre eigenen kulturellen Wurzeln weiß. Dabei die Qualität zu wahren und kritische Forschung zu fördern, erfordert Idealismus genauso wie die geeigneten Instrumente. Wer optimistisch ist, dem werden aber auch die Mittel dafür zufließen.

ANSCHRIFT:

Pontificio Collegio Teutonico
Via della Sagrestia, 17
00120 Città del Vaticano

Telefon (Direktorenzimmer):	+39-06-698-92672
Telefon (Bibliothek):	+39-06-698-92673
Email Direktor:	rigg.direktor@gmail.com
Email Bibliothek:	bibliothek@teutonico.va
Email Bibliothek Ratzinger:	benediktbibliothek@gmail.com
Homepage:	www.goerres-gesellschaft-rom.de

DIREKTOREN:

Johann Peter Kirsch, Erzdiözese Luxemburg (1888–1890)
Joseph Schlecht, Diözese Eichstätt (1890–1891)
Stephan Ehses, Diözese Trier (1891–1893)
Franz Miltenberger, Diözese Würzburg (1893–1894)
Stephan Ehses, Diözese Trier (1895–1926)
Johann Peter Kirsch, Erzdiözese Luxemburg (1926–1937/41)
Hermann Maria Stoeckle, Erzdiözese München (1937–1949)
Engelbert Kirschbaum S.J. (1949–1959)
Ludwig Voelkl, Diözese Passau (1959–1971)
Ambrosius Eszer O.P. (1971–1975)
Erwin Gatz, Diözese Aachen (1975–2010)
Stefan Heid, Erzdiözese Köln (2011–)

LEITUNG:

Prof. Dr. Stefan Heid, Direktor (seit 1.1.2011)
Prof. Dr. Johannes Grohe, Vizedirektor (seit 22.9.2012)

DIREKTORIUM[3]:

Dr. Martin Barth (Bonn), Generalsekretär der Görres-Gesellschaft: seit 19.9.2016
Prof. Dr. Wolfgang Bergsdorf (Bonn), Präsident der Görres-Gesellschaft: bis 27.9.2015
Prof. Dr. Pius Engelbert O.S.B. (Abtei Gerleve): bis 2014
Prof. Dr. Bernd Engler (Tübingen), Präsident der Görres-Gesellschaft: seit 27.9.2015
Dr. Hans-Peter Fischer (Vatikan), Rektor des Päpstlichen Priesterkollegs am *Campo Santo Teutonico*: seit 2011
Prof. Dr. Johannes Grohe (Rom), Vizedirektor (seit 22.9.2012): seit 1.1.2011
Prof. Dr. Stefan Heid (Rom), Direktor: seit 1.1.2011
Prof. Dr. Karl-Joseph Hummel (Bonn): seit 26.9.2015
Prof. Dr. Michael Matheus (Rom, jetzt Mainz): seit 24.9.2011
Prof. Dr. Dr. h.c. mult. Paul Mikat (Düsseldorf): bis † 24. Sept. 2011
Prof. Dr. Dr. h.c. Konrad Repgen (Bonn): bis † 2.4.2017
Prof. Dr. Rudolf Schieffer (München, dann Bonn): 14.1.2012 bis 19.9.2016
Prof. Dr. Arnd Uhle (Dresden, jetzt Leipzig): seit 26.9.2015

BIBLIOTHEKAR:

Dipl. bibl. Marjan Rebernik (1993 bis Dezember 2016)
Prof. Dr. Stefan Heid (seit 2016)

BIBLIOTHEKSSEKRETÄRIN:

Dr. Karin Mair (seit Mai 2020)

BIBLIOTHEKSHILFE:

*Petra Fugazzola (*2014–2016)
Cornelia Wehmer (seit 2016)

3 In Fettdruck die derzeitigen Direktoriumsmitglieder.

STIPENDIATINNEN UND STIPENDIATEN / ASSISTENTINNEN UND ASSISTENTEN:

***Hansjochen Mathias Mütel**, Hamburg (1.9.2010 bis 31.7.2012): Theologiestudium in Sankt Georgen in Frankfurt und an der Universidad Católica de Santa Maria in Peru, patristisches Promotionsprojekt bei Prof. Dr. Michael Fiedrowicz (Trier). Stipendium des Kollegs – Promotion am 30. Januar 2016 an der Theologischen Fakultät Trier.*

***Florian Haider**, München (1.9.2012 bis 31.7.2014): Theologiestudium an der Universität München und am St. John's Seminary in Brighton/MA; dogmatisches Promotionsprojekt bei Prof. Dr. Bertram Stubenrauch (München). Stipendium des Kollegs – Promotion am 8. Juni 2017 in katholischer Theologie an der LMU München.*

***Teresa Lohr**, Bamberg (1.9.2013 bis 30.6.2014): Studium der Kunstgeschichte, Germanistik und Restaurierungswissenschaft in Bamberg und Prag, kunsthistorisches Promotionsprojekt bei Prof. Dr. Christian Hecht (Bamberg). Stipendium des RIGG – Promotion am 22. November 2019 in Kunstgeschichte an der Universität Erlangen-Nürnberg.*

***Stefan Kiesewetter**, Wien (1.9.2014 bis 31.7.2018): Studium der kath. Theologie, daneben Lehramt für Biologie und Umweltkunde und Religion an der Universität Wien. Liturgiewissenschaftliches Promotionsprojekt bei Prof. Dr. Hans-Jürgen Feulner (Wien). – Aufbau einer Datenbank für Konziliengeschichte für die Internationale Gesellschaft für Konziliengeschichtsforschung. Stipendium der Anima – Promotion am 22. November 2021 in Katholischer Theologie an der Universität Wien.*

***Georg Kolb**, Eichstätt (1.9.2014 bis 30.6.2016): Studium der Kath. Theologie im Diplomstudiengang und Religion, Latein und Geschichte für das Lehramt (2. Staatsexamen) der Kath. Universität Eichstätt und in Rom; historisches Promotionsprojekt bei Prof. Dr. Dieter J. Weiß (München). – Im Oktober 2016 Diplomabschluss an der Vatikanischen Schule für Paläographie, Diplomatik und Archivistik. Stipendium des Kollegs – Promotion am 11. November 2021 in Bayerischer Landesgeschichte an der LMU München.*

***Florian Schwarz**, Passau (1.9.2015 bis 31.7.2017): Studium der Katholischen Theologie an der Universität München, seit 2011 Doktorand im Fach Kirchengeschichte des Altertums und Patrologie bei Prof. Dr. Roland Kany (München). – Kustos der »Römischen Bibliothek Joseph Ratzinger / Benedikt XVI.« Stipendium der Fondazione Vaticana Joseph Ratzinger / Benedetto XVI – Promotion am 24. Juli 2019 an der LMU München.*

***Ignacio García Lascurain Bernstorff**, München (1.10.2016 bis 31.7.2018): Studium der Rechtswissenschaften an der Universität Freiburg i.Br. (2008–2010) und der Ge-*

schichte an der Universität München (2010–2013); historisches Promotionsprojekt bei Prof. Dr. Claudia Märtl (München). Stipendium des Kollegs – Promotion am 27. Mai 2019 in Geschichte an der LMU München.

***Christopher Helbig**, Würzburg (1.9.2017 bis 31.7.2019): Studium der Katholischen Theologie an der Universität Würzburg (2010–2015), seit 2015 Doktorand im Fach Fundamentaltheologie bei Prof. em. Dr. Wolfgang Klausnitzer (Würzburg). – Kustos der »Römischen Bibliothek Joseph Ratzinger / Benedikt XVI.« Stipendium der Fondazione Vaticana Joseph Ratzinger / Benedetto XVI.*

***Christopher Kast**, München (1.9.2018 bis 31.7.2019): Studium der Geschichte und Politikwissenschaft in München und Rom, seit 2017 Promotionsstudium an der LMU München bei Prof. Dr. Claudia Märtl. Stipendium der Anima – Promotion am 8. Juli 2021 an der LMU München.*

***Thomas Kieslinger**, Erlangen (1.9.2018 bis 31.7.2019): Studium der Geschichte und Politikwissenschaft in Erlangen und Berlin, seit 2016 Promotionsstudium der Mittelalterlichen Geschichte an der FAU Erlangen bei Prof. Dr. Klaus Herbers. Stipendium des Kollegs – Promotion am 13. Dezember 2021 in Geschichte an der Universität Erlangen-Nürnberg.*

***Heinrich Heidenreich**, Frankfurt a. M. (1.9.2019 bis 31.7.2021): Studium der Klassischen Philologie an der Universität Mainz (2006–2018) mit Staatsexamen in Geschichte, Latein und Erziehungswissenschaft (2018); philologisches Promotionsprojekt bei Prof. Dr. Wilhelm Blümer (Mainz). – Kustos der »Römischen Bibliothek Joseph Ratzinger / Benedikt XVI.« Im 1. Jahr Stipendium des RIGG, im 2. Jahr Stipendium der Fondazion Vaticana Joseph Ratzinger / Benedetto XVI.*

***Ricardo Sanjurjo Otero**, Santiago de Compostela (1.9.2019 bis 31.7.2021): Priester der Diözese Santiago de Compostela, Studium der kath. Theologie an der Universidad Pontificia de Salamanca (2005–2010) und Lizenzstudium am Pontificio Istituto Biblico in Rom (2011–2015); neutestamentliches Promotionsprojekt bei Prof. Santiago Guijarro Oporto (Salamanca). Stipendium der ACdP Madrid.*

***Dr. Federica G. Giordani**, Rom (Jan. 2020 bis Juni 2021): Studium der historischen Linguistik, Scuola Vaticana di Paleografia, Diplomatica e Archivistica, Mitarbeiterin der Gesellschaft für Konziliengeschichtsforschung (J. Grohe). Stipendium der Anima und des RIGG.*

***Emmanuel Ansaldi**, Rosario, Santa Fe (Sept. 2020 bis Juli 2021): Priester der Diözese Fréjus-Toulon, freigestellt zum Studium am Pontificio Istituto di Archeologia Cristiana. Stipendium des Kollegs.*

Martin Grobauer, *Bad Tölz (1.9.2021 bis 31.7.2023): Studium der kath. Theologie an der LMU München, promoviert bei Prof. Dr. Bertram Stubenrauch. – Kustos der »Römischen Bibliothek Joseph Ratzinger / Benedikt XVI.«. Stipendium der Fondazione Vaticana Joseph Ratzinger / Benedetto XVI.*

Sarah Maria Lorenz, *Lauingen (1.9.2021 bis 31.7.2022): Studium der Geschichte an der Universität Augsburg und der Universität Gregoriana, promoviert bei Prof. Dr. Gisela Drossbach. Stipendium der Hanns-Seidel-Stiftung.*

Rev. Gino Marchetti *II, Minneapolis (1.9.2021 bis 4.1.2022): Studium am Concordia Theological Seminary in Fort Wayne, Indiana, promoviert bei Prof. Benjamin T. G. Mayes. Martin Chemnitz-Stipendium.*

WISSENSCHAFTLICHE MITARBEITERINNEN UND MITARBEITER:

Andreas Raub, Aachen (1.11.2014 bis 31.5.2015): Kunsthistoriker
Dr. Ilenia Gradante, Syrakus (1.1.2015 bis 31.7.2019): Archäologin
Prof. Dr. Gianluca Azzaro, Mailand (seit 1.1.2016): Historiker
Dr. Marco Leonardi, Catania (Febr. 2019 bis Febr. 2020): Historiker
Dr. Federica G. Giordani, Rom (seit 1.9.2021): Historikerin
Dr. Augustinus Sander OSB, Rom (seit Mai 2021): Ökumeniker

HILFSKRÄFTE:

Martin Edlinger, Graz (Okt. 2010 bis Juni 2012): Theologiestudent
Matthias Simperl, Schwäbisch Hall (Okt. 2012 bis Juni 2013): Theologiestudent
Jakob Ohm, Münster (1.11.2013 bis 30.6.2014): Theologiestudent

VERÖFFENTLICHUNGEN ÜBER DAS INSTITUT:

Das RIGG publiziert jährlich Rechenschaftsberichte im »Jahres- und Tagungsbericht der Görres-Gesellschaft« (auch online auf den Seiten der Görres-Gesellschaft und des RIGG) und im gedruckten »Annuario« der *Unione Internazionale degli Istituti di Archeologia, Storia e Storia dell'Arte in Roma*. Ferner druckt das Institut seit 2012 für seine Förderer eigene illustrierte Rechenschaftsberichte zwischen 24 und 32 Seiten.

S. Heid, Dalla Germania con le matite appuntite. Alle origini dell'Istituto romano della Görres-Gesellschaft nel Camposanto Teutonico, in: L'Osservatore Romano 153. Jg., Nr. 90 vom 18.4.2013, S. 4.

S. Heid, Prägende Zeiten – das Römische Institut der Görres-Gesellschaft 1925–

1955, in: M. Matheus / S. Heid (Hg.), Orte der Zuflucht und personeller Netzwerke. Der *Campo Santo Teutonico* und der Vatikan 1933–1955 (Freiburg i.Br. u.a. 2015) 303–356.

J. Bürkle, »Rom ist uns allen Heimat und Rom macht jeden reich«. Studienkurse für Religionslehrer höherer Schulen zu Themen der Kirchengeschichte – eine Initiative des *Campo Santo Teutonico* 1959–1970, in: C. Brodkorb / D. Burkard (Hg.), Neue Aspekte einer Geschichte des kirchlichen Lebens. Zum 10. Todestag von Erwin Gatz (Regensburg 2021) 51–92.

MITGLIEDER:

Das RIGG besitzt eine eigene Mitgliedschaft. Mitglieder werden können jene, die ihren Wohnsitz in Italien haben. Das gilt für solche, die bereits Mitglieder der Görres-Gesellschaft sind und für längere Zeit nach Italien ziehen, als auch für solche, die in Italien wohnen und dort in die Görres-Gesellschaft eintreten. Die Mitglieder des RIGG zahlen ihren Jahresbeitrag an das RIGG.

Die Statistiken zeigen ein kontinuierliches Wachstum des RIGG und seines Anteils an der Görres-Gesellschaft[4]. Von 2011 bis 2021 hat das RIGG 248 neue Mitglieder für die Görres-Gesellschaft geworben[5]. Allerdings ist die Fluktuation groß. So hat das RIGG seit 2010 durch Wegzug 89 Mitglieder verloren, die aber meistens Mitglieder der Görres-Gesellschaft bleiben.

	Mitglieder	Männer	Frauen	Neumitglieder
2010	65	46	19	
2011	85	61	24	20
2012	92	66	26	16
2013	108	79	29	23
2014	125	93	32	32
2015	139	106	33	22
2016	149	114	35	16
2017	176	134	42	41
2018	201	156	45	36
2019	215	164	51	31
2020	222	165	57	21
2021	229	171	58	26

	Anteil des RIGG an der Gesamtgesellschaft
2010	2,16
2011	2,93
2012	3,22
2013	3,8
2014	4,53
2015	4,94
2016	5,31
2017	6,33
2018	7,15
2019	7,75
2020	8,03
2021	8,16

4 Die Zahlen der Jahre 2010–2013 der beiden folgenden Statistiken sind gegenüber bisherigen Veröffentlichungen korrigiert. Die erste Tabelle versteht unter »Neumitgliedern« die neuen Mitglieder des RIGG, also nicht nur jene, die am RIGG in die Görres-Gesellschaft eingetreten sind, sondern auch die nach Italien umgezogenen Mitglieder der Görres-Gesellschaft. Mitglieder der Görres-Gesellschaft: 2010: 3001; 2011: 2902; 2012: 2859; 2013: 2842; 2014: 2758; 2015: 2811; 2016: 2804; 2017: 2781; 2018: 2812; 2019: 2773; 2020: 2763; 2021: 2806.

2. AUS DEM INSTITUTSLEBEN

Das RIGG druckt für seine Freunde und Förderer einen illustrierten »Jahresbericht«, der unter dem Titel »Memoranda & Mirabilia« in bunter Folge »Merkwürdiges & Wunderbares« chronikartig zusammenträgt. Diese Chroniken werden hier zusammengestellt. Die Ausführungen sind gekürzt, ansonsten so belassen, wie sie in den betreffenden Jahren formuliert waren.

CHRONIK 2011

Zum Jahreswechsel 2010–2011 übergab Prälat Prof. Dr. Erwin Gatz, langjähriger Rektor des *Campo Santo Teutonico*, die Leitung des Römischen Instituts der Görres-Gesellschaft in andere Hände. Der Präsident der Görres-Gesellschaft, Prof. Dr. Wolfgang Bergsdorf, ernannte den habilitierten Kirchenhistoriker und Priester der Erzdiözese Köln **Stefan Heid** (* 1961 in Bad Homburg), seit 2006 Vizerektor des Kollegs, zum **neuen Direktor**. Einen statutengemäß vorgesehenen Vizedirektor gab es unter Erwin Gatz nicht. Mit dem neuen Direktor wurde das Leitungsamt wieder vom Rektorat des Priesterkollegs getrennt. In der Geschichte des Instituts gab es diese Personalunion nur noch unter Dr. Hermann Maria Stoeckle (1937–1949). Am 29. Januar 2011 hielt Wolfgang Bergsdorf einen Öffentlichen Vortrag am RIGG anlässlich der Einführung des neuen Direktors.

Am 8. Mai 2011 verstarb überraschend **Prälat Erwin Gatz** bei einem Ausflug in Maastricht. Nach einer Abschiedsfeier in St. Johann Baptist in Aachen-Burtscheid am 17. Mai wurde der Leichnam nach Rom überführt und am 20. Mai auf dem *Campo Santo Teutonico* beigesetzt. Seit dem 1. Juli 1975 bis zum 31. Dezember 2010 war Erwin Gatz Geschäftsführender Direktor des RIGG und federführender Herausgeber der Römischen Quartalschrift. Über sein 36-jähriges Wirken als Rektor der Erzbruderschaft und des Priesterkollegs und als Direktor des Instituts legte er in seinem abschließenden »Tätigkeitsbericht« Rechenschaft ab[6]. Erwin Gatz hatte

5 2011: 17; 2012: 13; 2013: 22; 2014: 27; 2015: 15; 2016: 13; 2017: 35; 2018: 35; 2019: 26; 2020: 20; 2021: 25.

6 Oben Anm. 2.

Erwin Gatz

im Dezember 2010 am *Campo Santo* alles geordnet hinterlassen und an seine Nachfolger übergeben und war dabei, sich im Ruhestand in seiner Heimatstadt Aachen neuen Aufgaben zuzuwenden. Mehrere wissenschaftliche Projekte, an denen er zuletzt mitgearbeitet oder die er finanziell gefördert hatte, waren nicht abgeschlossen, sollen aber weitergeführt werden. Daran ist auch die Erbengemeinschaft Maubach-Prömpeler (Aachen) interessiert. Dem RIGG liegt vor allem die Herausgabe des letzten Bandes der Kölner Nuntiaturberichte am Herzen, die nun von der Görres-Gesellschaft übernommen wird[7].

Eine Würdigung der wissenschaftlichen Lebensleistung des Verstorbenen durch Klaus Ganzer erscheint in der Römischen Quartalschrift[8]. Erwin Gatz selbst hat über seine hochverdiente Tätigkeit als Institutsdirektor in den jährlichen Tätigkeitsberichten der Gesellschaft Rechenschaft abgelegt. Daneben sind zu konsultieren: E. Gatz, Aus meinem Leben (Regensburg 2010) 99–100; E. Gatz, Der *Campo Santo Teutonico* bei St. Peter in Rom 1975–2010. Ein Tätigkeitsbericht (Regensburg 2010) 49–78; E. Gatz, Die Römische Quartalschrift (RQ) seit 1975, in: RQ 105 (2010) 283–292; E. Gatz, Das Römische Institut der Görres-Gesellschaft von der Auflösung der Gesellschaft durch das NS-Regime (1941) bis zu seiner Reaktivierung nach dem Zweiten Weltkrieg (1949), in: M. Matheus (Hg.), Deutsche Forschungs- und Kulturinstitute in Rom in der Nachkriegszeit (Tübingen 2007) 181–192; E. Gatz, Das Römische Institut der Görres-Gesellschaft, in: Der Neue Pauly 15,1 (2001) 684–689; E. Gatz, L'Istituto Romano della Società di Görres, in: P. Vian (Hg.), *Speculum Mundi* (Roma 1992) 468–486; E. Gatz, Das Römische Institut der Görres-Gesellschaft 1888–1988, in: RQ 83 (1988) 3–18.

7 2009 veröffentlichte Dr. Peter Schmidt (Köln) die »Nuntiaturberichte aus Deutschland. Die Kölner Nuntiatur« mit den Akten der Jahre 1614–1616 des Nuntius Antonio Albergati. Der letzte Band erschien 2015 mit den Jahren 1617–1621.

8 K. Ganzer, Rückblick auf das wissenschaftliche Œuvre von Erwin Gatz, in: RQ 106 (2011) 148–154.

STEFAN HEID:

Ein persönliches Wort zum Tod von Erwin Gatz

»Auch wenn unzählige andere besser und berechtigter über Erwin Gatz sprechen können, so will ich doch als sein Nachfolger als Geschäftsführender Direktor des Römischen Instituts der Görres-Gesellschaft ein Wort sprechen. Erwin Gatz starb unerwartet, wohl an Herzversagen, auf einem Sonntagsausflug in Maastricht. Er liebte die Ausflüge, hier in Rom jeden Samstag. Er ist gestorben, wie er gelebt hat: ohne Verzögerung, ohne Diskussion, ohne Klagen. Es werden jetzt sicher hie und da Spekulationen laut, ob sein Tod nur vier Monate nach seinem Weggang vom *Campo Santo Teutonico*, wo er seit 1975 sein Bestes gegeben hat, eben mit diesem Weggang zu tun hat. Sicher, das war für ihn nicht leicht. Er wäre am Ende doch gerne zwei Jahre länger bis zu seinem 80. Geburtstag geblieben. Aber das Ende war für ihn dann entschieden, und sein Blick war fortan ganz auf die Zukunft gerichtet. Er hatte Pläne, überschaubar, machbar, aber auch nicht wenige: Vorträge, Vorlesungen, Reiseführungen, weitere wissenschaftliche Werke. Deshalb habe ich keinerlei Zweifel, dass sein Tod ohne jeden direkten Zusammenhang zu seinem Weggang von Rom steht. Er erlag schlicht einem Herzversagen, und alles darüber hinaus bleibt haltlose Spekulation. Erwin Gatz, den ich seit seinem Weggang nur noch wenige Male telefonisch sprach, und stets nur kurz, wie es seiner Art entsprach, war ganz zufrieden mit seinem Zuhause in Aachen und voller Pläne, die ihn noch manche Jahre auf geistiger und leiblicher Wanderschaft gehalten hätten.

Sein Tod stand in einer anderen Dimension: Er starb am selben Tag wie der Alt-Camerlengo der Erzbruderschaft Alois Righi-Schwammer. Unvergesslich ist, wie Erwin Gatz am 8. Dezember, dem Tag seiner offiziellen Verabschiedung, in Anwesenheit der Gäste und Freunde in der Kirche des Campo Santo seinen kurzen, erwartungsgemäß nüchternen Dankesworten plötzlich einen sehr, sehr persönlichen Ton verlieh, der alle aufhorchen ließ. Er sagte, er wolle sich nicht an alle wenden, sondern Einen für Alle herausgreifen, weil ihm dies besonders wichtig sei. Er meinte den schon gebrechlichen Alois Righi Schwammer, der in Begleitung seiner Frau Franca im Hintergrund direkt bei der Kirchentür saß. Mit ihm hatte er über 30 Jahre in der Erzbruderschaft engstens zusammengearbeitet. Und man sei in den ersten Jahren keineswegs einer Meinung gewesen und habe in manchen wichtigen Fragen über Jahre hinweg hart miteinander gerungen. Aber dann sei eine wirkliche Freundschaft daraus geworden, die ihm mit das Wertvollste in seinem Leben geworden sei. Und dafür danke er Righi Schwammer von ganzem Herzen. Man kann sich leicht vorstellen, wie alle, die Gatz kannten, tief beeindruckt waren; der Applaus nahm kein Ende mehr.

Nun sind beide am selben Tag verstorben, der eine in Rom, der andere in Maastricht, und beide werden auf demselben Friedhof neben St. Peter liegen. Das meine ich, wenn ich sage, dass dieser Tod einer höheren Regie folgte. Erwin Gatz hätte gewiss noch gefühlte zehn Jahre aktiv sein können. Und dem Römischen Institut fehlen jetzt ohne jeden Zweifel seine Kompetenz, sein Gedächtnis, seine Arbeitskraft. Aber er hat alles geordnet hinterlassen; nichts blieb lieblos liegen. In seinem Arbeitszimmer, das er sich in den Görres-Räumen neu eingerichtet hatte und in dem er jetzt vom 12. Mai für einen Monat hatte arbeiten wollen, fand sich sein Testament, datiert auf den 1. Januar 2011!

Es steht außer Frage, dass ich mit den vielen, vielen Freunden und Mitarbeitern aus der Görres-Gesellschaft und darüber hinaus, die dem Römischen Institut und der Römischen Quartalschrift verbunden sind, gewissermaßen auf den Schultern meines Vorgängers weiterarbeiten werde. Es besteht keinerlei Anlass, das Ruder zu einer anderen Seite herumzuwerfen. Seit 15 Jahren kenne ich Erwin Gatz als Mitglied des *Campo Santo Teutonico*. Das war eine Lebensgemeinschaft, die prägt! Ich erfuhr wie viele andere durch ihn Unterstützung ohne Direktiven, Förderung durch Vertrauen, Bildung durch viele Ausflüge und Vorträge, schließlich im kollegialen Sinne Freundschaft unter Freunden. Da hoffe ich also jetzt auf die vielen, die ich mit »Freundschaft unter Freunden« meine, dass sie gemeinsam mit mir Sorge tragen für das Wohl des Instituts zum Wohle der gesamten Görres-Gesellschaft und des Priesterkollegs, dessen neuer Rektor Dr. Hans-Peter Fischer nach Kräften am selben Strang mitzieht«.

STEFAN HEID:

Predigt während der Exequien am 20. Mai am *Campo Santo Teutonico*

»Liebe Familie Prömpeler, liebe Schwestern und Brüder im Glauben,
wer hätte das gedacht, dass wir uns nach der großen, frohgestimmten Festfeier am 8. Dezember so bald in dieser Runde wiedersehen würden, und nun zu so traurigem Anlass! Niemand hat das auch nur geahnt. Nach fast 36 Jahren intensiver Präsenz in Rom war Erwin Gatz in dieser Kirche des *Campo Santo Teutonico* verabschiedet worden, um seinen neuen Lebensmittelpunkt in Aachen zu nehmen. Was kein endgültiger Abschied von Rom hatte sein sollen, ist es nun vier Monate später, vier Tage nach seinem 78. Geburtstag, geworden. Endgültiger Abschied von Rom? Nein, nicht wirklich. Denn gestern kehrte seine irdische Hülle hier an den Campo Santo zurück. Hier am Vatikan neben dem Petersgrab wird er bleiben, auf diesem seinem geliebten Friedhof, nicht in der Rektorengruft freilich, sondern bei den Professorengräbern vor der Kirche, wo es ihm lieber war. Sein innigster Wunsch geht somit heute in Erfüllung. Bei aller Trauer tröstet uns: Er hatte einen, ich wage es zu sagen, schönen, beneidenswerten, leidlosen Tod, allerdings 10 gefühlte und erhoffte Jahre zu früh. Erwin ist bei Maastricht auf einem Ausflug verstorben, wie es zu ihm passte, denn er liebte die Ausflüge, die er nie allein unternahm. Am selben Tag wenige Stunden zuvor war hier in Rom der Alt-Camerlengo der Erzbruderschaft, sein Freund Alois Righi Schwammer verstorben, den wir vor einer Woche beerdigt haben. Das alles sagt uns irgendwie, dass Gott es so gewollt, verfügt und für gut befunden hat, auch wenn es Erwin Gatz nicht vergönnt war, noch manche Jahre im Unruhestand

zu verbringen. Er fehlt seiner Familie, seinen Freunden, unserem Kolleg. Wir missen seinen klugen, aufrichtigen Rat. Nicht wenige in Deutschland und Rom hatten Pläne und Projekte mit ihm, manche waren mit ihm dieser Tage verabredet. Doch Gottes Wege sind anders. Gott hat Erwins Leben nicht abgebrochen, sondern gütig vollendet. Ich glaube auch nicht, dass Erwin, trotz seiner Gesundheit, auf die er immer sehr geachtet hat, in der Illusion endlosen Lebens ahnungslos überrascht wurde. Vergessen wir nicht: am Heiligabend 2009 starb seine ältere Schwester Renate, und damals habe ich ihn das erste Mal weinen sehen. Das hat ihn emotional ziemlich verändert; seither war er näher ans Wasser gebaut, was man vorher von ihm gar nicht kannte. Damals ist der Tod wuchtig in sein Leben eingetreten. Und nun geht es uns mit ihm nicht anders.

Liebe Freunde, es ist die Stunde des Abschieds und damit auch der Erinnerung. Erinnerung am Grab ist nicht ein peinlicher Pausenfüller, um irgendwie das betretene Schweigen angesichts der Zumutung des Todes zu durchbrechen. Sondern Erinnerung, Memoria, Anamnese, Rückblick – das sind Grundvollzüge unseres christlichen Bekenntnisses. Wir lesen die Schriften des Alten und Neuen Bundes, weil wir aus der Erinnerung an Gottes Heilssorge unsere Kraft für das Jetzt und Heute schöpfen. Was kann uns mehr Kraft und Hoffnung schenken als die Botschaft der Auferstehung? Die Lesungen, die wir gehört haben, wurden nicht eigens für diese Totenmesse ausgewählt, sondern sind die Texte des heutigen Wochentags. Aber sie passen vollkommen in diese gesammelte Liturgie des Todes und des Lebens, zu der wir uns zusammengefunden haben. Wir haben aus der Apostelgeschichte die Predigt des Paulus in Antiochia gehört, und dieser Paulus predigt das jetzt auch in unsere Kirche hinein: »Gott hat Jesus von den Toten auferweckt, und er ist viele Tage hindurch denen erschienen, die mit ihm zusammen von Galiläa nach Jerusalem hinaufgezogen waren und die jetzt vor dem Volk seine Zeugen sind. So verkünden wir euch das Evangelium: die frohe Botschaft«. Das ist die Botschaft, an die wir uns erinnern. Das ist die frohe Botschaft, die uns auch Erwin Gatz so häufig als Priester und glaubwürdiger Zeuge verkündet hat. Von dieser Auferstehungsbotschaft spricht auch das Tagesevangelium nach Johannes. Jesus sagt: »Euer Herz lasse sich nicht verwirren. Glaubt an Gott, und glaubt an mich. Im Haus meines Vaters gibt es viele Wohnungen – Ich bin der Weg und die Wahrheit und das Leben«. Was gibt es da noch zu hadern? Was gibt es da zu trauern? Der Tod ist ein Tor – so oder so. Der Tod ist Tor und Anfang eines neuen Lebens, das Christus für uns erworben hat und für jeden bereithält. Egal wie alt wir sterben, der Tod trifft uns immer mitten im Leben: »Mitten wir im Leben sind von dem Tod umfangen«. Jesus Christus, der Herr, hat am Kreuz durchlitten und so hat Gott gelernt, was es für uns Menschen bedeutet, mitten im Leben sterben zu müssen. Doch die Botschaft von Ostern ist die Auferstehung. Und so gilt nun: Ja, mitten im Leben sterben wir, denn vor dem Tod ist Leben, und nach dem Tod ist Leben, das wahre, das himmlische Leben. Nie fallen wir durch den Tod aus dem Leben, das Gott uns gibt, heraus.

Liebe Freunde, Erinnerung, Memoria, Rückblick – das ist christlicher Glaubensvollzug, indem wir bekennen, dass jedes Leben kostbar und von Gott gewollt und bejaht ist. Die beste Predigt ist ein gelungenes Leben. Wir rufen also in uns wach dieses Leben von Erwin Gatz, das schon so oft und umfassend gewürdigt wurde, von dem wir sagen dürfen: Er hat als Mensch, Christ und Priester den guten Kampf gekämpft. So wie er in jungen Jahren als Kaplan im Bistum Aachen mit ganzer Kraft Seelsorger war, so wie er sich mit gleicher Disziplin an die akademische Laufbahn herangearbeitet hat, so hat er auch hier am *Campo Santo Teutonico* seinen Posten ohne Wenn und Aber ausgefüllt. Der Campo Santo wurde seine Lebensaufgabe, und er hat diese Aufgabe glänzend gemeistert, ohne je zu straucheln, ohne je müde zu werden. Selbstverständlich war er nicht kantenlos, er war auch nicht Everbodys Darling; manche ärgerten sich regelrecht über ihn, wenn er sich so verhielt, wie er eben war. In manchem war er sein eigener Showmaster, jedenfalls hier in der engen Lebensgemeinschaft des Kollegs schmunzelten wir zuweilen über seine kleinen Inszenierungen, die mal selbstironisch geplant, mal einfach aus der Situationskomik heraus geboren wurden. Erwin Gatz war in vielem genauso, wie er sich auch wirklich gesehen haben wollte: Als Christ und Sünder, der schlau und fleißig aus den Gaben, die Gott ihm in die Wiege gelegt hat, etwas gemacht hat; der deshalb nie arrogant oder überheblich wurde, sondern immer auf dem Boden der Tatsachen blieb. Viel kann man aus seinem Leben machen, Vielen kann man Halt und Freundschaft geben, wenn man nur treu bleibt und beharrlich das Gute wählt. Dann wird man schon ganz von selbst zum Vorbild. Und Vorbild ist Erwin Gatz sicher für uns gewesen. Kein übermenschliches, kein unerreichbares, aber ein machbares Vorbild, ein Priester, der auch schon mal die Frühmesse verschlief; gerade so wurde seine Treue zum täglichen Dienst deutlich.

Liebe Freunde, ich trage Eulen nach Athen. Es ist ja niemand heute hier, der Erwin Gatz nicht kannte, besser kannte als ich. Jeder von uns könnte etwas sagen zu diesem Leben, das Gott in die Vollendung gerufen hat. Jeder von uns könnte einen Teil von sich geben, um dieses Bild herzustellen. Ja, ich möchte sagen, wir alle sind Teil seiner Biographie, Teil seines Lebens und Glaubens. Wir wissen das alle, aber in den letzten Tagen ist uns das ganz klar geworden, wenn wir auf unserem Handy plötzlich auf seine Telefonnummer stießen, die nun niemanden mehr erreicht, oder wenn uns ein Brief in die Hände gelangt, dem wir nicht mehr antworten können. Er liebte ja als Historiker die Dramaturgie der Erinnerung, und so hat er immer nur handschriftliche Briefe geschrieben, von denen er sich erhoffte, dass sie nicht weggeworfen werden, sondern irgendwann in einem Archiv landen. Später wird man die Erinnerung an ihn weit her aus den hinteren Regionen des Gedächtnisses und der Archive hervorholen. Aber jetzt steht er uns noch ganz vor Augen. Gerade hier am Sarg ist es, als ob er vor uns stünde. So viele Totenreden hat er selber von diesem Ambo aus gehalten! So viele Ansprachen zur Allerseelenprozession auf dem Friedhof! So viele Hinweise auf die beiden barocken Grabdenkmäler mit ihrer eindrücklichen Warnung, das Stundenglas nie aus dem Auge zu verlieren! Wir leben ja hier am Campo Santo nun einmal an einem Friedhof mit einer Abteilung für die Lebenden und einer Abteilung für die Toten. Jetzt ist er schneller als gedacht von der einen zur anderen hinübergewechselt. Aber er bleibt eben doch in dieser Gemeinschaft des Campo Santo, wo die Gespräche zu Gebeten werden, die keine Todesgrenze kennen.

Liebe Freunde, ich habe gesagt: Erinnerung ist für uns Christen Glaubensvollzug. Zur Erinnerung kommt aber auch der Dank hinzu. Dank ist für uns Christen die reinste Gnadentheologie. Dank folgt der Gnade, Gnade findet im Dank ihre Antwort. So danken wir Gott für alles, was er uns in Erwin geschenkt hat. Wir danken Gott, dass er ihn mit Gaben beschenkt hat, dass er was aus diesen Gaben machen konnte, und dass wir so Anteil erhielten an diesen guten Gaben Gottes. Gott zahlt seine Gnade durch Menschen aus. Daher danken wir Gott für all das Gute, das wir durch Erwin empfangen haben, wir danken aber auch, dass wir ihm Gutes tun durften und dass er unser gutes Tun angenommen hat.

Unser Dank ist zugleich Fürbitte. Indem wir nämlich dankbar auf all das Gute seiner Seele verweisen, für das wir uns vor Gott verbürgen können, empfehlen wir ihn mit starken Argumenten der Barmherzigkeit Gottes an. So wird das Lob, das wir über Erwin aussprechen, nicht zur hohlen Phrase, zur eitlen Beweihräucherung und falschen Heiligsprechung, sondern zur wahren Nächstenliebe. Gott möge gnädig auf ihn schauen, möge ihm das Gute, das er getan, und das Böse, das er in Geduld ertragen hat, zum ewigen Heil anrechnen, und die Schuld, mit der er sich beladen hat, vergeben.

Erinnerung, Dank, Fürbitte – liebe Freunde, wir sind den Weg abgeschritten, den Christen im Angesicht des Grabes gehen. Denken wir dabei ruhig auch an uns selber und vergessen wir nicht: Niemand lebt allein und niemand geht allein. Erwin ist gegangen. Aber mit ihm, mit unseren vielen gemeinsamen Erfahrungen und Erlebnissen, geht schon ein Stück von uns selber auf dem Weg zum Himmel voraus. Mit jedem lieben Verstorbenen, der von uns geht, mehrt sich unser kleines, sehr persönliches Depositum bei Gott. Wir haben also guten Grund, einander zu trösten in der Kraft, die uns der Glaube schenkt.

Amen«.

PROF. DR. HANS-JÜRGEN BECKER (REGENSBURG):

Worte zum Tode von Herrn Apostolischem Protonotar Professor Dr. theol. Erwin Gatz, gesprochen im Namen der Görres-Gesellschaft zur Pflege der Wissenschaft am Tage der Beisetzung auf dem *Campo Santo Teutonico* am 20. Mai 2011

»Eminenzen, Exzellenzen, Herr Rektor des Priesterkollegs beim *Campo Santo Teutonico*, Herr Camerlengo der Erzbruderschaft, Herr Direktor des Römischen Instituts, liebe Angehörige, verehrte Trauergemeinde

Wir nehmen Abschied von einem großen Wissenschaftler und einem lieben Freund. Viele schulden dem verstorbenen Erwin Gatz Anerkennung und Dank, auch die Görres-Gesellschaft zur Pflege der Wissenschaft. Diesen Dank möchte ich im

Namen der Gesellschaft zum Ausdruck bringen, wobei es nicht darum gehen kann, die wissenschaftlichen Leistungen umfassend zu würdigen. Dies muss zu einem späteren Zeitpunkt geschehen. Jetzt soll nur kurz in Erinnerung gerufen werden, was die Görres-Gesellschaft ihm verdankt.

Von 1975–2010 war Monsignore Gatz neben seiner Tätigkeit als Rektor des Priesterkollegs beim *Campo Santo Teutonico* und der altehrwürdigen Erzbruderschaft zur Schmerzhaften Muttergottes auch Geschäftsführender Direktor des Römischen Instituts der Görres-Gesellschaft. Das Römische Institut wurde bekanntlich im Jahre 1888 als »Römische Station«, neben den Auslandsinstituten der Gesellschaft in Jerusalem, Madrid und Lissabon begründet. Neben anderen in Rom bestehenden Institutionen aus dem deutschen Sprachraum, die sich – gestützt auf die reichen Quellen der vatikanischen und römischen Archive – der Geschichte und Kultur der europäischen Vergangenheit widmen, war und ist das Römische Institut ein kleines, aber doch sehr anerkanntes Institut im Rahmen der wissenschaftlichen Forschung in Rom. Seit seinen Gründungsjahren haben sich etwa sechs Schwerpunkte herausgebildet: die Pflege der Christlichen Archäologie, die Erforschung der mittelalterlichen kurialen Finanzverwaltung, die Edition einerseits der Berichte der Kölner Nuntiatur, andererseits der Quellen zur Geschichte des Konzils von Trient, die Herausgabe der Römischen Quartalschrift für christliche Altertumskunde und Kirchengeschichte und schließlich die Errichtung und der Ausbau einer Fachbibliothek.

Erwin Gatz schrieb in seinen 2010 erschienenen Lebenserinnerungen[9] rückblickend auf seinen Start am *Campo Santo Teutonico* im Jahre 1975: »Ich ahnte bei meiner Einführung nicht, auf welches Abenteuer ich mich eingelassen hatte. ... Am gravierendsten waren ... die unklaren Rechtsverhältnisse zwischen der Erzbruderschaft, Kolleg, Görres-Gesellschaft und Bischofskonferenz. Es gelang aber im Laufe der Jahre, alle Probleme zu lösen und Rechtsklarheit zu schaffen« (S. 92). Es ging Erwin Gatz aber nicht nur um die Lösung von rechtlichen, verwaltungstechnischen und finanziellen Problemen. Es ging ihm vor allem um die Förderung von *scientia* und *religio*.

Auf diese Aufgabe war er gut vorbereitet: Seine frühen wissenschaftlichen Werke hatten Schwerpunkte in der Geschichte der Seelsorge, der Darstellung der kirchlichen karitativ-sozialen Bestrebungen, der Erforschung der preußischen Kirchenpolitik, der Pfarr- und Gemeindeorganisation, der Geschichte der kirchlichen Finanzierung und der Bischofswahlen. In Rom entwickelten sich aus diesen breit gestreuten Interessen unter anderem – man kann das in seinen Lebenserinnerungen nachlesen – sieben große Projekte:

1. Da ist zum einen das Bischofslexikon zu den Bischöfen des Heiligen Römischen Reiches, in fünf Bänden, die die Jahre von 1198 bis 1945 umfassen (Berlin 1983–2002, Duncker und Humblot),

9 E. Gatz, Aus meinem Leben (Regensburg 2010).

2. sodann das Bistumslexikon zu den deutschsprachigen Ländern von den Anfängen bis zur Gegenwart in zwei Bänden (Freiburg i.Br. 2003 bis 2005, Herder),
3. der Wappenband mit den Wappen der Hochstifte, Bistümer und Diözesanbischöfe im Heiligen Römischen Reich 1648 bis 1803 (Regensburg 2007, Schnell und Steiner),
4. die Geschichte des kirchlichen Lebens in den deutschsprachigen Ländern seit dem Ende des 18. Jahrhunderts in acht Bänden (Freiburg im Br. 1991–2008, Herder),
5. der liebenswürdige, wirklich anrührende und belehrende Führer »Roma christiana, Vatikan – Rom – römisches Umland« (Regensburg, 3. Aufl. 2008, Schnell und Steiner)
6. der Atlas zur Kirche in Geschichte und Gegenwart (Regensburg 2009, Schnell und Steiner), und schließlich
7. das große Werk Kirche und Katholizismus seit 1945, das auf die Weltkirche bezogenen ist, in sieben Bänden (Paderborn 1998–2010, Schöningh).

Was nun seine wissenschaftliche Tätigkeit speziell für die Görres-Gesellschaft angeht, so sind in seiner römischen Amtszeit zehn Bände der Reihe Nuntiaturberichte aus Deutschland: Die Kölner Nuntiatur, die Jahre 1607 bis 1644 umfassend, herausgebracht worden (Paderborn 1977 bis 2009, Schöningh). Von der Römischen Quartalschrift konnten 35 Bände erscheinen, nicht einmal dazugerechnet die zahlreichen Supplementbände (Freiburg i.Br. 1975–2010, Herder).

Wie hat Erwin Gatz dieses große Werk bewältigen können? Wir verdanken diese Leistung zum einen seiner kontinuierlichen und disziplinierten Arbeit, zum anderen aber seiner bewundernswerten Gabe, Wissenschaftler aus unterschiedlichen Fächern mit seiner Arbeit zu vernetzen. Dazu dienten ihm viele Konferenzen, Symposien, Seminare, wissenschaftliche Tagungen, Autorenkonferenzen, öffentliche Vortragsveranstaltungen und Sabbatinen. Auf diese Weise konnten viele Mitarbeiter geworben werden, die zu diesem Werk beitrugen. Es entstand eine sehr wirkungsvolle Exzellenz-Initiative eigener Art. Diese Forscher kamen aus vielen Universitäten und kirchlichen Einrichtungen, aus vielen Ländern Europas, vorwiegend aus dem Bereich des untergegangenen Heiligen Römischen Reiches Deutscher Nation. Es gelang Erwin Gatz auf diese Weise, ein wahrhaft katholisches, d. h. umfassendes Netzwerk von Wissenschaftlern zusammen zu führen, die an der Kirche und ihrer Geschichte Interesse haben. Dies kann man in den Jahresberichten des Römischen Instituts, die in den Jahres- und Tagungsberichten der Görres-Gesellschaft enthalten sind, nachlesen (auch auf der Webseite des Römischen Instituts).

Abschließend darf ich vielleicht sagen, wie ich die Grundhaltungen meines Freundes Erwin Gatz verstanden habe: Erstens war es ein Dreiklang von *religio*, *scientia* und *humanitas*, der sein Leben bestimmt hat. Zweitens nenne ich sein intensives Bemühen um die Aus- und Fortbildung von Nachwuchstheologen, wobei er großen Wert auf die Vermittlung der kirchengeschichtlichen Aspekte legte. Drittens ist seine nachhaltige Förderung von jungen Wissenschaftlern aller Couleur in Erinnerung zu rufen. Und schließlich war er, der in Aachen und im Rheinland verwurzelt war, geprägt durch eine große Liebe zu Rom: *Amor Romae nos unit*.

Wir trauern um einen lieben Freund und einen großen Wissenschaftler. Trost schöpfen wir aus den Worten der Liturgie: *Tuis enim fidelibus vita mutatur non tollitur*. In unsere Trauer fließt aber vor allem ein dankbares Gedenken ein: Die Görres-Gesellschaft dankt Monsignore Erwin Gatz, der die Anliegen der Gesellschaft in einmaliger, vorbildlicher und selbstloser Weise gefördert hat.

Requiescat in pace!«

Der **Direktor** nahm seine Tätigkeit auf. Am 11. Februar fuhr er zum Festakt zum 80. Geburtstag seines akademischen Lehrers Prälat Prof. Dr. Ernst Dassmann im Festsaal der Universität Bonn. Er hielt im Sommersemester das Romseminar für deutschsprachige Freisemester am *Angelicum* »Die Geschichte der Päpste und ihrer Stadt Rom«, das er seit 2005 anbietet (6 Teilnehmerinnen und Teilnehmer).

Als **Forscher zu Gast** kam im Frühjahr *Dr. Petr Kubín* aus Prag an das Institut.

Zu den 75 **Mitgliedern** des RIGG des Jahres 2010 kamen 21 neue hinzu: Hanna-Lisa Karasch, Alexandra Stürze, Michael Zöllner, Wolfgang Fischer Felgitsch OSB, Ilenia Gradante, Christine Maria Grafinger, András Handl, Britta Kägler, Winfried König, Uwe Michael Lang, Jacob Mandiyil, Michael Matheus, Lucas Militello, Peter Rohrmann, Anneliese Schädel, Georg Schelbert, Tobias Schwaderlapp, Alessio Stasi, Gerd Vesper, Alexander Wegmaier und Ralph Weimann. Allerdings verlor das Institut durch Wegzug (3), Austritt (2) und Tod (1) sechs Mitglieder.

Die **Öffentlichen Vorträge** jeweils am letzten Samstag im Monat behandelten die Frage der Toleranz, die archäologische Erforschung Kleinasiens und Nordafrikas, Ernst von Weizsäcker, den Kirchenstaat im 19. Jahrhundert und Heiligenverehrung nach dem Konzil von Trient. Erstmals fand im Juni ein Sommerfest der Görresianer – »Zur letzten Wortmeldung« – an der alten Titelkirche *San Giovanni a Porta Latina* statt. Nach der Messe ging man in den Klostergarten hinter der Kirche. Zum Picknick brachten alle etwas mit. Anschließend wurde sogar Fußball gespielt.

Seit dem 1. Januar 2011 ist das Römische Institut der Görres-Gesellschaft mit einem eigenen **Internetauftritt** online (www.goerres-gesellschaft-rom.de). Nachdem der Vorstand der Görres-Gesellschaft auf seiner Generalversammlung in Freiburg beschlossen hatte, dass Stefan Heid am 1. Januar 2011 die Nachfolge von Prälat Prof. Dr. Erwin Gatz als Geschäftsführender Direktor des RIGG antreten solle, und nach Rücksprache mit dem Präsidenten war die Zeit gekommen, für das RIGG einen eigenen Internetauftritt zu entwerfen. Webmaster ist Dr. Michael Charlier (Berlin), die laufenden Inhalte werden vom Direktor eingestellt.

Seit diesem Jahr hat das RIGG auch eine eigene Adresse auf **Facebook** (www.facebook.com/Goerresinstitut). Administratoren sind Stefan Heid, Hansjochen Mathias Mütel und Britta Kägler.

CHRONIK 2012

Vom 19. September 2011 bis zum Sommer 2012 befand sich der **Direktor** im Sabbatjahr im St. John's Seminary in Brighton/Mass. und arbeitete an der Drucklegung des Personenlexikons zur Christlichen Archäologie. Das Institut wurde kommissarisch von Prof. Dr. Johannes Grohe geleitet.

Zu den 89 **Mitgliedern** des Jahres 2011 gewann das Institut 16 neue: Katharina Fuchs, Alberto Gerosa, Erzb. Gerhard Ludwig Müller, Paul Badde, Jan Bentz, Markus Heinz, Christof Kirzinger, Silvia Klein, Kard. Kurt Koch, Toni Kowollik, Markus Christopher Müller, Marjan Rebernik, Rafael Rieger OFM, Melanie Rosenbaum, Matthias Simperl und Markus Stiller. Es verlor zehn Mitglieder durch Wegzug (6), Austritt (1) und Tod (3).

Die **Öffentlichen Vorträge** an den letzten Samstagen im Monat handelten über Kruzifixe, Papst Martin V., Pius XII., Luigi Sturzo, römische Märtyrerlegenden und deutsche Papstkritik. Auch in diesem Jahr fand im Juni das Sommerfest »Zur letzten Wortmeldung« an *San Giovanni a Porta Latina*; diese Tradition soll fortan beibehalten werden.

Die **Generalversammlung** der Görres-Gesellschaft vom 22. bis zum 26. September in Münster wurde auch vom RIGG gut besucht. Dabei waren neben dem Direktor etwa Daniel Becker, Sabine Becker, Johannes Grohe, Britta Kägler, Lucas Militello, Mathias Mütel, Walter Senner und Eva Thieme. Besonders hervorzuheben war der Gedenkakt für den jahrzehntelangen Präsidenten und späteren Ehrenpräsidenten der Görres-Gesellschaft Prof. Dr. Paul Mikat, der vor einem Jahr kurz vor der Generalversammlung verstorben war. Auf seiner Sitzung vom 22. September hat der Vorstand der Görres-Gesellschaft Prof. Dr. Johannes Grohe, seit 2010 Direktoriumsmitglied, zum Vizedirektor des RIGG ernannt. Er ist Professor für Kirchengeschichte an der römischen Universität *Santa Croce* und seit 2005 Mitherausgeber, seit 2008 Alleinheruasgeber des *Annuarium Historiae Conciliorum*.

Der **Direktor** nahm am 4. Oktober im Erbacher Hof in Mainz an der Vorstellung des »Personenlexikon zur Christlichen Archäologie« durch den Verlag Schnell & Steiner teil. Anwesend war auch Kardinal Karl Lehmann. Am 5. Oktober besuchte er mit Althistorikern und Theologen aus Augsburg, die mit Prof. Dr. Gregor Weber und Dr. Andreas Hartmann auf Exkusion waren, die Priscilla- und Agneskatakombe. Im Wintersemester 2012/13 führte er das Romseminar am *Angelicum* durch (4 Teilnehmer). Vom 11. bis zum 21. Oktober hielt er Führungen für die Würzburger »Theologie im Fernkurs« unter Leitung von Dr. Stefan Meyer-Ahlen. Am 14. Oktober wurde Stefan Heid nach sechs Jahren als Vizerektor des Priesterkollegs verabschiedet. Am 9. November unternahm der Direktor mit Florian Haider und Matthias Simperl einen Ausflug nach Grottaferrata und Nemi.

Aldo Parmeggiani, Camerlengo der Erzbruderschaft und großer Förderer des RIGG, erhielt am 4. November in der Kirche des *Campo Santo Teutonico* den päpstlichen Gregoriusorden verliehen. Parmeggiani stammt aus Meran und ist als Fernseh- und Radiojournalist tätig.

Frau Adelheid Hardt übergab einen Teil des Nachlasses des ehemaligen Direktors des RIGG Prälat **Ludwig Voelkl** an das Institut. Es handelt sich um Manuskripte, Korrespondenz, Bildmaterialien und Bücher.

Als **Forscher zu Gast** hielten sich *Prof. Dr. Heinz Sproll* (Augsburg), *Dr. Jörg Schwarz* (München), *Dr. Frank Sobiech* (Würzburg), *Sabine Lauderbach* (Mainz) und *Prof. Marco Leonardi* (Catania) am Institut auf.

Den krönenden Abschluss des Jahres bildete vom 14. bis 18. Dezember die **Liturgietagung** »Operation am lebenden Objekt« über Liturgiereformen im Laufe der Kirchengeschichte. Am Vortrag von *Kardinal Kurt Koch* nahmen ca. 110 Personen teil, an den anderen Vorträgen je ca. 30. Der Sonntag war einem Ausflug nach Viterbo, La Quercia, Montefiascone (*San Flaviano*) und Bolsena gewidmet, an dem 29 Personen teilnahmen.

CHRONIK 2013

Das Jahr 2013 stand ganz im Zeichen des **125-jährigen Bestehens** des Römischen Instituts der Görres-Gesellschaft, das 1888 gegründet wurde. Prof. Dr. Michael Matheus organisierte aus diesem Anlass seitens der Johannes Gutenberg-Universität Mainz zusammen mit dem Römischen Institut im März eine stark beachtete Tagung zum Thema »Orte der Zuflucht und personeller Netzwerke: Der *Campo Santo Teutonico* und der Vatikan 1933–1955«. Die Schirmherrschaft übernahm die *Unione Internazionale degli Istituti di Archeologia, Storia e Storia dell'Arte in Roma*. Das Geschick des Instituts nach dem Zweiten Weltkrieg war eng mit der *Unione* verknüpft, worüber ein eigener Vortrag handelte. Der Botschafter der Bundesrepublik Deutschland am Heiligen Stuhl, Dr. Reinhard Schweppe, und seine Frau empfingen die Jubiläumsgäste. Faszinierend war ferner das Festkonzert, das Barock-Vokal, Kolleg für alte Musik an der Hochschule für Musik Mainz *Il Duello amoroso* in der Kirche des Campo Santo gab. Das Jubiläum wurde gleichsam angekündigt durch einen musikalisch untermalten online-Wettbewerb zu Romphotographien der 1920–30er Jahre.

Kurz vor der Jubiläumstagung bewegten der **Rücktritt Papst Benedikts XVI.** zum 28. Februar und das anschließende Konklave die katholische Welt. Papst Benedikt hat auf vielfältige Weise das Römische Institut unterstützt, dessen prominentestes Mitglied er ist. Daher wird das Institut zusammen mit dem Priesterkolleg eine »Benedikt-Bibliothek« an geeignetem Ort einrichten.

Im April veranstaltete das Ludwig Boltzmann-Institut für **Neulateinische Studien** mit Sitz in Innsbruck in Zusammenarbeit mit dem Päpstlichen Geschichtskomitee und mit Unterstützung des Römischen Instituts am Campo Santo eine Fachtagung zum Thema »Latinity in the Post-Classical World«. Damit setzte das Römische Institut sein Bemühen um die Förderung der klassischen Latinität und des gesprochen Lateins fort.

Die beiden **Assistenten** Florian Haider (München) und Teresa Lohr (Bamberg) arbeiteten zielstrebig an ihren Promotionen in Dogmatik und Kunstgeschichte. Der Assistent der Jahre 2010–2012, Mathias Mütel (Hamburg), heiratete im März Alexandra Stürze, Doktorandin der *Bibliotheca Hertziana*.

Mitarbeiter und Mitglieder des Instituts haben die ökumenische Initiative *Pax Christiana* zur Förderung orthodoxer Theologiestudenten mit Sitz in der Benediktinerabtei Lambach gegründet. Über ein Dutzend aktueller und ehemaliger Mitglieder aus Rom trafen sich in Tübingen auf der Generalversammlung der Görres-Gesellschaft.

Mehrere **Forscher** waren zu längeren Aufenthalten am Institut **zu Gast**, darunter *Hartmut Benz*, *Peter Nadig*, *Frank Sobiech*, *Anti Selart* und *Maurice van Stiphout*. Regelmäßig trafen sich **Dozenten** kirchlicher Studienhäuser zu kulturellen Veranstaltungen. Der Zirkel besteht in wechselnder Besetzung seit 2002 und wurde damals von Stefan Heid, Johannes Nebel, Johannes Grohe, Philippe-André Holzer OP, Klaus Limburg, Markus Graulich SDB und Marcel Albert OSB begründet. Führungen wurden durchgeführt für Studenten aus Heidelberg. Das vom Institutsdirektor durchgeführte historische Romseminar an der Dominikaneruniversität *Angelicum* für deutsche **Freisemester** der Theologie fand im Wintersemester 2013/14 zum neunten Mal statt (12 Teilnehmerinnen und Teilnehmer).

Autoren, die seit Jahren in enger Verbindung mit dem Römischen Institut stehen, haben große Werke publiziert. Dazu gehören *Dr. Klaus Jaitner* mit seinem Monumentalwerk über den Barockhumanisten Kaspar Schoppe und *Dr. Hans-Joachim Kracht* mit seinem auf acht Bände konzipierten Lexikon der Kardinäle. *Dr. Herman H. Schwedt* publizierte seine Studie über die Anfänge der römischen Inquisition als 62. Supplementband der Römischen Quartalschrift. *Dr. Jörg Bölling* habilitierte sich in Göttingen mit einer Arbeit über Petrus-Patrozinien im Sachsen der Salier-Zeit.

Das **Direktoriumsmitglied** Prof. Dr. Michael Matheus wurde zu seinem 60. Geburtstag in Mainz mit einer Festschrift geehrt.

Prof. Dr. Günther Wassilowsky, Mitglied des wissenschaftlichen Beirats der **Römischen Quartalschrift**, erhielt einen Ruf nach Innsbruck. Von 2013 auf 2014 scheidet Prof. Dr. Pius Engelbert, der von Rom nach Deutschland zurückgekehrt ist, aus dem Beirat aus. Neu aufgenommen werden Prof. Dr. Michael Durst (Fribourg) und Prof. Dr. Andreas Sohn (Paris). Prof. Dr. Theofried Baumeister (Mainz) scheidet ab dem Jahrgang 2014 aus der Herausgeberschaft aus.

Die **Institutsbibliothek** konnte in den vergangenen drei Jahren 307 Bücher (ohne die Zeitschriften) erwerben. 129 davon wurden als Zeichen der Wertschätzung seitens der Autoren und Verlage geschenkt.

Die eigene **Website** trägt wesentlich zum Bekanntheitsgrad der Institutsarbeit bei. Im Jahresdurchschnitt wurde sie täglich 660mal besucht. Darüber hinaus trugen der *Osservatore Romano*, das deutschsprachige Radio Vatikan, die Tagespost und der Corriere del Sud durch Beiträge über die diversen Veranstaltungen und Publikationen zur Publizität des Instituts bei.

Mit Abschluss des Jahres zählte das Institut 107 **Mitglieder**, davon 27 Frauen und 80 Männer. Das Institut freute sich über 22 Neueintritte in die Gesellschaft: David Bleckmann, Verena Bull, Michele Giuseppe D'Agostino SSP, Giovanni Franchi, Matthias Giger, Thiadhild Goldbrunner, Lukas Hebig, Rudolf Heinrich, Paolo Liverani, Teresa Lohr, Alexander Lungu, Laurentius Meißner OT, Elija Oberndorfer OSB, Justinus C. Pech O.Cist., Adalbert Roth, Nicole Rüttgers, Philipp von Rummel, Gudrun Sailer, Kai-Michael Sprenger, Paolo Valvo, Christine Walde und Michael Weninger. Es verlor 6 Mitglieder durch Wegzug.

Aufgrund ihrer positiven Erfahrungen mit dem Römischen Institut haben die ehemaligen Mitglieder *Dr. Britta Kägler* und *Alexander Wegmaier* in **München** regelmäßige Görres-Treffen mit Vorträgen ins Leben gerufen, die ein regen Echo finden.

Die **Schwestern der christlichen Liebe**, die fast 100 Jahre lang den Campo Santo betreut und vielfach dem Görres-Institut geholfen haben, haben den Campo Santo verlassen. Hier sind dankbar Sr. Aloysima Ramsel, Sr. Cäcilia Struck, Sr. Dolorita Zieske, Sr. Gertrude Schroth, Sr. Mariana Mateo und Sr. Annette Stuff zu erwähnen.

Die Arbeit des Instituts wäre ohne seine großzügigen **Förderer** nicht denkbar gewesen. Großer Dank gilt dem Verlag Schnell und Steiner, der *Libreria Editrice Vaticana*, den *Edizioni Qiqajon*, dem Stift Admont, der Stiftung *Pro Musica e Arte Sacra*, Courtial International und dem Gästehaus des Deutschen Ordens. Die Deutsche Forschungsgemeinschaft förderte die Jubiläumstagung. Hauptförderer waren wie in jedem Jahr das Priesterkolleg und die Erzbruderschaft zur Schmerzhaften Muttergottes, in die Vizedirektor Prof. Dr. Johannes Grohe in diesem Jahr aufgenommen wurde.

CHRONIK 2014

Das Römische Institut der Görres-Gesellschaft (RIGG) wächst kontinuierlich an Mitgliedern und aufgewendeten Mitteln. Auf das Jubeljahr zum 125-jährigen Bestehen 1888–2013 folgte im Jahr 2014 ein intensives Jahr mit zwei großen Tagungen im Frühjahr und Winter. Ferner wurden die Konsolidierung und der Ausbau des Instituts konsequent vorangetrieben.

Das RIGG ist seit Jahrzehnten Mitglied des Lobby-Verbundes ***Unione Internazionale degli Istituti di Archeologia, Storia e Storia dell'Arte in Roma***, die mit inzwischen 37 Mitgliedern eine sehr positive Entwicklung nimmt. Innerhalb dieses Konzerts von Instituten wird sich das RIGG trotz zunehmender Anglisierung und Italisierung auch deutscher Institutionen weiterhin als **deutschsprachige Forschungseinrichtung** auf Augenhöhe positionieren. Vorträge und Veranstaltungen werden in deutscher Sprache angeboten. Die zusammen mit dem Priesterkolleg herausgegebene Römische Quartalschrift bleibt ein Forum deutschsprachiger Wissenschaft im Ausland.

Die neuen **Statuten** des Instituts, die jene von 1953 novellieren und den heutigen Gegebenheiten anpassen, wurden auf der Generalversammlung in Fribourg diskutiert und können in absehbarer Zeit in Kraft gesetzt werden.

Gemeinsam mit dem Priesterkolleg und der Erzbruderschaft zur Schmerzhaften Mutter Gottes bildet das Römische Institut der Görres-Gesellschaft eine effiziente und synergetische Leistungsgemeinschaft, bei der jede Institution von der anderen profitiert und zum internationalen Profil des **welthistorisch einzigartigen *Campo Santo Teutonico*** beiträgt. Strategische Ziele werden gemeinsam entwickelt und umgesetzt.

Dazu gehört etwa die im letzten Jahresbericht angekündigte **Römische Bibliothek Benedikt XVI.** als neue Unterabteilung der Gemeinschaftsbibliothek des *Campo Santo Teutonico*. Sie ist inzwischen durch 16 große Bücherkisten, die uns Benedikt XVI. durch Vermittlung von Sr. Birgit Wansing geschenkt hat, einen großen Schritt weitergekommen. Die offizielle Einrichtung wird 2015 erfolgen.

Ferner haben wir die Zusammenarbeit mit der **Gesellschaft für Konziliengeschichtsforschung e. V.** aufgenommen. Sie gibt das renommierte *Annuarium Historiae Conciliorum* heraus. Die Zusammenarbeit erstreckt sich – mit entscheidender Unterstützung des Priesterkollegs der *Anima* – auf die gemeinsame Finanzierung eines zweiten Assistenten, der unter Begleitung von Vizedirektor Prof. Dr. Johannes Grohe eine Konzilien-Datenbank aufbaut. Damit tritt die erfolgreiche Tradition des RIGG als Stätte der Konzilienforschung – erinnert sei an die abgeschlossene Edition der Akten des Trienter Konzils – in eine neue Phase.

Die beiden **Assistenten** *Florian Haider* (München) und *Teresa Lohr* (Bamberg) haben ihre Promotionsarbeiten in Dogmatik und Kunstgeschichte mit großem Fleiß weiterbetrieben und inzwischen Rom wieder verlassen. Herr Haider ist als Frater Clemens August in das oberösterreichische Benediktinerstift Lambach eingetreten. Als sein Nachfolger auf der Freistelle des Priesterkollegs am *Campo Santo Teutonico* hat *Georg Kolb* aus Lauingen am 1. September 2014 seine Arbeit aufgenommen. Er hat Theologie studiert und das 2. Staatsexamen für den höheren Schulunterricht in Bayern abgelegt. Derzeit arbeitet er an einer Promotion zur bayerischen Landesgeschichte bei Prof. Dieter J. Weiß (München) und absolviert die zweijährige vatikanische Schule für Paläographie, Diplomatik und Archivistik.

Frau Lohr war für ein Jahr aus Eigenmitteln des RIGG finanziert worden, die nun erschöpft sind. Diese Stelle konnte nur deshalb wiederbesetzt werden, weil dank einer glücklichen Fügung das Päpstliche Kolleg der *Anima* unter Rektor Franz Xaver Brandmayr großzügig einen zweiten Assistenten finanziert. In den Genuss der Stelle kommt der Theologe Stefan Kiesewetter aus Wien, der bei Hans-Jürgen Feulner (Wien) eine liturgiegeschichtliche Promotion schreibt. Zugleich arbeitet er für Johannes Grohe am Aufbau der erwähnten Konzilien-Datenbank.

Als **Hilfskraft** trat an die Stelle des Theologen Jakob Ohm der Kunsthistoriker Andreas Raub, der den Nachlass des früheren Institutsdirektors Ludwig Voelkl einer ersten Durchsicht unterzieht.

Das RIGG hat auch durch die **Tätigkeit seiner Mitglieder** viel auf sich aufmerksam gemacht und engen Kontakt zur Gesamtgesellschaft gepflegt. So nahm eine stattliche Zahl aktueller und ehemaliger Mitglieder des RIGG an der Generalversammlung in Fribourg teil und traf sich zu einem gemeinsamen Abendessen. Der **Direktor** konnte das RIGG durch wissenschaftliche Vorträge in Bergamo, Berlin, Bochum-Stiepel, Cork (Irland), Eichstätt, Würzburg und Rom bekannt machen. Ferner stellte er den Teilnehmern der Romexkursion des Fachbereichs Bibelwissenschaft und Kirchengeschichte der Universität Salzburg, den Teilnehmern des Romkurses des Deutschen Historischen Instituts für deutsche Studierende und Doktoranden sowie den Teilnehmern der weltweit ausgeschriebenen Summer School der ZEIT-Stiftung »History Takes Place: Dynamics of Urban Change« in Rom das RIGG vor. Mehrere **Forscher** waren zu längeren Aufenthalten am Institut **zu Gast**, darunter *Ulrich Schlie*, *Hartmut Benz*, *Emil Ivanov*, *Hubert Kaufhold*, *Peter Nadig*, *Frank Sobiech* und *Maurice van Stiphout*. Regelmäßig trafen sich deutschsprachige **Dozenten** kirchlicher Studienhäuser zu kulturellen Veranstaltungen. Das vom Institutsdirektor an der Dominikaneruniversität *Angelicum* im Wintersemester 2014/15 durchgeführte Hauptseminar »Die Geschichte der Päpste und ihrer Stadt Rom« für deutschsprachige **Freisemester** fand zum zehnten Mal statt und war mit 13 Teilnehmern gut besucht. Erstmals boten auch andere Mitglieder des RIGG Lehrveranstaltungen für deutschsprachige Freisemester an der Dominikaneruniversität an.

Von höchstem wissenschaftlichen Rang waren unsere diesjährigen internationalen **Tagungen**. Im Februar fand die Tagung »Vatikan und ›Rassendebatte‹ in der Zwischenkriegszeit« statt. Sie wurde von *Prof. Dr. Thomas Brechenmacher* (Potsdam) und *Dr. Peter Rohrbacher* (Wien) konzipiert und zusammen mit dem RIGG durchgeführt und stieß auf ein erfreuliches Presseecho. Im November fand die Tagung »Bayerische Römer – Römische Bayern: Lebensgeschichten aus Vor- und Frühmoderne« statt. Sie wurde konzipiert und mitorganisiert von *Prof. Dr. Dieter J. Weiß* (München) und *Prof. Dr. Rainald Becker* (Beyreuth). Mit bis zu 70 Besuchern knüpften beide Tagungen nahtlos an den Erfolg unserer vergangenen großen Tagungen an.

Auch die sechs Öffentlichen Vorträge zu Themen der Europapolitik, Kunst-, Papst- und Kirchengeschichte stießen auf regen Zuspruch trotz des oft zeitlich konkurrierenden Überangebots an Veranstaltungen in Rom (durchschnittlich um 52 Zuhörer). Am stärksten mit je etwa 70 Besuchern waren die Vorträge von Kardinal Walter Brandmüller und Prof. Dr. Thomas Brechenmacher besucht. Seit dem Herbst bietet die Herder-Bücherstube (deutsches Pilgerzentrum) bei den Vorträgen einen Bücherstand an.

Die **Römische Quartalschrift** erscheint seit 2014 mit englischen Abstracts der einzelnen Beiträge. Dies ist erforderlich, um die internationale Beachtung der Zeitschrift und ihr exzellentes Ranking zu sichern. Der gesamte Jahrgang 2014 wird als Themenband »Vatikan und ›Rassendebatte‹ in der Zwischenkriegszeit« von herausragender Qualität sein.

Die eigene **Website** trägt wesentlich zum Bekanntheitsgrad der Institutsarbeit bei. Im Jahresdurchschnitt wurde sie täglich 710mal besucht, was eine Steigerung von ca. 8 % gegenüber 2013 (660mal) bedeutet. Über eine Viertel Million Besuche waren zu verzeichnen. Darüber hinaus ist das Institut auf Facebook und Twitter vertreten; beide Kanäle werden von Mathias Mütel betreut.

Mit Abschluss des Jahres 2014 zählt das Institut 125 **Mitglieder**, 18 mehr als im vorausgehenden Jahr. Nunmehr sind 32 Frauen und 93 Männer Mitglied. Das Institut freut sich über 27 Neueintritte in die Gesellschaft: Dietrich Bäumer, Manfred Bauer, Alessandro Bellino, Maximilian Böck, Franz Xaver Brandmayr, Christian Brunke, Raffaele Caldarelli, Hans-Albert Courtial, Werner Demmel, Patrick Descourtieux, Simon Donnelly, Elisa Faustini, Josef Gehr, Ottavio Ghidini, Christina Höfferer, Stefan Kiesewetter, Martin Mosebach, Isabelle Mossong, James O'Brien, Mirko Pettinacci, Andreas Raub, Piero Reinold, Ulrich Schlie, Herman H. Schwedt, Michèle Smits, Massimiliano Valente, Johannes Maria Volk. Hinzu kommen 5 zugezogene Mitglieder. Zugleich verliert das Institut 15 Mitglieder durch Tod (2), Wegzug (11) und Austritt (2).

Die aus dem Kärntener Villach stammende Dr. **Sigrid Spath** verstarb am 2. Februar mit 74 Jahren. Sie war seit 1974 Mitglied des RIGG. Da sie seit den 60er Jahren engen Kontakt zu den Jesuiten hatte, dürfte sie über P. Engelbert Kirschbaum mit der Görres-Gesellschaft in Berührung gekommen sein. Häufig ist sie zu den Vorträgen gekommen. Frau Spath, die evangelisch war, hat jahrzehntelang für die Päpste Dokumente übersetzt. Sie hatte eine sehr lebendige Art, über ihre Erfahrungen und Erinnerungen zu sprechen. Sie war eine beeindruckende Frau, die ihren oft nicht leichten Weg mit bewundernswerter Energie und Freude ging.

Prälat Dr. **Iginio Rogger**, der seit 1952 der Görres-Gesellschaft angehörte, verstarb am 12. Februar mit 94 Jahren. Er stammte aus Pergine (Fersen) in Südtirol, wo er am 20. August 1919 als ältestes von neun Kindern geboren wurde. Seit 1939 studierte er am *Germanicum* in Rom, wo er bedeutende Jesuitenprofessoren der *Gregoriana*, etwa Hugo Rahner und Engelbert Kirschbaum, erlebte. 1947–1951 wohnte er am *Campo Santo Teutonico* und lernte dort den Trient-Forscher Hubert Jedin schätzen. Daher befasste sich auch Rogger in seiner Promotion mit der Geschichte seiner Heimatdiözese Trient. Später organisierte er die Feiern zum Abschluss des Trienter Konzils 1963. Diese fielen in die Zeit des Zweiten Vatikanischen Konzils und fanden naturgemäß großes Interesse. Aus gegebenem Anlass war 1963 sogar die Generalversammlung der Görres-Gesellschaft in Trient. Roggers Leben – er hatte sich in Rom eigentlich mehr für Archäologie als für Geschichte interessiert – galt nun dem Museum und der Domgrabung (1964–1977), die eine frühchristliche Basilika zu Tage förderte.

Das RIGG finanziert sich durch ein Jahresbudget seitens der Görres-Gesellschaft in Höhe von 15.000,- €. Dazu kommen Mitgliedsbeiträge, Spenden und Werbeeinnahmen sowie Unterstützungen von Kooperationspartnern in Geld- und geldwerten Leistungen. Für die Tagungen mussten zusätzliche Geldgeber gefunden werden. Einerseits spricht es für die Qualität unserer Arbeit, dass sie so massive institutionelle Unterstützung erfährt, vor allem durch das Priesterkolleg am *Campo Santo* (5.000,-

€.), die Erzbruderschaft zur Schmerzhaften Mutter Gottes (15.000,- €.) und das Kolleg der *Anima*. Andererseits müssen die Eigenmittel des Instituts dringend erhöht werden, damit die Finanzierung nicht in eine Schieflage gerät. Erwünscht sind daher namhafte Zustiftungen zugunsten der **Stiftung zur Förderung des Römischen Instituts der Görres-Gesellschaft**. An dieser Stelle gilt Kardinal Joachim Meisner von Köln ein besonderer Dank, der als Protektor der Görres-Gesellschaft einen namhaften Betrag für die Stiftung gegeben hat. Inzwischen ist er nach Vollendung seines 80. Lebensjahres in den Ruhestand getreten. Weitere Förderer der Stiftung waren die Bistümer Rottenburg-Stuttgart und Hildesheim, Papst Benedikt XVI. und private Persönlichkeiten.

Die Arbeit des Instituts wäre ohne seine großzügigen **Förderer** nicht denkbar gewesen. Großer Dank gilt dem Heiligen Stuhl, S.H. Benedikt XVI. und seinen Mitarbeitern für großzügige Buchschenkungen, Don Giuseppe Costa von der *Libreria Editrice Vaticana* für die Finanzierung der Übersetzung von »La morte e il sepolcro di Pietro«, dem Verlag Herder in Freiburg und Rom, dem Priesterkolleg der *Anima*, dem Verlag Schnell & Steiner in Regensburg, dem Bayerischen Pilgerbüro in München, der Stiftung *Pro Musica e Arte Sacra* und *Courtial International* in Rom. Die Stiftung zur Förderung des Römischen Instituts der Görres-Gesellschaft konnte erstmals zehn Reisestipendien für Studierende zur Teilnahme an unseren beiden Tagungen vergeben. Die Fritz Thyssen Stiftung und das *Pontificio Comitato di Scienze Storiche* förderten die Tagung »Vatikan und ›Rassendebatte‹ in der Zwischenkriegszeit«. Hauptförderer waren wie in jedem Jahr das Priesterkolleg und die Erzbruderschaft zur Schmerzhaften Mutter Gottes am *Campo Santo Teutonico*.

CHRONIK 2015

»Das Römische Institut der Görres-Gesellschaft floriert«. Das ist kein Eigenlob, sondern mit diesem Statement beginnt der Abschnitt über das RIGG im 25-seitigen **Evaluationsbericht**, der im Mai 2015 von drei Gutachtern über die Tätigkeit der Görres-Gesellschaft abgegeben wurde. Dieser befasst sich auf einer halben Seite auch mit dem »Institut in Rom« und lobt es uneingeschränkt. Dort heißt es nämlich:

»Das Römische Institut der Görres-Gesellschaft (RIGG) floriert. Der Eindruck von der Website, ergänzt durch zwei Gespräche mit Prof. Johannes Grohe, dem stellvertretenden Leiter, vermittelt das Bild eines lebendigen Instituts mit regelmäßigen Veranstaltungen. Es gibt derzeit rund 100 Mitglieder der Görres-Gesellschaft in Rom, die Zahl bleibt konstant. Durch das DHI, das DAI und die Hertziana werden junge Leute angesprochen und gewonnen. Für die sechs bis sieben öffentlichen Vortragsveranstaltungen pro Jahr gibt es inzwischen mehr Angebote, als angenommen werden können. Aufgrund der guten Erfahrungen mit den Monats-Lectures hat eine Münchnerin, Mitglied der Görres-Gesellschaft, dieses Modell nach Deutschland importiert«.

Das Römische Institut der Görres-Gesellschaft blickt in der Tat auf ein außergewöhnlich ereignisreiches und positives Jahr zurück.

Für die Zukunft und Stabilität des Instituts wichtig war die Verabschiedung der novellierten **Satzungen** des RIGG durch den Vorstand der Görres-Gesellschaft am 18. April 2015 (bereits veröffentlicht im Jahres- und Tagungsbericht der Görres-Gesellschaft 2014, 177–178). Ferner wurde am 26. September Prof. Johannes Grohe als Vizedirektor bestätigt und zwei neue Mitglieder wurden ins **Direktorium** aufgenommen: der Historiker Prof. Dr. Karl-Joseph Hummel (Bonn) und der Staatsrechtler Prof. Dr. Arnd Uhle (Dresden).

Eine außerordentliche Dynamik erfuhr das Institut durch die Einrichtung der **Römischen Bibliothek Joseph Ratzinger / Benedikt XVI.** Es handelt sich hierbei um ein Gemeinschaftsprojekt des Priesterkollegs und des Görres-Instituts. Die hierfür mit den Mitteln eines privaten Großsponsors hergerichteten Räume an der Stelle des bisherigen Hausarchivs innerhalb der Bibliothek wurden am 18. November eingeweiht. Kurienkardinal Gianfranco Ravasi hielt dazu einen Vortrag zum Thema »Dalla Bibbia alla Biblioteca: Benedetto XVI e la Cultura della Parola«. Über 200 Teilnehmer waren anwesend. Der Vortrag fand im großen Hörsaal des nahen *Augustinianum* statt. Danach war Ortsbesichtigung am *Campo Santo Teutonico*. Die Benedikt-Bibliothek sammelt Veröffentlichungen von und über Ratzinger in allen Sprachen. Sie wird vor allem Theologiestudenten in Rom ansprechen. Daher war es notwendig, den Bibliothekskatalog online zugänglich zu machen. Daher ist der seit 1999 eingegangene Bücherbestand innerhalb des von der *Unione Internazionale degli Istituti di Archeologia, Storia e Storia dell'Arte in Roma* favorisierten **elektronischen Katalogverbundes URBiS** seit November online. Außerdem finanziert die *Fondazione Vaticana Joseph Ratzinger / Benedetto XVI* jährlich einen Stipendiaten, der als Kustos der Benedikt-Bibliothek fungiert. Damit besitzt das RIGG auf absehbare Zeit eine dritte Assistentenstelle. Für mehrere Monate war *Toni Kowollik* Kustos. Als Nachfolger mit einem regulären Stipendium ist seit September der Theologe und Promovend Florian Schwarz aus Passau tätig. Auf ihm und Bibliothekar Marjan Rebernik ruht die Hauptlast, wenn es darum geht, die neue Bibliothek so schnell und professionell wie möglich aufzubauen und dem Publikum zugänglich zu machen.

Die Zusammenarbeit mit der **Gesellschaft für Konziliengeschichtsforschung e.V.** wurde fortgeführt. Die Zusammenarbeit erstreckt sich – mit entscheidender Unterstützung des Priesterkollegs der *Anima* – auf die gemeinsame Finanzierung eines zweiten Assistenten Stefan Kiesewetter, der unter Begleitung von Vizedirektor Prof. Dr. Johannes Grohe eine Konzilien-Datenbank aufbaut, die bereits funktionsfähig ist und im nächsten Jahr ans Netz gehen soll.

Mathias Mütel, der 2010–2012 Assistent war, hat am 27. Juli an der Katholisch-theologischen Fakultät der Universität Trier die Rigorosa bestanden, nachdem die Fakultät am 25. Juli seine Promotionsschrift »Die *Auctoritas Patrum* auf dem *Tridentinum*: Die Rezeption der Kirchenväter in der Vorgeschichte und Genese des

Traditionsdekrets vom 8. April 1546« angenommen hatte. Erstgutachter war Michael Fiedrowicz (Trier), Zweitgutachter Johannes Grohe (Rom). Inzwischen ist Dr. Mütel, der weiterhin unsere Internetaktivitäten betreut, in Langnau bei Reiden (Schweiz) als Pastoralassistent tätig.

Als wissenschaftlicher Mitarbeiter wirkte bis zum Mai **Andreas Raub**, der an einer kunsthistorischen Dissertation arbeitet. Neben vielfältigen Aufgaben spielt er auch vorzüglich **Orgel**. An dieser Stelle darf erwähnt werden, dass allein drei Mitarbeiter des RIGG am *Campo Santo Teutonico* und darüber hinaus Orgeldienste leisten: neben Raub auch die Assistenten Stefan Kiesewetter und Florian Schwarz.

Am 19. August konnten Prof. Dr. Michael Matheus, Dr. Hans-Peter Fischer und Stefan Heid das Buch »Orte der Zuflucht und personeller Netzwerke. Der *Campo Santo Teutonico* und der Vatikan 1933–1955« in der Generalaudienz **Papst Franziskus** überreichen. Das Buch geht auf eine Tagung des RIGG zusammen mit der Universität Mainz zurück. Der Papst äußerte sich nicht, nahm aber das Buch entgegen. Benedikt XVI. hat das Buch schon länger in Händen und darin bereits gelesen. Er schreibt in einem Dankesbrief: »Da ich einen Großteil der Persönlichkeiten, die dort behandelt werden, gut gekannt habe, werde ich mich mit einer wahren Neugier auf dieses Buch stürzen, in dem ich schon einiges gelesen habe«.

Das RIGG hat auch durch die **Tätigkeit seiner Mitglieder** viel auf sich aufmerksam gemacht und engen Kontakt zur Gesamtgesellschaft gepflegt. Silvia Klein, die 40 Jahre lang an der Botschaft der Bundesrepublik Deutschland beim Quirinal arbeitete, erhielt am 22. April das Bundesverdienstkreuz. Eine stattliche Zahl aktueller und ehemaliger Mitglieder des RIGG nahm an der Generalversammlung in Bonn teil und traf sich zu einem gemeinsamen Abendessen. Der **Direktor** konnte das RIGG durch wissenschaftliche Vorträge in Mainz, Berlin, Eichstätt, Weingarten, Aigen, Bonn, Frankfurt und Rom bekannt machen. In Aigen traf er Verwandte des ehemaligen Direktors, des Prälaten Ludwig Voelkl (1899–1985), dessen Grab auf dem *Campo Santo Teutonico* ist: das Ehepaar Mayer aus Kirchdorf. Am 21. Juni wurde Martin Edlinger, 2010–2011 Hilfskraft am RIGG, für die Diözese Gurk-Klagenfurt zum Priester geweiht.

Ferner stellte er den Stipendiaten der Romwoche der Konrad Adenauer-Stiftung sowie einer Gruppe von Studierenden und Dozenten der *School of Jewish Theology*, des Abraham Geiger Kollegs Berlin und des Kanonistischen Instituts an der Universität Potsdam den *Campo Santo* als Ort der Wissenschaft und der Zuflucht vor. Regelmäßig trafen sich deutschsprachige **Dozenten** kirchlicher Studienhäuser zu kulturellen Veranstaltungen. Das vom Institutsdirektor an der Dominikaneruniversität *Angelicum* im Wintersemester 2015/16 durchgeführte Hauptseminar »Die Geschichte der Päpste und ihrer Stadt Rom« für deutschsprachige **Freisemester** fand zum elften Mal statt und war mit 17 Teilnehmern gut besucht.

Mehrere hochrangige **Tagungen** wurden vom RIGG ausgerichtet oder mitgestaltet. Im Februar organisierten *Prof. Dr. Andreas Sohn* (Paris) und *Prof. Dr. Jacques Verger* (Paris) am RIGG und an der Ecole Française de Rome eine Tagung über den

Jesuitenkardinal Franz Ehrle. *Prof. Dr. Karl Wallner OCist.* und *Prof. Dr. Hanna-Barbara Gerl-Falkovitz* von der Hochschule Benedikt XVI. Heiligenkreuz führten im September am RIGG eine Tagung über Romano Guardini durch. Vizedirektor Johannes Grohe präsidierte am 17. Oktober der Sitzung der Tagung des *Pontifico Comitato di Scienze Storiche* über das 4. Laterankonzil am *Campo Santo Teutonico*. Bei der Tagung »Die Päpste und die Einheit der lateinischen Welt« vom 3. bis 5. Dezember war das RIGG Mitveranstalter; die Sitzung am 5. Dezember fand daher am *Campo Santo Teutonico* statt. Im November fand die »Römische Tagung zur Frühen Kirche IV« unter dem Thema »Rom bei Nacht. Eine Kulturgeschichte von Traum und Schlaf im spätrömischen Reich« statt. Sie wurde von *Prof. Dr. Christine Walde* (Mainz) und *Stefan Heid* organisiert.

Auch die sieben Öffentlichen Vorträge zu Themen der Frühkirche, des Barock, der Zeitgeschichte, der Kunst- und Papstgeschichte stießen auf regen Zuspruch (durchschnittlich um 42 Zuhörer). Das liegt auch an der Werbung, die neben der eigenen Website neuerdings auch über die Plattform https://culturainternazionale.wordpress.com/ erfolgt. Hin und wieder bietet Björn Siller von der »Herder-Bücherstube am Petersplatz« bei den Vorträgen einen Bücherstand an.

Die **Website** des RIGG trägt wesentlich zum Bekanntheitsgrad der Institutsarbeit bei und bringt Spendeneinnahmen. Die Seite wurde am 14. April in der Zeitung »Die Tagespost« von Ulrich Nersinger ausdrücklich gelobt: »Informativ, aktuell und originell: Durchweg gelungen der Internetauftritt des Römischen Instituts der Görres-Gesellschaft«. Im Jahresdurchschnitt wurde die Seite – auch dank der Verbreitung in den sozialen Netzwerken – täglich 899x besucht (zum Vergleich: 2011: 147x; 2012: 325x; 2013: 665x; 2014: 710x). Wichtig für die Breitenwirkung ist auch der neue Wikipedia-Eintrag »Römisches Institut der Görres-Gesellschaft«.

Mit Abschluss des Jahres 2015 zählt das Römische Institut 139 **Mitglieder**, 14 mehr als im vorausgehenden Jahr. Damit ist der bisherige Rekord von 137 Mitgliedern aus dem Jahr 1976 überholt. Nunmehr sind 33 Frauen und 106 Männer Mitglied. Das Institut freut sich über 18 Neueintritte in die Gesellschaft: Helga Faschinger; Lorenzo Franceschini O.S.M.; Johannes Fürnkranz, Andrea Hindrichs, Emilia Hrabovec, Florian Kolfhaus, Christof Paulus, Philippe Pergola, Ivan Rebernik jun., Francesco Riegger, Abraham Ring Or., Adolf Schätzlein, Rosa Schätzlein, Ulrich Schnorrenberg, Alberto Spataro, Burkard Steppacher, Andreas Walpen und Paul Zanker. Hinzu kommen vier zugezogene Mitglieder der Görres-Gesellschaft: Michael Kahle, Ingo Schaaf, Florian Schwarz und Franz-Peter Tebartz-van Elst. Acht Mitglieder zogen aus Italien weg, und ein Austritt ist zu beklagen.

Professor **Mario Signore**, Mitglied des RIGG seit 1980, verstarb am 9. April 2015 im Alter von 76 Jahren in Bologna. Er war seit 1980 Professor für theoretische Philosophie und seit 1990 Professor für Moralphilosophie an der *Università del Salento* in Lecce (Apulien). Seine zahlreichen Publikationen kreisen unter anderem um Fragen der Bioethik und Wirtschaftsethik. Am Lexikon der Bioethik der Görres-Gesellschaft war er allerdings nicht beteiligt. Unter welchen Umständen er Mitglied der Görres-

Gesellschaft wurde, lässt sich nicht ermitteln, vielleicht durch persönlichen Kontakt mit Erwin Gatz. Jedenfalls ist seine Mitgliedskartei erhalten, wonach er treu seinen jährlichen Mitgliedsbeitrag (damals noch 10.000,– Lire) zahlte. Vor einem Jahr trat er aus Altersgründen aus der Gesellschaft aus »dopo decenni di partecipazione intellettuale oltre che economica ai programmi della Goerres«, wie er schrieb. Seit 1983 war er im Beirat der Görres-Gesellschaft. Auf der jüngsten Generalversammlung der Görres-Gesellschaft in Bonn wurde seiner sowohl auf der Mitgliederversammlung am Sonntag als auch in der Hl. Messe am Montag gedacht. Die Nachrufe lassen erkennen, dass er eine Säule der erst 1955 gegründeten Universität Lecce und als Persönlichkeit und Forscher hoch angesehen war. R.I.P.

Das RIGG als private, staatlich nicht subventionierte Einrichtung hat nur begrenzte Finanzmittel. Erwünscht sind daher Zustiftungen zugunsten der **Stiftung zur Förderung des Römischen Instituts der Görres-Gesellschaft**. In diesem Jahr sind die Diözesen Münster und Hildesheim durch namhafte Zustiftungen hervorgetreten. Die Stiftung konnte 4.300,– € zur Verfügung stellen, die für Reisestipendien für Studierende und anderweitig verwendet wurden. Unterstützt wurden namentlich Isis von Dorn, Alessandro Bellino, Ilenia Gradante, Matthias Heinemann, Michaela Hellmich, Marie-Luise Reinhardt, Alberto Spataro und Frank Sobiech.

Erstmals wurde zugunsten der Stiftung eine **Sponsorenreise** anlässlich des XIV. *Festival Internazionale di Musica e Arte Sacra* Ende Oktober organisiert. Dies war dank unseres langjährigen Förderers Dr. Hans-Albert Courtial möglich. 27 Wohltäter aus Deutschland und Österreich, überwiegend Mitglieder der Görres-Gesellschaft, nahmen daran teil. Neben der großartigen Musik in den Basiliken Roms stand das Besichtigungsprogramm unter dem Thema der päpstlichen Paläste und Kapellen (Lateran, Vatikan, Quattro Coronati). Die Führungen wurden übernommen vom Direktor, Vizedirektor, dem Assistenten Georg Kolb und dem wissenschaftlichen Mitarbeiter Andreas Raub. Das Institut und Kolleg zeigten sich bei strahlendem Wetter von ihrer besten Seite. Seitens der Reiseagentur begleitete uns die unermüdliche Costanze Schacht. Es ist geplant, eine solche Reise auch im nächsten Jahr anzubieten.

Das Staatssekretariat sowie die Fritz Thyssen Stiftung unterstützten die Tagung »Rom bei Nacht«. Das *Pontificio Istituto Santa Maria dell'Anima* sowie die *Fondazione Vaticana Joseph Ratzinger / Benedetto XVI* finanzierten je einen Assistenten. Die *Fondazione Pro Musica e Arte Sacra* unterstützte die Sponsorenreise.

Hauptförderer waren wie in jedem Jahr das Priesterkolleg und die Erzbruderschaft zur Schmerzhaften Mutter Gottes am *Campo Santo Teutonico*.

CHRONIK 2016

Um die »Merkwürdigkeiten« und »Wunderlichkeiten« des Jahres 2016 zusammenzustellen, müssen wir nur die Nachrichten Revue passieren lassen, die wir Tag für Tag auf unserer Website www.goerres-gesellschaft-rom.de veröffentlicht haben.

Das ist fast ein Aktenordner voll. Da aufgrund der neuen Sparbeschlüsse das RIGG im gedruckten Jahres- und Tagungsbericht der Görres-Gesellschaft nur noch auf einer Seite vertreten sein wird, geben wir nun bis auf weiteres unsere ausführlichen Rechenschaftsberichte selber heraus, um alle wichtigen Ereignisse gebührend würdigen zu können.

Eine der letzten Nachrichten des Jahres 2016 auf unserer Website war der Weihnachtsgruß von Dr. Martin Barth, dem neuen Generalsekretär der Görres-Gesellschaft, den man schöner nicht hätte formulieren können: »Ich bin sehr daran interessiert, daß das Römische Institut weiterhin eine so eminente Kraftquelle der Görres-Gesellschaft ist und setze mich gerne dafür ein, daß dies so bleibt«.

Das Römische Institut der Görres-Gesellschaft blickt in der Tat auf ein intensives Jahr zurück, das im Zeichen der Stabilisierung und Zukunftsplanung stand.

Die vor einem Jahr gegründete Römischen Bibliothek Joseph Ratzinger / Benedikt XVI. hat dank der Bemühungen von Florian Schwarz einen rasanten Fortschritt gemacht, der von den Besuchern hochgeschätzt wird. Zahlreiche Buchspenden gingen ein, so dass die registrierten Titel nun bei über 1.000 Einträgen liegen. Drei »Incontri«, also thematische Abende über Ratzinger, die zusammen mit der **Fondazione Vaticana Joseph Ratzinger / Benedetto XVI** im Februar, April und Mai veranstaltet wurden, haben zahlreiche Gäste angelockt. Der sog. »Master Ratzinger« am *Augustinianum*, der eine zweisemestrige Einführung in das Denken Ratzingers bietet, war mit ca. 80 Teilnehmern ein voller Erfolg und hat eine Reihe von Teilnehmern dauerhaft an die Bibliothek gebunden. Im Dezember fanden unter Leitung von Antonia Pillosio Dreharbeiten in der Bibliothek für einen Dokumentarfilm RAI STORIA über Papst Benedikt XVI. statt.

Dankbar erwähnt werden muss in diesem Zusammenhang **Mons. Giuseppe A. Scotti**, der zum Bedauern aller überraschend aus Rom abberufen wurde. Er hat die *Fondazione Vaticana Joseph Ratzinger / Benedetto XVI* maßgeblich aufgebaut und kürzester Zeit zum Erfolg geführt. Auch das Projekt der Bibliothek Benedikt am *Campo Santo Teutonico* wäre ohne ihn nicht möglich gewesen. Papst Franziskus hat ihn durch seinen ehemaligen Pressesprecher Pater Federico Lombardi SJ abgelöst.

Anfang Dezember mussten wir einen weiteren schmerzlichen Verlust hinnehmen. Herr **Dipl. bibl. Marjan Rebernik**, Slowene, musste aus gesundheitlichen Gründen seine Tätigkeit als Bibliothekar aufgeben. Er war 1967–1996 Bibliothekar am Zentrum für marxistische Studien der Jesuitenuniversität Gregoriana, dort zeitweise auch Archivar und für die Computerausbildung der Professoren zuständig. 2000–2005 leitete er die *Servizi Manutenzione* der Universität. Seit 1993 war er in Nachfolge seines Bruders Dr. Ivan Rebernik Bibliothekar der Gemeinschaftsbibliothek des Campo Santo.

Die Zusammenarbeit mit der **Gesellschaft für Konziliengeschichtsforschung e.V.** unter Leitung von Prof. Johannes Grohe wurde fortgeführt. Sie umfasst – mit entscheidender Unterstützung des Priesterkollegs der *Anima* – die gemeinsame Finanzierung eines zweiten Stipendiaten, Stefan Kiesewetter. Die Gesellschaft für Konziliengeschichtsforschung konnte in diesem Jahr eine Konzilien-Datenbank aufbauen (www.konziliengeschichte.org/site/de/home).

Regelmäßig trafen sich deutschsprachige **Dozenten** kirchlicher Studienhäuser in Rom zu kulturellen Veranstaltungen und Ausstellungsbesuchen.

Auch die sieben Öffentlichen Vorträge des RIGG zu Themen des Christlichen Orients, der Kunstgeschichte, des Zweiten Vatikanischen Konzils, der Katechese, der frühchristlichen Sammlung des Campo Santo, der Anna Selbdritt und der Kaisergeschichte stießen auf regen Zuspruch. Die Referenten kamen aus Rom, München, Erlangen, Bonn und Saarbrücken. Die Teilnehmerzahl lag im Schnitt bei 40–50 Personen. Das mit Abstand größte Medienecho fand der Vortrag des Limburger Alt-Bischofs Franz-Peter Tebartz-van Elst über die Katechese.

Die **Website** des RIGG findet weiterhin regen Zuspruch. Leider kann aber aufgrund einer Umstellung bei »1&1« keine brauchbare Nutzerstatistik mehr erhoben werden. Vorteilhaft wirkt sich sicher aus, dass die Website prominent verlinkt ist auf der Website der *Fondazione Vaticana Joseph Ratzinger / Benedetto XVI* (www.fondazioneratzinger.va) und auf der neuen Website des *Campo Santo Teutonico* (www.camposanto.va).

Die wichtigste Veröffentlichung des RIGG ist die 1887 gegründete **Römische Quartalschrift** für christliche Altertumskunde und Kirchengeschichte (RQ), die gemeinsam mit dem Priesterkolleg herausgegeben wird. Derzeit gibt es intensive Gespräche mit dem Verlag Herder über eine höhere Verbreitung und Attraktivität der Zeitschrift, etwa durch eine online-Ausgabe. Um geistige Arbeit zu würdigen, fördert die »Stiftung zur Förderung des RIGG« künftig Jungautoren und Nachwuchswissenschaftler für Beiträge in der RQ mit bis zu 200,– €.

Am 7. Dezember konnten Rektor Dr. Hans-Peter Fischer und Verleger Dr. Albrecht Weiland den im Schnell & Steiner-Verlag erschienenen Bildband über den *Campo Santo Teutonico* in der Generalaudienz **Papst Franziskus** überreichen. Das äußerst gelungene Buch enthält auch Ausführungen über das RIGG.

Das RIGG hat auch durch die **Tätigkeit seiner Mitglieder** viel auf sich aufmerksam gemacht und engen Kontakt zur Gesamtgesellschaft gepflegt. Der freie wissenschaftliche Mitarbeiter *Prof. Gianluca Azzaro*, Herausgeber der italienischen Ratzinger-Ausgabe, hat eine magistrale Studie über den italienischen Nationaldichter Dante Aleghieri veröffentlicht (»Politik und Religion bei Dante«, 2016), der ein zweiter Band folgen wird. Die freie wissenschaftliche Mitarbeiterin *Dr. Ilenia Gradante* legte die italienische Übersetzung des grundlegenden Buches von Joseph Führer über die sizilianischen Katakomben »Die altchristlichen Grabstätten Siziliens« (1907) vor (Le sepolture paleocristiane in Sicilia). *Prälat Eugen Kleindienst* wurde nach 12-jähriger Tätigkeit als Geistlicher Botschaftsrat an der Botschaft der BRD beim Heiligen Stuhl verabschiedet. Wie schon sein Vorgänger Prälat Max-Eugen Kemper ist er Mitglied des RIGG, dem er sehr viele guten Dienste erwiesen hat. *Dr. Gisela Fleckenstein* hat erstmals Prälat Erwin Gatz, langjähriger Rektor des RIGG, als Kirchenhistoriker gewürdigt (in: Katholische Kirchenhistoriker des 20. Jahrhunderts, 2016). Zum vierten Mal gestaltete *Stefan Heid* das Hauptprogramm der römischen Studienwoche des Würzburger Kurses »Theologie im Fernkurs«. Der Direktor konnte das RIGG zudem durch wissenschaftliche Vorträge in Berlin-Dahlem, Bochum, Eichstätt, Cork und Rom bekannt machen. *Prof. Johannes Grohe* trat in einer ZDF-Sendung zum Fest Allerheiligen auf.

Eine stattliche Zahl aktueller und ehemaliger Mitglieder des RIGG nahm an der **Generalversammlung in Hildesheim** teil und traf sich – inzwischen schon traditionell – zu einem gemeinsamen Abendessen. Die in Hildesheim beschlossenen drastischen Sparmaßnahmen der Gesamtgesellschaft werden das Römische Institut zum Glück nicht hart treffen.

Mit Abschluss des Jahres 2016 zählt das Römische Institut 149 **Mitglieder**, 10 mehr als im vorausgehenden Jahr. Nunmehr sind 35 Frauen und 114 Männer Mitglied. Das Institut freut sich über 18 Neueintritte in die Gesellschaft: Dr. Matthias Ambros, Prof. Dr. Calogero Bellanca, Prof. Dr. Pierluca Azzaro; P. Dr. Viliam Stefan Dóci O.P., Prof. Dr. Yvonne zu Dohna-Schlobitten; Ann-Sophie Grimm; Dr. Angela Hausknecht-Schütz, Dr. Sebastian Hierl, Prof. Dr. Elisabeth Kieven, Don Angelo Lameri, Benedikt Lerbs, Dr. Roberto Libera und P. Friedrich W. Stenger M.Afr. Hinzu kommen drei zugezogene Mitglieder der Görres-Gesellschaft: Ignacio García Lascurain Bernstorff, Oliver Lahl und Björn Siller.

Am Freitag, dem 10. Juni, ist in der Frühe im Palliativzentrum Fondazione Roma **Ingeborg Scholz** verstorben. Sie war seit 1987 ein überaus treues Mitglied des Römischen Instituts der Görres-Gesellschaft. Sie kam fast zu allen Vorträgen, bei Wind und Wetter und spendete regelmäßig den Wein für das Sommerfest. Sie war auch seit 1988 Mitglied der Erzbruderschaft am Campo Santo Teutonico. Daher wird sie dort am Mittwoch, dem 15. Juni, um 15 Uhr beigesetzt (zunächst Exequien). Ihre sterbliche Hülle befindet sich bereits in der Totenkapelle im Friedhof.

Frau Scholz war eine überaus liebenswürdige, feine, bildungsbewusste Frau, dazu schnörkellos katholisch. Sie nahm neben den Görres-Vorträgen auch an den kulturellen Führungen der *Associazione Alma Roma* teil, war aktives Mitglied des *Collegium Cultorum Martyrum*, besuchte regelmäßig die Oper, nahm immer an den Ausflügen der Bruderschaft teil. Das beistehende Foto zeigt sie beim Ausflug von Bruderschaft und Kolleg 2015 im Kloster Montecassino. Sonntags war sie regelmäßig am Campo Santo. Sie besaß eine wunderschöne Wohnung mit einem großen Balkon. Hier hat sie gern Freunde eingeladen; auch ich war dort zweimal.

Frau Scholz hat alles mit Genuss wahrgenommen, war immer begeistert, hat immer andere ermutigt und sich nie beschwert. Darüber staunten auch die Angestellten des Palliativzentrums, in dem sie sich seit letztem Jahr aufhielt: Während die Mitpatienten jammerten, Eifersüchteleien hatten oder sich hängen ließen, war sie immer adrett und hellwach. Sie musste zu den Veranstaltungen hingehen, um die andern aufzumuntern. Als ich sie dort Ende Februar besuchte, staunte ich nicht schlecht, dass sie sich an alles erinnerte, für alles interessierte, und sogar ihre Telefonnummer auf dem Zimmer auswendig wusste. Kein Wunder also, dass sie auch im Heim nicht allein war, sondern jede Woche Besucher kamen.

Frau Scholz war Argentinierin, in Buenos Aires geboren. Ihre Wurzeln lagen väterlicherseits in Schlesien. Nachdem Deutschland im März 1945 Argentinien den Krieg erklärt hatte, schikanierte Peron die Deutschen. Sie konnte nicht mehr, wie sie wollte, Musik studieren und musste arbeiten, zunächst 2–3 Jahre bei Villeroy und Bloch, die Kacheln in Argentien herstellten (»Ceramica San Lorenzo«). 1957 ging sie dann weg. Auf einer Europareise, auch zum Besuch der schlesischen Verwandten, verliebte sie sich in Florenz und Venedig. Fortan wollte sie in Italien bleiben. Es ergab sich, dass sie in der FAO für Sprachen arbeiten konnte, da sie Spanisch und Deutsch beherrschte. Kolleginnen wurden ihre besten Freundinnen, die aber längst alle verstorben sind. 1963 machte sie eine dreiwöchige Reise mit der *Custodia di Terra Santa* mit einem kleinen Schiff (keine Luxusfähre wie heute) nach Ägypten, Palästina, Jordanien, Libanon. Jeden Tag gab es eine religiöse Einweisung. »Früher reiste man, heute wird man transportiert«. Sie wollte nie hoch hinaus, sondern ihre acht Stunden arbeiten und dann den Rest des Tages frei haben für Musik, Kultur, Archäologie usw. Viele Jahre hat sie an der FAO gearbeitet, bis der Computer eingeführt wurde. Dann hat sie den Abschied genommen, um ihrer eigentlichen Leidenschaft nachzugehen: der Literatur, Kunst und Kultur auf allen Ebenen. Deshalb war es eine große Prüfung für sie, dass sie in den letzten Jahren immer schlechter sehen konnte. R.I.P.

Erwünscht sind Zustiftungen zugunsten der **Stiftung zur Förderung des Römischen Instituts der Görres-Gesellschaft**. In diesem Jahr sind die Diözesen Hildesheim und Würzburg durch namhafte Zustiftungen hervorgetreten. Die Stiftung konnte 3.000,– € zur Verfügung stellen, die für Reisestipendien für Studierende und anderweitig verwendet wurden. Unterstützt wurden namentlich Ljudmila G. Khrushkova, Georg Kolb, Michaela Morys, Alessandro Bellino und Teresa Lohr.

Zum zweiten Mal in Folge wurde zugunsten der Stiftung eine **Sponsorenreise** anlässlich des XV. *Festival Internazionale di Musica e Arte Sacra* Ende Oktober organisiert. Dies war dank unseres langjährigen Förderers Dr. Hans-Albert Courtial möglich. 22 Wohltäter aus Deutschland und Österreich, überwiegend Mitglieder der Görres-Gesellschaft, nahmen daran teil. Neben der großartigen Musik in den Basiliken Roms standen auf dem Besichtigungsprogramm die Skulpturensammlung der Villa Borghese, die Vatikanischen Gärten und die alten Grotten von St. Peter. Die Führungen wurden übernommen vom Direktor, Vizedirektor und dem Stipendiaten Stefan Kiesewetter. Die Reise wurde, auch dank des sonnigen Wetters, als sehr gelungen gelobt. Seitens der Reiseagentur wurde die Gruppe von Costanze Schacht bestens betreut.

Ein Teilnehmer schrieb rückblickend: »Als Teilnehmer der Konzert- und Sponsorenreise der Görres-Gesellschaft haben wir jede Minute genossen. Das Timing zwischen Programm und Freizeit stimmte, die Gestaltung mit den Elementen Musik, Besichtigung und Begegnung in der Gruppe war bereichernd. […] Wir würden jederzeit wieder mitfliegen und auch Ihr Angebot weiter empfehlen«.

CHRONIK 2017

Wie im letzten Jahr beginnen wir die Denkwürdigkeiten mit dem Weihnachtsgruß des Generalsekretärs der Görres-Gesellschaft Dr. Martin Barth, da er den schönen Satz enthält:

»Das Römische Institut ist ein Aktivposten der Görres-Gesellschaft oder, wie ich gerne zu sagen pflege: ›Eine Perle in der Krone unserer Gesellschaft‹. Lassen Sie uns auch weiterhin daran gemeinsam arbeiten, diese Perle immer wieder neu erstrahlen zu lassen!«

Keine Frage, dass wir da nicht Nein sagen! Das Programm für 2018 ist schon randvoll, und auch die folgenden Jahre sind bereits in Planung. Aber die Aufgabe eines Jahresberichts ist der Rückblick. Daher soll es hier nur um die bereits gelegten Eier Anno Domini 2017 gehen.

Die vor über zwei Jahren gegründete Römische Bibliothek Joseph Ratzinger / Benedikt XVI. erfreut sich dank der finanziellen Unterstützung durch die *Fondazione Vaticana Joseph Ratzinger/Benedetto XVI* eines stetigen Ausbaus und regen Besuchs. Am 17. Mai 2017 fand der vierte »Incontro« statt, der zusammen mit der *Fondazione* veranstaltet wurde. James Corkery (Rom) sprach zum Thema »Lutero e la teologia di Joseph Ratzinger/Benedetto XVI«. Die römische Journalistin Antonia Pillosio erstellte Fernsehsendungen zum 90. Geburtstag von Benedikt XVI., in denen auch das RIGG und die Benedikt-Bibliothek vorkamen. Sie wurden in RAI STORIA ausgestrahlt.

Nach wie vor wird die Verwaltung der **Gesamtbibliothek**, die eine Gemeinschaftseinrichtung des RIGG und des Priesterkollegs ist, ohne amtlichen Bibliothekar in Eigenregie geleistet. Dabei helfen die Stipendiaten und Kollegsmitglieder tatkräftig. Es wurde ein neuer Besucherausweis eingeführt (Plastikkarte). Die Besucherzahlen sind erneut gestiegen (2014: 180; 2015: 135; 2016: 411; 2017: 457), was der Benedikt-Bibliothek zu verdanken ist, auf die etwa die Hälfte der Besucher fällt.

Die Zusammenarbeit mit der **Gesellschaft für Konziliengeschichtsforschung e. V.** unter Leitung von Vizedirektor Prof. Johannes Grohe wurde fortgeführt. Sie umfasst mit maßgeblicher finanzieller Unterstützung seitens des Priesterkollegs der *Anima* die Förderung eines zweiten Stipendiaten, Stefan Kiesewetter, der den Internetauftritt des Forschungsprojektes Konziliengeschichte (www.konziliengeschichte.org) betreut. Insbesondere geht es um ein Lexikon der Konzilien, dessen online-Version im Aufbau begriffen ist.

Erneut traf sich der **Kreis deutschsprachiger Dozenten**, die an den kirchlichen Studienhäusern Roms tätig sind, zu kulturellen Veranstaltungen: diesmal im Dominikanerinnenkloster *S. Sisto Vecchio*, in den alten Grotten von St. Peter, zu einem Referat über die Historiographie der Vorreformation und im *Nobile Collegio Chimico Farmaceutico*.

Die sechs Öffentlichen Vorträge des RIGG zu Themen der Orgelmusik, der Petrusreliquien, des aktuellen Papstbildes der Deutschen, des Trienter Konzils, der Kirche angesichts der totalitären Regime und der Deutschen in Rom im Ersten Weltkrieg stießen auf regen Zuspruch. Die Referenten kamen aus Innsbruck, Limburg, Berlin, Langnau b.R., Potsdam und Rom. Die Teilnehmerzahl lag im Schnitt bei über 5 Personen, was sehr erfreulich ist. Den größten Zuspruch fanden die Vorträge von Martin Baumeister und Volker Resing mit vollem Saal (80 Personen).

Die **Römische Quartalschrift** gibt es zusätzlich zur Papierausgabe nun auch als e-Edition. Man kann auf der Herder-Seite im Internet, auf der alle theologischen Zeitschriften des Verlags vertreten sind, das ganze Heft oder einzelne Aufsätze erwerben (www.herder.de/rq/). Jungautoren erhalten für Beiträge ein Honorar von bis zu 200,– €. Es ist uns gelungen, mehrere Neuabonnenten zu gewinnen.

Das RIGG hat auch durch die **Tätigkeit seiner Mitglieder** viel auf sich aufmerksam gemacht und engen Kontakt zur Gesamtgesellschaft gepflegt. *Paul Badde* veröffentlicht nach wie vor das »VATICANmagazin«, das er der Ratzinger-Bibliothek zur Verfügung stellt. *Andreas Raub* publiziert kunsthistorische Beiträge über Objekte des *Campo Santo Teutonico*. *Dr. Benjamin Leven* hat die beiden Tagungen des RIGG publizistisch begleitet. *Prof. Marco Paolino* (Viterbo) gab Interviews zur deutschen Politik. Unsere wissenschaftliche Mitarbeiterin *Dr. Ilenia Gradante* erhielt den Preis der *International Catacomb Society* (Boston). *Mathias Simperl*, ehemals Hilfskraft, erhielt den Wissenschaftspreis der Studentenverbindung Capitolina zu Rom. Der ehemalige Stipendiat *Florian Haider* (2012–2014) wurde am 8. Juni 2017 von der Katholisch-Theologischen Fakultät der Universität München promoviert und am 9. Dezember für das Bistum Passau zu Diakon geweiht. *Dr. Herman H. Schwedt* veröffentlichte seinen zweiten Band zu den Anfängen der Römischen Inquisition in den Supplementbänden der Römischen Quartalschrift. Der Mitherausgeber der Römischen Quartalschrift und Rektor des *Campo Santo Teutonico*, *Dr. Hans-Peter Fischer*, wurde zum Richter der Sacra Romana Rota, dem höchsten vatikanischen Gericht, ernannt und damit in den Rang eines echten Apostolischen Protonotars erhoben. *Kardinal Gerhard Ludwig Müller* wurde überraschenderweise nicht in seinem Amt als Präfekt der Glaubenskongregation bestätigt und kann sich nun wieder ganz der theologischen Wissenschaft widmen. So stellte er am 13. Dezember am *Campo Santo Teutonico* das Buch »La Verità è sintetica: Teologia dogmatica cattolica« unseres Mitglieds *Prof. Mauro Gagliardi* vor.

Der **Direktor** führte am *Angelicum* wieder das Romseminar für deutschsprachige Freisemester durch. Eine Reihe der fünf Teilnehmer trat der Görres-Gesellschaft bei. Der Direktor konnte zudem das RIGG durch wissenschaftliche Vorträge in Berlin-Dahlem, Rom, Dresden, Paderborn und Moskau bekannt machen. Er besuchte das ehemalige Mitglied Prälat Prof. em. Dr. Ernst Dassmann in Bonn-Röttgen zu dessen diamantenem Priesterjubiläum.

Mit dem RIGG eng verbundene Kollegen erhielten **Universitätslehrstühle**: Dr. Britta Kägler für Moderne Geschichte (Trondheim), Andreas Weckwerth für Alte Kirchengeschichte (Eichstätt) und Jörg Bölling für Kirchengeschichte (Hildesheim).

Wir erhielten **Besuche von Studiengruppen**: von der Bayerischen Landesgeschichte der Universität München (Prof. Dr. Ferdinand Kramer), einer Ökumene-

Gruppe aus Berlin-Dahlem, vom Lehrstuhl für Mittelalterliche Geschichte der Universität Erlangen-Nürnberg (Prof. Dr. Klaus Herbers), von der Willibald-Pirckheimer-Gesellschaft zur Erforschung von Renaissance und Humanismus e. V. in Nürnberg (Dr. Tobias Daniels) und vom Päpstlichen Institut für Christliche Archäologie (Prof.ssa Carla Salvetti).

Als **Forscher zu Gast** waren am RIGG *Dr. Claudia Bertling Biaggini* aus Zürich zu kunsthistorischen Forschungen, der Politikwissenschaftler *PD Dr. Mariano Barbato* aus Passau/Münster anlässlich seiner Tagung »Der politische Aufstieg des Papsttums«, der Kirchenhistoriker PD Dr. Frank Sobiech (Würzburg) sowie der Kirchenhistoriker *Dr. Goran Jovičić* (Serbien).

Nach langer Pause haben die Mitarbeiter des RIGG wieder einen **Betriebsausflug** gemacht. Es ging nach Albano Laziale am Albaner See zur dortigen Katakombe *San Senatore* und ins Diözesanmuseum. Es führte unser Mitglied Dr. Roberto Libera.

Etwas Außergewöhnliches war die **Reise zur Ausstellung »Wunder Roms im Blick des Nordens«** im Paderborner Diözesanmuseum. Sie fand vom 22. bis zum 25. Juni statt. Anlass war zum einen die Ausleihe bedeutender Objekte der Sammlung des Campo Santo für die Ausstellung, zum anderen der 100. Todestag des Rektors Anton de Waal. Gedacht war daher ursprünglich an eine Reise interessierter Mitglieder des Priesterkollegs, des RIGG und der Erzbruderschaft. Auch wenn schließlich nur wenige aus Rom mitmachten, darunter Rektor Dr. Hans-Peter Fischer, Johannes Grohe und der Schreiber, so war doch die von der Thomas Morus-Akademie Bensberg glänzend organisierte Reise mit über 50 Teilnehmern ein voller Erfolg. Eine ganze Reihe Görresianer und ehemaliger Camposantiner aus Deutschland ließ sich blicken. Besonders beeindruckend waren die Begegnung mit dem Künstler Christoph Brech (München) und der Besuch der Abtei Corvey.

Eine stattliche Zahl aktueller und ehemaliger Mitglieder des RIGG nahm an der **Generalversammlung der Görres-Gesellschaft in Mainz** teil und traf sich – inzwischen schon traditionell – zu einem gemeinsamen Abendessen, das diesmal Prof. Dr. Christine Walde organisiert hatte.

Mit Abschluss des Jahres 2017 zählt das Römische Institut 176 **Mitglieder**, 27 mehr als im vorausgehenden Jahr. Nunmehr sind 42 Frauen und 134 Männer Mitglied. Das Institut freut sich über 35 Neueintritte in die Gesellschaft: Domenico Benoci, Prof. Enrico Cattaneo S.J., Chiara Cecalupo, Dr. Sven Conrad, Dr. Andrej-Nicolai Desczyk, Prof. Dr. Christoph Führer, Prof. Mauro Gagliardi, Prof. Massimiliano Ghilardi, Dr. Gerald Gruber, Dr. Susanne Habelt, Dr. Wolfgang E. Habelt, Prof. Matthias M. Heiermann, Patrick Holzinger, Andreas Huber, Dr. Goran Jovičić, Dr. Liliana Inglessis, Thomas Jansen, Eva-Maria Leven, Dr. Stefano Manganaro, Alessandro Mathis Piumatti Sabotero, Dr. Alfredo Mendiz, Prof. Dr. Karl August Neuhausen, Dr. Eberhard J. Nikitsch, Helmut Rakowski, Bernd Rees, Elvira Rees, Dr. Roberta Ruotolo, PD Dr. Tamara Scheer, Stefan Sieprath, Kevin Staley-Joyce, Isabella Tarsi, Heinrich Walter, Madeleine Willert, Wolfgang Willert, und Paula Zeiler. Hinzu kommen sechs zugezogene Mitglieder der Görres-Gesellschaft: Janosch

Dörfel, Christoph Fischer, Dr. Thomas Gruber, Christopher Helbig, Dr. Benjamin Leven und Dr. Jacob Mandiyil. Damit stellt das RIGG über 5 % der Mitglieder der gesamten Görres-Gesellschaft:

Seit Jahrzehnten gehörte **Anneliese Schädel** dem Römischen Institut und der Erzbruderschaft am *Campo Santo Teutonico* an. Sie war die heitere, treue Begleiterin ihres Mannes Oriol, der am 9. März seinen 90. Geburtstag beging, und besuchte mit großer Regelmäßigkeit die Vorträge und Veranstaltungen des Instituts. Sie verstarb am 8. April 2017. R.I.P.

Am 26. Februar 2017 trat Prof. em. Dr. **Karl August Neuhausen**, großer Latinist und Professor an der Universität Bonn, in die Görres-Gesellschaft ein und verstarb noch im selben Jahr am 5. Oktober im Alter von 78 Jahren. Zuletzt veröffentlichte er mehrere profunde Studien über die lateinische Rücktrittserklärung Papst Benedikts XVI. R.I.P.

Erwähnt werden muss auch das Hinscheiden des Bonner Historikers Prof. em. Dr. **Konrad Repgen** (Bonn), anerkannte Autorität seines Faches, der eine ganze Generation von Schülern geprägt hat. Er verstarb am 2. April. Repgen war seit 1975 Mitglied des Direktoriums des RIGG, zudem 1976–2009 im wissenschaftlichen Beirat der Römischen Quartalschrift. Er hielt mehrere Vorträge in Rom. Repgen war dem RIGG verbunden, seit er 1952–1953 als Stipendiat der Görres-Gesellschaft nach Rom gekommen war. Seine wissenschaftliche Bibliothek vermachte er der römischen Päpstlichen Universität *S. Croce*, den Ehrenring, den er 1998 von der Görres-Gesellschaft erhalten hatte, dem RIGG. R.I.P.

Auch im nächsten Jahr werden wir dringend Spenden und Zustiftungen zugunsten der **Stiftung zur Förderung des Römischen Instituts der Görres-Gesellschaft** benötigen. In diesem Jahr sind die Diözesen Aachen und Passau sowie zwei Privatpersonen aus Bamberg und Mainz durch vierstellige Zustiftungen hervorgetreten. So konnte die Stiftung, in deren Vorstand zusätzlich Prof. Dr. Wolfgang Bergsdorf aufgenommen wurde, in diesem Jahr ca. 6.000,– € ausschütten, die für Rom-Stipendien, Autoren der Römischen Quartalschrift und anderweitig verwendet wurden. Unterstützt wurden namentlich Beatrice Benedik, Raul Rogneam, Jan-Hendrik Poletz, Johannes Löffler, Stefan Gatzhammer, Claudia Bertling-Biaggini, Stefan Kiesewetter, Christopher Helbig, Ilenia Gradante, Cornelia Wehmer, Goran Jovičić, Georg Kolb, Teresa Lohr, Stefan Samerski, Matthias Simperl, Jan-Markus Kötter, Peter Caban, Roberta Ruotolo, Matthias Th. Kloft und Florian Schwarz.

Wie geht es mit dem RIGG weiter? Trotz einer anhaltenden und unübersichtlichen Diskussion über die Zukunft des *Campo Santo Teutonico* halten die dortigen Institutionen Kurs und lassen sich nicht auseinanderdividieren. Das Institut erfährt nicht nur seitens des Kollegs und der Erzbruderschaft, sondern auch seitens der Leitung der Görres-Gesellschaft starke und kluge Unterstützung. Ein herber Verlust war für die ganze Görres-Gesellschaft gewiss in diesem Jahr der Tod ihres Protektors Kardinal Joachim Meisner, dem der Schreiber auch persönlich sehr viel verdankt. Mit Kardinal Rainer Woelki als neuem Erzbischof von Köln ist freilich ein ebenso entschiedener Anwalt der Görres-Gesellschaft nachgerückt. Die Generalversammlung der Erzbruderschaft am *Campo Santo Teutonico*, die uns stark finanziell unterstützt, hat zudem am 12. November mit überwältigender Mehrheit beschlossen: »Erhalt des Römischen Instituts der Görres-Gesellschaft samt Bibliothek am Campo Santo«.

CHRONIK 2018

Papst Benedikt XVI. ist das prominenteste Mitglied unseres Instituts. Die vor über zwei Jahren gegründete Römische Bibliothek Joseph Ratzinger / Benedikt XVI. erfreut sich dank der finanziellen Unterstützung durch die *Fondazione Vaticana Joseph Ratzinger/Benedetto XVI* eines stetigen Ausbaus und regen Besuchs. Der von Prof. Ralph Weimann organisierte Studiengang »Diploma in Joseph Ratzinger. Studi e Spiritualità« an der Europa-Universität besuchte die Bibliothek. Ferner führte der Kustos die Teilnehmer eines Kompaktseminars der Konrad Adenauer-Stiftung.

Nach wie vor wird die Verwaltung der **Gesamtbibliothek**, die eine Gemeinschaftseinrichtung des RIGG und des Priesterkollegs ist, ohne amtlichen Bibliothekar in Eigenregie geleistet. Dabei helfen die Stipendiaten und Kollegsmitglieder tatkräftig. Bei der Aufsicht hilft unser Neumitglied Matija Jerković, Promovent in Kunstgeschichte an der Gregoriana, und verbessert dabei sein sowieso schon ausgezeichnetes Deutsch. Die Besucherzahlen sind stabil (2014: 180; 2015: 135; 2016: 411; 2017: 457; 2018: 416), was der Benedikt-Bibliothek zu verdanken ist, auf die etwa die Hälfte der Besucher fällt.

Dem Archiv und der Bibliothek des RIGG hat **Frau Annegret Wolf** (Frankfurt a. M.) einige Bestände ihres Vaters, des bekannten Archäologen, »Görresianers« und »Camposantiners« Carl Maria Kaufmann (1872–1951) überlassen.

Die Zusammenarbeit mit der **Gesellschaft für Konziliengeschichtsforschung e. V.** unter Leitung von Vizedirektor Prof. Dr. Johannes Grohe wurde fortgeführt. Sie umfasst mit maßgeblicher finanzieller Unterstützung seitens des Priesterkollegs der *Anima* die Förderung eines Stipendiaten, Christopher Kast, der den Internetauftritt des Forschungsprojektes Konziliengeschichte (www.konziliengeschichte.org) betreut. Insbesondere geht es um ein Lexikon der Konzilien, dessen online-Version im Aufbau begriffen ist. In diesem Jahr kommt noch das große Internationale Symposion »Konzil und Minderheit« vom 10. bis zum 14. Oktober hinzu, das in Verbindung mit dem RIGG an zwei Tagen am deutschen Priesterkolleg am *Campo Santo* stattfand.

Erneut traf sich der **Kreis deutschsprachiger Dozenten**, die an den kirchlichen Studienhäusern Roms tätig sind, zu kulturellen Veranstaltungen: diesmal im *Palazzo dei Cavalieri di Rodi* (Forum Romanum), in *S. Maria Maggiore* (*Loggia*, *Sala dei Papi*, *Scala del Bernini*, *Scavi*, Museum), in den Kapitolinischen Museen zur Winckelmann-Sonderausstellung und im *Archivio della Fabbrica S. Pietro*.

Die sechs Öffentlichen Vorträge des RIGG handelten über Themen der Papstgeschichte, zu Mosaikwerkstätten, zu Beethoven, zum Mittelmeer, zur Konziliengeschichte, zum Kreisauer Kreis und zu Anton de Waal (Buchvorstellung). Die Referenten kamen aus Bonn, Dresden, Rom, München, Hamburg und Erlangen. Die Teilnehmerzahl lag im Schnitt bei 50 Personen, was sehr erfreulich ist. Den größten Zuspruch fanden die Vorträge von Kardinal Walter Brandmüller und Klaus Herbers (je über 60 P.).

Ein wichtiges Ereignis war die Freischaltung der völlig **neu gestalteten Website** am 28. August. Die alte Seite hatte nach acht Jahren ihr technisches Limit erreicht. In diesem Jahr wurde die Seite 93.464mal besucht (2017: 78.194). Die neue Seite kostete 10.000,– €. Das ist ein enormer Brocken für unser Budget. Wir schalten auch Werbung für Firmen, die uns finanziell unterstützen wollen.

Außerdem verschicken wir nunmehr alle Einladungen zu Vorträgen mit unserem **Newsletter**. Das erlaubt nun eine unkomplizierte und juristisch einwandfreie Kommunikation (Ende 2018: 449 Empfänger).

Neues Mitglied im wissenschaftlichen Beirat der **Römischen Quartalschrift** ist Prof. Dr. Britta Kägler, die frühe Neuzeit an der Universität Trondheim lehrt. Die RQ wurde in diesem Jahr in das prestigeträchtige globale Zitationsnetzwerk ESCI aufgenommen. Jungautoren erhalten für Beiträge ein Honorar von bis zu 200,– €. Ab den nächsten Heften sind auch Farbreproduktionen möglich, was die Attraktivität der Zeitschrift steigert. Auch können Mitglieder der Görres-Gesellschaft die RQ nun verbilligt abonnieren (131,– statt 171,– € im Jahr). Der Vorstand der Görres-Gesellschaft hat am 28. September beschlossen, die RQ wie die anderen Zeitschriften der Gesellschaft finanziell zu fördern. Das bedeutet für die RQ 3.000,– €, für die Supplementbände 2.000,– €. Ein großes Dankeschön an den Vorstand!

Das RIGG ist als Wissenschaftszentrum für Geschichte europaweit vernetzt, allein schon durch die 20 Sektionen der Görres-Gesellschaft und durch die Mitgliedschaft in der UNIONE (38 historische Institute in Rom). Das zeigt sich aber auch an den zahlreichen **Kooperationspartnern**, darunter mehrere Universitäten (siehe Website).

Prof. Dr. **Andreas Sohn** (Paris), Mitglied des wiss. Beirats der Römischen Quartalschrift, hat den Tagungsband »Franz Kardinal Ehrle (1845–1934): Jesuit, Historiker und Präfekt der Vatikanischen Bibliothek« (*École Française de Rome* 2018) vorgelegt, der auf eine Tagung in Rom im Februar 2015, die auch am *Campo Santo Teutonico* stattfand, zurückgeht. Ehrle war seinerzeit einer der ganz großen Förderer der Stipendiaten und Forscher des RIGG. In allen Quellen wird immer wieder seine Uneigennützigkeit und Kompetenz betont.

PD Dr. **Mariano Barbato** (Münster) veröffentlichte eine weitere Studie zum modernen Papsttum aus politikwissenschaftlicher Perspektive: »Wege zum digitalen Papsttum. Der Vatikan im Wandel medialer Öffentlichkeit« (campus 2018). Die Veröffentlichung, der weitere folgen werden, steht in Zusammenhang zur Tagung am RIGG im März 2017 (vgl. J. Bordat, Der Papst und die Presse. Ein neuer Sammelband gibt Aufschluss über das erfolgreiche Zusammenspiel von Vatikan und Medien, in: Die Tagespost, 24.10.2018).

Das RIGG hat auch durch die **Tätigkeit seiner Mitglieder** viel auf sich aufmerksam gemacht. *Dr. Christiane Liermann* wurde neue Generalsekretärin des Deutsch-Italienischen Zentrums Villa Vigoni am Comer See. *Prof. Dr. Pierluca Azzaro* organisierte einen großen Kongress zu den Grundrechten und Grundrechtskonflikten. *Roberta Ruotolo* und *Chiara Cecalupo* wurden am Päpstlichen Institut für Christliche Archäologie promoviert. *Dr. Benjamin Leven* und *Johannes Schidelko* haben unsere Aktivitäten publizistisch begleitet. Sehr erfreulich ist, dass in den beiden diesjährigen Heften der Römischen Quartalschrift mehrere Mitglieder publiziert haben: *Matthias Ambros*, *Dr. Chiara Cecalupo* und *Andreas Raub*, dazu der ehem. Stipendiat *Georg Kolb*. *Prof. Marco Paolino* (Viterbo) äußert sich immer wieder zur deutschen Politik. *Paul Badde* präsentierte seine jüngsten Bücher über Benedikt XVI. (»Seine Papstjahre aus nächster Nähe«) und über Jerusalem (»Hauptstadt der Welt in Tagen des Zorns«). *Prof. Dr. Johan Ickx* publizierte in mehreren Sprachen sein viel beachtetes Büch über Pacelli: »Diplomazia segreta in Vaticano (1914–1915)«. *Dr. Stefano Manganaro* veröffentlichte seine große Studie »Stabilitas Regni« zur Politik in ottonischer Zeit. *Christina Höfferer* veröffentlichte »Jüdisches Rom« (mandelbaum verlag) mit Ausführungen über den *Campo Santo* als Zufluchtsort 1943/44. Unsere Stipendiaten *Thomas Kieslinger* und *Christopher Kast* traten durch öffentliche Vorträge zu ihren Fachgebieten hervor. Die Stipendiaten *Ignacio García Lascurain Bernstorff* und *Christopher Helbig* hielten im Kolleg »Sabbatinen« zu ihrem Promotionsthema. Unser Mitglied *Kardinal Paul Josef Cordes* stellte den Band »Päpstlichkeit und Patriotismus« einem großen Publikum vor. Der *Direktor* führte am *Angelicum* wieder das Romseminar für deutschsprachige Freisemester durch (13 Teilnehmerinnen und Teilnehmer). Eine Reihe der Teilnehmer trat der Görres-Gesellschaft bei. Der Direktor konnte zudem das RIGG durch wissenschaftliche Vorträge in Rom, Berlin-Dahlem, Würzburg und Bonn bekannt machen, der *Vizedirektor* durch Vorträge in Rom und Trier.

Wir erhielten **Besuche von Studiengruppen**: von den Christlichen Archäologen aus Bonn, die auf Studienreise waren, und von den Professoren und Mitarbeitern des Päpstlichen Instituts für Christliche Archäologie (PIAC) an deren Patronatsfest, dem Fest des hl. Papstes Damasus (11. Dezember). Auch eine Studentengruppe des PIAC kam unter Leitung von Prof. Carla Salvetti zur Besichtigung der frühchristlichen Sammlung.

Als **Forscher zu Gast** waren am RIGG der Kunsthistoriker *Dr. Pablo Pomar Rodil* von der Universität Cadice (Spanien), *Irina Buzykina* (Moskau), *Hartmut Benz* (Ruppichteroth), *Christian Klüner* (Paderborn) sowie der Kirchenhistoriker *PD Dr. Frank Sobiech* (Würzburg).

Eine stattliche Zahl aktueller und ehemaliger Mitglieder des RIGG nahm an der **Generalversammlung der Görres-Gesellschaft in Bamberg** teil und traf sich – inzwischen schon traditionell – zu einem gemeinsamen Abendessen.

Mit Abschluss des Jahres 2018 zählt das Römische Institut 201 **Mitglieder**, 25 mehr als im vorausgehenden Jahr. Nunmehr sind 45 Frauen und 156 Männer Mitglied. Das Institut freut sich über 34 Neueintritte in die Gesellschaft: Konrad Ackermann; Matteo Al Kalak; Bernard Ardura; Oliver Bäumker; Hubert Bodenmüller; Alberto Cadili; Giancarlo Caronello; Dilson de Oliveira Daldoce Jr.; Andreas R. Davison; Dennis Giesa; Dominic Helmboldt; Clara Heusch; Tobias Janotta; Matija Jerković; Christopher Kast; Sarah Maria Lorenz; Christian Mohr; Thomas Kieslinger; Karin Mair; Samuel Meininger; Tomislav Mrkonjić; Philipp Öchsner; Lorenzo Planzi; Franco Reale; Pablo J. Pomar Rodil; Florian Rösch; Veronika Seifert; Christoph Sperrer; Sigurd Sverre Stangeland; Albert von Thurn und Taxis; Marko Trogrlic; Christian Alexander Ulbrich; Andrea Antonio Verardi; Silvija Balenović Visinski. Ein Mitglied ist ausgetreten.

In diesem Jahr ist kein Todesfall unter den aktuellen Mitgliedern des RIGG zu beklagen. Jedoch starb am 11. März **Kardinal Karl Lehmann**, langjähriges Mitglied der Görres-Gesellschaft und stets ein großer Förderer des RIGG. Dies durfte am längsten Direktor Erwin Gatz erfahren, aber auch der derzeitige Direktor hegt beste Erinnerungen an die stets interessierte und zuvorkommende Art des Kardinals. Ein herber Verlust war ferner der plötzliche Tod von Prof. Dr. **Rudolf Schieffer** am 14. September. Schieffer war viele Jahre lang Mitglied des Direktoriums des RIGG und Beiratsmitglied der RQ. Nicht nur als einer der großen Mediävisten, sondern auch als unerschütterlich liebenswürdiger Mensch wird er uns in Erinnerung bleiben. Die RQ wird ihm einen Nachruf setzen und postum seinen Vortrag über Papst Paschalis II. veröffentlichen, den er am 27. Januar bei uns gehalten hat.

Vom 10. bis 14. November fand **das dritte Mal eine Sponsorenreise** im Rahmen des Internationalen Festivals für Sakralmusik statt. 22 Teilnehmerinnen und Teilnehmer besuchten nicht nur erstklassige Konzerte in St. Peter, St. Paul, in *S. Maria Maggiore* und im Lateran, sondern machten auch einen Ausflug nach Ariccia (*Palazzo Chigi, Collegiata*) und besichtigten *S. Maria Maggiore* (samt *Loggia*, *Sala dei Papi*, *Scala del Bernini*, *Scavi*, Museum) und das *Archivio della Fabbrica di S. Pietro*.

Auch im nächsten Jahr werden wir dringend Spenden und Zustiftungen zugunsten der **Stiftung zur Förderung des Römischen Instituts der Görres-Gesellschaft** benötigen. In diesem Jahr konnten durch die von Dr. Hans-Albert Courtial geförderte Sponsorenreise zum XVII *Festival Internazionale di Musica e Arte Sacra* eine Zustiftung von 5.500,– € und eine weitere Aufstockung um 5.000,– € gewonnen werden. Hinzu kamen private Spenden. Durch die Ausschüttung 2018 wurden vor allem Jungakademiker unterstützt: Dr. Pablo Pomar Rodil, Dr. Ilenia Gradante, Georg Kolb, Prof. Dr. Gerhard Poppe, Christian Klüner, Dr. Veronika Seifert, Dr. Chiara Cecalupo, Andreas Raub und Prof. Liudmila Khrushkova, sowie die Tagung »Konzil und Minderheit«.

CHRONIK 2019

Nach wie vor wird die Verwaltung der **Gesamtbibliothek**, die eine Gemeinschaftseinrichtung des RIGG und des Priesterkollegs ist, ohne amtlichen Bibliothekar in Eigenregie geleistet. Dabei helfen die Stipendiaten und Kollegsmitglieder, seit dem Herbst auch Dr. Dr. Marc Hausmann tatkräftig. Die Besucherzahlen sind stabil (2014:

180; 2015: 135; 2016: 411; 2017: 457; 2018: 416; 2019: 323), was der Benedikt-Bibliothek zu verdanken ist, auf die etwa die Hälfte der Besucher fällt. Die Studienbibliothek Joseph Ratzinger/Benedikt XVI. umfasst bis 2018 bereits 1.469 Titel (Einträge im online-Katalog). Eine Reihe von Dubletten der **Benedikt-Studienbibliothek** konnte der Deutschen Schule in Rom überlassen werden.

Die Zusammenarbeit mit der **Gesellschaft für Konziliengeschichtsforschung e.V.** unter Leitung von Vizedirektor Prof. Dr. Johannes Grohe wurde fortgeführt. Sie umfasst mit maßgeblicher finanzieller Unterstützung seitens des Priesterkollegs der *Anima* die Förderung eines Stipendiaten, Christopher Kast, der den Internetauftritt www.konziliengeschichte.org des Forschungsprojekts Konziliengeschichte bis zum Sommer betreut hat.

Erneut traf sich der **Kreis deutschsprachiger Dozenten**, die an den kirchlichen Studienhäusern Roms tätig sind, zu kulturellen Veranstaltungen: diesmal im *Angelicum* zur Abschiedsvorlesung von Prof. Walter Senner O.P., in der Hochschule *Regina Apostolorum* zur Difesa von Dr. Marc Hausmann, am *Templum Pacis* auf dem *Forum Romanum*, wo Prof. Dr. Sascha Priester führte, und an *Marcello al Corso* und dem *Oratorio del ss. Crocifisso* sowie an *Santa Cecilia* in Trastevere, wo jeweils Dott.ssa Manuela Annibali führte.

Die sieben Öffentlichen Vorträge des RIGG (siehe unten Kap.) handeln über Bistumsgeschichte, Christenverfolgungen, Augustinus, Klara von Assisi, Altar und Liturgie (Buchvorstellung), Pius XII. und den deutschen Friedhof im Vatikan. Die Referenten kamen aus Berlin, München, Köln, Mannheim, Regensburg, Düsseldorf und Rom. Die Teilnehmerzahl lag im Schnitt bei 55 Personen, was sehr erfreulich ist. Den größten Zuspruch fand der Vortrag von Albrecht Weiland (80 P.). Großen Anklang fand wie jedes Jahr das Sommerfest »Zur Letzten Wortmeldung« an *San Giovanni a Porta Latina* mit leckerem Picknick, Fußball und Boccia.

Die **neue Website** des RIGG hat sich bewährt. Sie ist seit diesem Jahr auch in italiensicher Sprache abrufbar. Nicht zuletzt deshalb konnte die Besucherzahl mit 195.001 gegenüber dem Vorjahr mehr als verdoppelt werden (2017: 78.194: 2018: 93.464). Durch Werbeeinnahmen kann die Wartung refinanziert werden. Der **Newsletter** erreicht inzwischen 674 Personen (2018: 449).

Neues Mitglied im wissenschaftlichen Beirat der **Römischen Quartalschrift** ist Prof. Dr. Dr. Jörg Bölling, seit Januar 2018 Professor für Kirchengeschichte am Institut für Katholische Theologie der Stiftung Universität Hildesheim. Er tritt an die Stelle von Prof. Dr. Günther Wassilowsky, der seit 2011 dem Beirat angehörte. Mitglieder der Görres-Gesellschaft können die RQ verbilligt abonnieren (131,– statt 171,– € im Jahr). Die Stiftung zur Förderung des RIGG hat in den vergangenen drei Jahren an 12 Jungautoren je 100,– bzw. 200,– € Honorar ausgezahlt.

Das RIGG hat auch durch die **Tätigkeit seiner Mitglieder** viel auf sich aufmerksam gemacht.

Sensationell ist die Tätigkeit von *Dr. Gabriele Castiglia*, Assistent des Görres-Mitglieds Prof. *Philippe Pergola* (Lehrstuhl für Topographie) am Päpstlichen Institut für

Christliche Archäologie, der Grabungskampagnen in der byzantinischen Ruinenstadt Adulis in Eriträa durchführt. *Konrad Ackermann* wurde neuer Vizerektor des *Campo Santo Teutonico* und löste in dieser Funktion Mons. Dr. Matthias Türk, ebenfalls Görresianer, ab. Der Patrologe *Mons. Patrick Descourtieux* wurde neuer Verantwortlicher der Glaubenskongregation für die Liturgie. *Dr. Tamara Scheer* ist neue Archivarin von *Santa Maria dell'Anima* und löst damit Dr. Johan Ickx ab. *Dr. Ingo Schaaf*, zur Zeit Gastprofessor am *Institutum Patristicum Augustinianum*, wird Patrologie und Alte Kirchengeschichte am *Angelicum* unterrichten. *Christopher Kast* hielt am 16. Januar einen Vortrag im *Circolo Medievistico Romano*, *Christopher Helbig* am 19. Januar im Priesterkolleg eine »Sabbatine«. *Dr. Chiara Cecalupo* wurde das Wolfgang Fritz Volbach-Fellowship der Universität Mainz für 2020 zuerkannt. *Alessandro Bellino* legte seine Studie »Il Vaticano e Hitler: Santa Sede, Chiesa tedesca e nazismo (1922–1939)« vor, *Dr. Massimiliano Ghilardi* (Istituto Nazionale di Studi Romani) sein Buch «Il santo con due piedi sinistri. Appunti sulla genesi dei corpisanti in ceroplastica", *Dr. Tamara Scheer* ihr Buch »Von Friedensfurien und dalmatinischen Küstenrehen. Vergessene Wörter aus der Habsburgermonarchie«, *Prof. Enrico Cattaneo S.J.* sein Buch »Il servizio ministeriale. Riflessioni dei Padri della Chiesa«. *Dr. Chiara Cecalupo* u. a. haben den vom RIGG unterstützten Tagungsband »Ricerche di Archeologia Cristiana, Tardantichità e Altomedioevo« herausgegeben, *Lucas Wiegelmann* und *Dr. Benjamin Leven* den Sammelband »Myhtos Vatikan: Das Heil verwalten«. Sehr erfreulich ist, dass auch in den beiden diesjährigen Heften der Römischen Quartalschrift mehrere Mitglieder des RIGG publiziert haben: *Christopher Kast*, *Ignacio García Lascurain Bernstorff*, *Alessandro Bellino*, *Massimiliano Valente*, *Stefan Heid*, *Ingo Schaaf* und *Domenico Benoci*.

Der **Direktor** führte am *Angelicum* wieder im Wintersemester 2019/20 das Romseminar für deutschsprachige Freisemester durch (12 Teilnehmerinnen und Teilnehmer). Einige Teilnehmer traten der Görres-Gesellschaft bei. Ferner konnte er das RIGG durch wissenschaftliche Vorträge in Albano, Rom, Berlin, Frankfurt, Neuss, Augsburg und München bekannt machen. Der **Vizedirektor Prof. Dr. Johannes Grohe**, der in diesem Jahr seinen 65. Geburtstag beging, nimmt seit diesem Jahr zusätzlich zu seinen Lehrverpflichtungen an der *Università della Santa Croce* einen Lehrauftrag an der *Gregoriana* wahr.

Von den **ehemaligen Mitgliedern** gibt es manche Fortschritte zu berichten: *Dr. Mathias Mütel*, Stipendiat 2010 bis 2012, wurde von Bischof Felix Gmür zum Verantwortlichen des Bistums Basel für Bildung ernannt. Seine Frau *Dr. Alexandra Mütel* ist Fachmitarbeiterin im Archiv des Generalvikariats. *Dr. Florian Schwarz*, Stipendiat 2015–2017, empfing am 7. Dezember in Altötting die Diakonenweihe für die Diözese Passau. *Dr. Florian Haider*, Stipendiat 2012 bis 2014 und inzwischen Priester im Bistum Passau, hat seine Münchener Dissertation über den Kölner Dogmatiker Matthias Joseph Scheeben (1835–1888) veröffentlicht. Am 27. Mai wurde *Ignacio García Lascurain Bernstorff*, Stipendiat 2016–2018, an der LMU München bei Prof. Dr. Claudia Märtl zum Dr. phil. promoviert. Thema seiner Arbeit waren die bilateralen Beziehungen zwischen dem Johanniterorden und dem Heiligen Stuhl im 15. Jahrhundert. Am 22. November bestand *Teresa Lohr*, 2013–2014 Stipendiatin, erfolgreich ihre Doktorprüfung in Kunstgeschichte an der Universität Erlangen-Nürnberg. Ihre Doktorarbeit behandelt »Die künstlerische Ausstattung der Kirche *Santa Maria della Pietà* auf dem *Campo Santo Teutonico* in Rom«. Doktorvater war Prof. Dr. Christian Hecht (Weimar) und Zweitgutachter Stefan Heid. Die für den *Campo Santo* hoch spannende Promotionsschrift wird als Supplementband der RQ erscheinen.

Es ist Absicht, allen interessierten Stipendiaten des RIGG einen einmonatigen **Sommeraufenthalt im Heiligen Land** zu persönlichen Studienzwecken zu ermöglichen. Erstmals traten *Christopher Helbig* und *Ignacio García Lascurain Bernstorff* ihre Reise im Juli an und legten umfangreiche Reiseberichte vor, die zeigen, wie fruchtbar und anregend eine solche Reise sein kann. Beide wohnten in der *Dormitio*-Abtei am Sitz des Jerusalemer Instituts der Görres-Gesellschaft und hatten in Dr. Georg Röwekamp einen versierten Ansprechpartner. Durch die Unterstützung seitens der Abtei, des Deutschen Vereins vom Heiligen Land und die großzügige private Spende eines Görres-Mitglieds konnte das Unternehmen finanziert werden.

Wir erhielten den **Besuch mehrerer Studiengruppen**, die der Direktor zu ausgewählten frühchristlichen, mittelalterlichen und zeitgenössischen Denkmälern Roms führte: Im März kamen die Würzburger »Theologie im Fernkurs« unter Leitung von Dr. Thomas Franz, eine Studiengruppe aus Sankt Georgen unter Leitung von Prof. Dr. Andreas Bieringer und Prof. Dr. Thomas Meckel und schließlich die Teilnehmer einer Promotionsfachtagung der Hanns-Seidel-Stiftung unter Leitung von Dr. Andreas Burtscheidt. Im Juni kamen die »Theologische(n) Kurse« aus Wien unter Leitung von Prof. Dr. Renate Pillinger.

Eine stattliche Zahl aktueller und ehemaliger Mitglieder des RIGG nahm an der **Generalversammlung der Görres-Gesellschaft in Paderborn** teil und traf sich – inzwischen schon traditionell – zu einem gemeinsamen Abendessen. Im Paderborner Brauhaus reichte eine lange Tafel nicht mehr aus für die über 25 Freundinnen und Freunde des Instituts.

Mit Abschluss des Jahres 2019 zählt das Römische Institut 215 **Mitglieder**, 14 mehr als im vorausgehenden Jahr. Nunmehr sind 51 Frauen und 164 Männer Mitglied. Das Institut freut sich über 26 Neueintritte in die Gesellschaft: Marco Aimone; Marco Johannes Bartoldus; Peter Beer; Gabriele Castiglia; Carlo dell'Osso; Antje Eichhorn-Eugen; Mario Galgano; Ilenia Gentile; Amy Giuliano; Marc Hausmann; Kristina Herrmann Fiore; Sebastian Fuchs; Gordana Jeremić; Christian Jung; Bernhard Kronegger; Pascal Klose; Larissa Kuhl; Antal Molnár; Ricardo Sanjurjo Otero; Heinz-Richard Sahm; Alexandra von Teuffenbach; Claudia Twardon; Francesco Saverio Venuto; Lucas Wiegelmann; Dominik Witkowski; Markus Zimmermann. 5 Mitglieder sind nach Italien zugezogen, 12 haben Italien verlassen, 6 sind ausgetreten und ein Mitglied ist verstorben.

Am 2. Oktober verstarb unser RIGG-Mitglied **Prof. Matthias M. Heiermann** aus Köln (* 1960). Er wäre an diesem 8. Dezember in die Erzbruderschaft zur Schmerzhaften Mutter Gottes am *Campo Santo Teutonico* aufgenommen worden. Der

Künstler und Bildhauer Heiermann war ein richtiger Vollblutrömer, fromm, gebildet, selbstlos, und man konnte sich mit ihm viele Stunden über Kunst und Liturgie unterhalten. Er hinterlässt bleibende Spuren dankbarer Erinnerung auch im Studienkolleg des Campo Santo.

Auch im nächsten Jahr werden wir dringend Spenden und Zustiftungen zugunsten der **Stiftung zur Förderung des Römischen Instituts der Görres-Gesellschaft** benötigen. Unterstützt wurden Maik Schmerbauch, Dr. Ingo Schaaf, Christopher Kast, Domenico Benoci, Dominik Baumgartner, Dr. Karin Mair, Petra Fugazzola, Daniel E. D. Müller, Matthias Bürgel, Dr. Pablo Pomar Rodil, Dr. Ignacio García Lascurain Bernstorff, Dr. Ralph Weimann, Cornelia Wehmer, Dr. Alexandra von Teuffenbach, Dr. habil. Frank Sobiech, Dr. Ilenia Gentile, Dr. Roberta Ruotolo, Christopher Helbig.

CHRONIK 2020

Das Jahr 2020 ist durch die **Pandemie** geprägt, die jedoch zu keinem Stillstand am Institut führte. Zum Glück konnten die Tagung »Zwischen Kronen und Nationen« im Januar und der Februar-Vortrag von Kardinal Müller noch stattfinden. Dann kam es zum Lockdown, dem die für März geplante Raffael-Tagung und zwei Öffentliche Vorträge zum Opfer fielen. Am 3. Juli konnte dennoch das Institut einen Ausflug nach Nemi unternehmen. Mit dabei waren neben Direktor und Vizedirektor die Assistenten Heinrich Heidenreich und Ricardo Sanjurjo Otero. Vor Ort führte uns Dott. Roberto Libera. Das im Juni ausgefallene Sommerfest wurde im September als Spätsommerfest nachgeholt, diesmal unter dem Titel »Die erste Wortmeldung«. Der Zuspruch war sehr groß, man merkte förmlich, dass unsere Freunde die lange Kontaktsperre leid waren. Im September öffnete auch die Bibliothek wieder für Außenstehende und blieb immer offen, auch als im Herbst die zweite Pandemiewelle einsetzte. Wieder kam es zur Lähmung des öffentlichen Lebens. In Rom fehlten nun schon seit Monaten die Touristen und akademischen Besucher. In den öffentlichen Bibliotheken und Archiven war kaum mehr zu arbeiten. Die auf Ende November verlegte Raffael-Tagung musste online stattfinden. Alle Besichtigungen der Tagung wurden gestrichen. Immerhin waren 150 Teilnehmer angemeldet, und insgesamt war das Echo überwältigend. Die Öffentlichen Vorträge im Oktober und November fanden wieder statt, und zwar »in Präsenz« mit Zoom-Übertragung, wobei nur wenige angemeldete Personen teilnehmen konnten. Die Teilnehmerzahl (in Präsenz und online) aller fünf Öffentlichen Vorträge lag im Schnitt wieder bei über 50 Personen.

Die Pandemie hatte auch einen unerwarteten Effekt, insofern das Theologische Studienjahr Jerusalem im Herbst nicht in Jerusalem begann, sondern nach Rom – in die Abtei Sant'Anselmo auf dem Aventin – verlegt wurde. Somit weilte **Pater Dr. Nikodemus Schnabel**, der Direktor des Jerusalemer Instituts der Görres-Gesellschaft, für mehrere Monate in Rom. Er war häufiger Gast am *Campo Santo Teutonico*.

Seit dem Mai arbeitet **Dr. Karin Mair** als Sekretärin der Gesamtbibliothek, die eine Gemeinschaftseinrichtung des RIGG und des Priesterkollegs ist. Da Stefan Heid am 4. Februar zum Rektor des Päpstlichen Instituts für Christliche Archäologie ernannt wurde, übernimmt Dr. Mair zu seiner Entlastung auch die Funktion einer Sekretärin des Direktors.

In diesem Jahr verzeichnet die Bibliothek 622 Neueingänge. Die Besucherzahlen der Bibliothek sind sinkend, was aber zuletzt an Corona liegt (2014: 180; 2015: 135; 2016: 411; 2017: 457; 2018: 416; 2019: 323; 2020: 251). Von großer Bedeutung ist die im Sommer freigeschaltete **Website des neuen Bibliothekskatalogs** (http://rigg.emmebisoft.it). Sie wurde von der Gedächtnisstiftung Peter Kaiser finanziert. Dieser online-Katalog erlaubt es, Bücher sogleich online einzustellen, während der Sammelkatalog URBiS jeweils einige Monate »hinterherhinkt«.

Die von Heinrich Heidenreich als Kustos verwaltete **Studienbibliothek Joseph Ratzinger/Benedikt XVI.** umfasst inzwischen 1.768 Titel. Sie ist in allen Sprachen komplettiert worden. In dem neuen online-Katalog kann direkt auf den *Fondo Biblioteca Benedetto* zugegriffen werden. Es sei daran erinnert, dass Joseph Ratzinger Mitglied des Römischen Instituts ist.

In Absprache mit Dr. Christian Schaller konnte die Zusammenarbeit mit dem **Regensburger Institut Papst Benedikt XVI.** insofern intensiviert werden, als das Bistum Regensburg jährlich ein mehrwöchiges Stipendium für einen jungen Ratzinger-Forscher aus Rom/Italien vergibt, das einen Aufenthalt am Regensburger Institut ermöglicht. Die Verantwortung seitens des Römischen Instituts liegt bei Prof. Ralph Weimann. Nutznießer in diesem Jahr war Don Leonardo Pelonara.

Das Römische Institut ist auch andernorts im Internet und in den sozialen Netzwerken aktiv. Es verkauft seine antiquarischen Bücher und Dubletten über **Booklooker**, besitzt einen eigenen **Wikipedia-Eintrag** und verfügt seit Jahren über einen **Facebook-Account** (www.facebook.com/Goerresinstitut), der 1.278 Abonnements verzeichnet. Inzwischen gibt es einen eigenen **Instagram-Account** (rigg1888) (27.4.2021: 231 follower) und seit Dezember einen **YouTube-Kanal** (www.youtube.com/channel/UCO_77sppftiDur848Ti36Kw) (27.4.2021: 32 Abonnenten); beide werden vom ehemaligen Assistenten Dr. Ignacio García Lascurain Bernstorff betreut.

Der eigene **Newsletter** (vor allem für die Einladungen zu den Vorträgen und Tagungen) erreicht inzwischen 756 Personen (2018: 449; 2019: 674). Das Römische Institut ist aber auch mit ausgewählten Nachrichten im ausführlichen Newsletter der Görres-Gesellschaft vertreten.

Die Zusammenarbeit mit der **Gesellschaft für Konziliengeschichtsforschung e.V.** unter Leitung von Vizedirektor Prof. Dr. Johannes Grohe wurde fortgeführt. Sie umfasst mit maßgeblicher finanzieller Unterstützung seitens des Priesterkollegs der *Anima* die Förderung der Stipendiatin Dr. Federica G. Giordani, die während des gesamten Jahres das online-Lexikon der Konzilien und den Internetauftritt www.konziliengeschichte.org des Forschungsprojekts Konziliengeschichte betreut hat.

Fast alle Aufsätze der **Römischen Quartalschrift** werden von Thomas Kieslinger in entsprechende Wikipedia-Artikel eingepflegt. Prof. Dr. Britta Kägler, Mitglied des wissenschaftlichen Beirats der RQ, wurde im Frühjahr auf die Professur für Bayerische Landesgeschichte an der Universität Passau berufen.

Das RIGG hat auch durch die Tätigkeit seiner Mitglieder viel auf sich aufmerksam gemacht, in erster Linie durch zahlreiche Veröffentlichungen: *Lucia Longo-Endres* publizierte »Artisti e mercanti in viaggio – oltre le Alpi, attraverso il Tirolo«, *Marco R. Bettoni Pojaghi* »Il Camposanto teutonico«, *Kardinal Kurt Koch* »Christ sein ist schön. Meditationen über die Herzmitte des christlichen Glaubens«, *Kardinal Gerhard Ludwig Müller* »Der Glaube an Gott im säkularen Zeitalter«; *Andrea Hindrichs* und *Christiane Liermann Traniello* gaben die Festschrift für Bernd Roeck »Von der Gegenwart der Ewigkeit« heraus. *Michael Matheus* gab zusammen mit Rainer Christoph Schwinges »Studieren im Rom der Renaissance« heraus. *Yvonne zu Dohna-Schlobitten* veröffentlichte »La Trasfigurazione di Raffaello. La Maddalena e la guarigione dello sguardo« und gab mit Albert Gerhards den Tagungsband »La lotta di Giacobbe, paradigma della creazione artistica« heraus. *Enrico Cattaneo* veröffentlichte »Pietro e Paolo: La ›roccia‹ e ›il più piccolo‹ degli apostoli a confronto«. *Chiara Cecalupo* veröffentlichte ihre Promotionsarbeit »Antonio Bosio, la Roma Sotterranea e i primi collazionisti di antichità cristiane« und zusammen mit Federico Guidobaldi und Angela Miele einen Band der Serie »Corpus Architecturae Religiosae Europeae« (Bd. II,2a). *Lorenzo Planzi* veröffentlichte »Il Papa e il Consiglio Federale / Der Papst und der Bundesrat«. *Gabriele Castiglia* veröffentlichte seine Dissertation »Topografia cristiana della Toscana centro-settentrionale« und gab mit *Philippe Pergola* das Handbuch »Instrumentum Domesticum: Archeologia Cristiana, metodologie e cultura materiale della tarda antichità e dell'alto medioevo« heraus. *Marco Aimone* legte den opulenten Band »Byzantine and Sasanian Silver, Enamels and Works of Art« über die britische Privatsammlung Wyvern vor. *Paul Badde* veröffentlichte gesammelte Essays zum Thema »Abendland: Die Geschichte einer Sehnsucht«. *Alexandra von Teuffenbach* veröffentlichte »‚Vater darf das!‹ Eine Archivdokumentation«. *Chiara Cecalupo* hat innerhalb des EU-finanzierten Postdoc-Programms »Marie-Sklodowska Curie COFUND« ein dreijähriges Forschungsstipendium für ihr Projekt «LIT! Reception of catacomb art in European culture and architecture between the 19th and 20th century" gewonnen.

Am 17. Januar 2020 begrüßte der **Direktor** Frau Dr. Charlotte Backerra und 13 Studierende der Universität Göttingen im Rahmen eines Seminars zu Renaissancepapsttum und Reformation. Am 21. Januar führte er 35 Promovenden der Hanns-Seidel-Stiftung unter Leitung von Dr. Andreas Burtscheidt am Forum Romanum und hielt ihnen im *Campo Santo Teutonico* einen Vortrag über den *Campo Santo* als Ort der Wissenschaft und der Zuflucht. Am 14. Februar 2020 führte Stefan Heid die Münchener Mediävisten Claudia Märtl und Knut Görich mit ihren Studentinnen und Studenten am *Campo Santo Teutonico* und in der Bibliothek. Am 25. Januar durfte er in Regensburg eine Festrede auf den Verleger Dr. Albrecht Weiland zu dessen 65.

Geburtstag halten, der seit seiner Zeit als Assistent bei Erwin Gatz 1986 bis 1989 ein tatkräftiger Förderer des Instituts und der Görres-Gesellschaft ist. Im Februar übertrug Vatican News eine vierteilige Radio-Akademie mit Heid über sein Buch »Altar und Kirche«. Coronabedingt konnte der Direktor das RIGG nur in Rom durch Vorträge bekannt machen. Er hielt unter anderem einen Vortrag an der Botschaft der Bundesrepublik Deutschland beim Heiligen Stuhl und mehrere Vorträge und Führungen für das Theologische Studienjahr Jerusalem, das coronabedingt in Rom stattfand.

Der **Vizedirektor Prof. Dr. Johannes Grohe** (Universität *S. Croce*), sprach beim Internationalen Priestertreffen in Köln zum »Thema Synodalität, Kollegialität und Partizipation« und hielt am *Angelicum* im Wintersemester 2020/21 unter erschwerten Bedingungen das Romseminar für deutschsprachige Freisemester durch (8 Teilnehmerinnen und Teilnehmer). Auf Einladung des Päpstlichen Rates zur Förderung der Einheit der Christen hielt er auf einem Studientag des Dikasteriums über »Nicea 325 – tra storia e attualità« einen Vortrag zu »Contesto storico, lo svolgimento, le decisioni, le conseguenze per la Chiesa«.

Forscher zu Gast am Institut war *Dr. Stefano Manganaro* (Turin).

Des Weiteren sind manche Erfolge und **Tätigkeiten der Mitglieder** zu verzeichnen. *Christopher Kast*, Stipendiat 2018–2019, wurde Leiter des Stadtarchivs Rosenheim. *Thomas Kieslinger*, Stipendiat im selben Jahr, wurde im Mai Stadtarchivar und Museumsleiter in Dingolfing (Niederbayern)und heiratete am 3. Oktober in Bayerdilling Veronika Dieterle. *Dr. Federica Giordani* nimmt seit September eine befristete Mitarbeit im *Archivio Apostolico Vaticano* wahr. *Alessandro Bellino* (Mailand) wurde von der Philosophischen Fakultät der Katholischen Universität Mailand mit einer Arbeit über die Zentrumspartei und den Heiligen Stuhl promoviert. *Mario Galgano* (Rom) wurde von der Philosophischen Fakultät im Departement für Geschichte der Universität Fribourg mit einer Arbeit über »Die Ständige Nuntiatur in Luzern und die Eidgenossenschaft in der Neuzeit« promoviert. Er hat in Vatican News mehrere Radiosendungen, darunter eine mehrteilige Radio-Akademie, über die Raffael-Tagung des Instituts produziert. *Domenico Benoci* (Rom) wurde mit einer epigraphischen Arbeit am Päpstlichen Institut für Christliche Archäologie promoviert.

Die Vorträge der in Zusammenarbeit mit der Gesellschaft für Konziliengeschichtsforschung und der *Pontificia Università della Santa Croce* durchgeführten Tagung »**Konzil und Minderheit – I Concili e le minoranze**« (Oktober 2018) wurden im *Annuarium Historiae Conciliorum* 49 (2018/19) veröffentlicht.

Die Vorträge unserer Tagung »**Zwischen Karthago, Rom und Hippo Regius**: Augustinus in der nordafrikanischen und europäischen Tradition« (März 2019) wurden in der Römischen Quartalschrift (2019,3–4; 2020,1–2) veröffentlicht.

Mit Abschluss des Jahres 2020 zählt das Römische Institut 222 **Mitglieder**, sieben mehr als im vorausgehenden Jahr. Nunmehr sind 57 Frauen und 165 Männer Mitglied. Das Institut freut sich über 20 Neueintritte in die Gesellschaft: Emmanuel Ansaldi; Pauline Belger; Marco R. Bettoni Pojaghi; Jan Dominik Bogataj; Guido De

Blasi; Fabrice Dux; Federica Germana Giordani; Jitka Jonova; Aleksandra Medennikova; Giordano Monzio-Compagnoni; Thomas Müller; Paul Oberholzer; Nicole Paglia; Julius-Alexander Past; Manuele Piccioni; Cecilia Proverbio; Augustinus Sander; Simone Schiavone; Valentina Virgili; Jörg Voigt. Ein Mitglied ist nach Italien zugezogen, acht Mitglieder haben Italien verlassen, vier sind ausgetreten und zwei Mitglieder sind verstorben.

Am 23. Juni 2020 verstarb **Oriol Schaedel**. Jahrgang 1927 wie Papst Benedikt XVI., war Oriol Schaedel eine Institution und hochgeschätzt – nicht nur bei dem gelehrten Ratzinger. Er zählte zu jenen Deutschrömern, die jahrzehntelang das Leben der »deutschen Kolonie« geprägt und zu ihrem kirchlich-kulturellen Standard beigetragen haben. Erstaunlich ist, dass Schaedel kaum je in Deutschland gelebt hat – seine Wege führten ihn von Spanien in die Schweiz, nach Frankreich und dann nach Rom. Aber man merkte ihm diese selbstverständliche Internationalität gar nicht an. Er und seine vor drei Jahren verstorbene Frau Anneliese gehörten unzertrennlich zu fast allen Aktivitäten der kleinen deutschen Welt in Rom, die ganz maßgeblich auf Freundschaft und Ehrenamt aufbaut. Sie waren in ihrer selbstlosen, unverbrüchlichen Treue fast wie Boten einer besseren Zeit. Oriol Schaedel ist nun nach schwerem Leiden am 23. Juni im Alter von 93 Jahren in seiner römischen Wohnung verstorben, liebevoll betreut. Unzählige Freunde, Große und Kleine, genossen die Gastfreundschaft der Schaedels auf ihrer herrlichen Terrasse mit Blick auf den Park der *Villa Doria Pamphili*, unweit der Deutschen Schule. In ihrer Wohnung standen all die vielen Bücher, die Oriol in seinem langen Berufsleben als Gründer der *Casa Editrice Herder* verlegt hatte. Unverzichtbar war seine lange Tätigkeit in der Erzbruderschaft am *Campo Santo Teutonico*, zuletzt als Vizecamerlengo. Bereits 1960 war er der Bruderschaft beigetreten, 1964 der Görres-Gesellschaft. Man findet ihn auf viele Fotos der Veranstaltungen durch die Jahrzehnte hinweg, denn er war praktisch immer dabei, bis zum letzten Jahr. Seine wache Nüchternheit, sein maßvoller, zurückhaltender Rat, sein langes Gedächtnis und die nimmermüde Freundlichkeit haben maßgeblich dazu beigetragen, das deutsche Leben in Rom geradezu familiär zu gestalten.

Am 29. September 2020 verstarb **Pater Paul Sindermann** C.Ss.R. Zum Paradies mögen Engel Dich geleiten, die heiligen Märtyrer Dich begrüßen und Dich führen in die Heilige Stadt Jerusalem! Am Erzengelfest, dem 29. September, als die Mitglieder und Freunde des Römischen Instituts der Görres-Gesellschaft ihre jährliche Messe für die Verstorbenen gefeiert haben, ist ihr römisches Mitglied Pater Paul Sindermann verstorben. Seit 1989 war er dabei und gehörte zu den treuesten Besuchern der Görres-Vorträge. Die ständig verschärften Vatikankontrollen ärgerten ihn zusehends. Trotzdem blieb er uns noch bis vor Corona treu. Jeder kannte ihn, er war stets ausgeglichen höflich und interessiert, konnte lebhaft diskutieren und zeigte sich immer dankbar für alle Angebote. Er war ein guter Freund der 2016 verstorbenen Ingeborg Scholz. Man konnte Pater Sindermann, der seit Jahrzehnten hingebungsvoll die Bibliothek der Redemptoristen an der *Accademia Alfonsiana* in der *Via Merulana* leitete, jeden Morgen begegnen, wenn er zum Bahnhof Termini ging, um die Zeitung zu kaufen. Dabei kam er am Päpstlichen Institut für Christliche Archäologie vorbei. Pater Sindermann wurde am 25. Mai 1935 geboren.

Unser langjähriges Mitglied und Thomas-Forscher **Pater Prof. Walter Senner O.P.** ist wenige Monate nach seiner Rückkehr nach Deutschland am 3. Juli im Alter von 71 Jahren aufgrund seiner Diabetes-Erkrankung verstorben.

Tragischerweise verstarb am 18. November in München **Prof. Dr. Stephan Haering O.S.B.**, der auf der Tagung zu Ehren von Erwin Gatz im Mai 2021 den Öffentlichen Vortrag halten sollte.

Auch im nächsten Jahr werden wir für unsere wachsenden Aufgaben Spenden und Zustiftungen zugunsten der **Stiftung zur Förderung des Römischen Instituts der Görres-Gesellschaft** benötigen. Die Stiftung wechselte in diesem Jahr vom »Stiftungsforum Kirche im Bistum Aachen« zum »Stiftungszentrum des Erzbistums Köln«. Sie bleibt eine Treuhandstiftung und verfügt über ein Anlagevermögen von etwa 350.000,– €.

Abschließend hervorgehoben sei noch die reibungslose und sehr hilfreiche Zusammenarbeit mit der **Geschäftsstelle in Bonn**, insbesondere Dr. Martin Barth und Frau Veronica Thiel, die unseren »Betrieb« in vielfacher Hinsicht erleichtert.

CHRONIK 2021

Auch im zweiten Corona-Jahr konnte das Institut weitgehend ohne Einschränkungen seiner Tätigkeit nachgehen. Das wieder regulär im Juni durchgeführte Sommerfest in *San Giovanni a Porta Latina* fand ein sehr großes Echo mit über 70 Teilnehmern. Zu Gast war auch eine Gruppe lutherischer Bischöfe und Oberkirchenräte. Zum Glück konnten die Tagung »Kult des Volkes« im November in Präsenz stattfinden, ebenso das Lepanto-Symposium Anfang Dezember.

Am 10. Juli beging **Prälat Dr. Hans-Peter Fischer** seinen 60. Geburtstag. Am folgenden Sonntag fand eine große Feier statt, bei der der Direktor Gelegenheit hatte, den Jubilar zu würdigen:

»Liebe Freunde, liebe Gäste, an diesem besonderen Ort, unter dem *Cupolone* von St. Peter, am *Campo Santo Teutonico* – feiert man besondere Feste.

Notfalls auch im Hochsommer, in der römischen Hitze, wo der Römer sich zur Amphibie entwickelt und am Strand liegt. Das ist auch der Grund, weshalb unsere Schar ein wenig ausgedünnt ist.

Trotzdem sind gar nicht so wenige gekommen, der feiererprobte Fischer-Clan, die Rest-*Camposantiner*, die raren Römer, darüber hinaus corona-resistente Gäste aus Deutschland, aus der Schweiz, und woher auch sonst noch.

Sie alle sind natürlich wegen Dir hier, lieber Hans-Peter bzw. – samt Titelei – lieber Rektor und Apostolischer Protonotar Dr. Hans-Peter Fischer.

In der Kirche haben wir soeben der »Freude an Gott« – *Dei Gaudium* ist ja Dein Wappenspruch – Ausdruck verliehen in Gebeten und Liedern. Die Freude an Gott ist unsere Kraft, Halleluja!

Jetzt sind wir hier, um vor dem Geburtstagskind unsere Blumen auszustreuen. Das Blumenmädchen bin sozusagen ich, jedenfalls hat mich der Camerlengo Aldo Parmeggiani dazu auserkoren.

Da der Camerlengo selbst der unübertroffene Meister der geschliffenen und amüsanten Rede ist, musst Du Dich jetzt leider mit weniger zufrieden geben, was nicht heißt, dass es kürzer wäre.

Denn 60 Jahre sind zu feiern! 6 Jahrzehnte! 12 Lustren! Die goldenen 60er Jahre!

Gestern haben wir schon einige Reden gehört, vorgestern soll es auch schon Reden gegeben haben, meine Rede soll Dir die letzte, aber doch zumutbare Anstrengung sein, bevor die wohlverdiente Sommerpause beginnt.

Es geht nicht um ein Amtsjubiläum, das wir heute feiern. Bei einem Amtsjubiläum muss der Festredner eine Leistungsbilanz aufstellen und dem Gefeierten für seine Höchstleistungen anschließend einen Orden an goldener Kette vor die stolze Brust hängen.

Derartige Jubiläen, wenn auch unvermeidlich, sind eher gruselig, weil das viele Lob, das man hört, den bösen Neid der andern weckt. Und nichts reizt die Götter mehr, glaubten die alten Römer, als das Glück der Sterblichen.

Nicht dass Du in Deinen gut 10 Jahren in Rom nicht eine ganz erhebliche Leistung vorzuweisen hättest! Das wollen wir doch nicht ganz verschweigen!

Souverän füllst Du gleich mehrere Ämter aus: als Rektor und Dienstherr, als Vorsteher und Verantwortlicher, als – verzeih mir den Dürrenmatt – »Richter und Henker« der Rota.

Darüber wären schon manche Kämpfe und Heldensagen zu erzählen. Aber das Größte ist Dir ja erst kürzlich gelungen.

Wir stehen in der EM. Erlaube mir den Vergleich: Du spielst nicht Abwehr, sondern Sturm. Und wie jeder Stürmer sich den Ball weit vorlegt, um den entscheidenden Vorsprung zu haben und das Tor zu machen, so hast Du Dir den Ball weit vorgelegt: Du stürmst voran und wir stürmen hinterher.

Jedenfalls wird es ins Guinnessbuch der Rekorde eingehen, wenn es Dir gelingt, den von Dir selbst angestoßenen und glücklich begonnenen Prozess der Gesamterneuerung des *Campo Santo* in den nächsten Jahren abzuschließen – am besten bis zum 150. Jubiläum des Kollegs 2026.

Aber nein, wie gesagt, wir begehen jetzt kein Amtsjubiläum und keine Leistungsschau, sondern schlicht einen Geburtstag, bei dem nicht das Amt und nicht die Aufgabe, sondern die Person im Mittelpunkt steht: Hans-Peter Fischer.

Nicht wegen Deiner Ämter, sondern wegen Dir sind wir hier. Deine Geschwister mit ihren Familien sind hier, leider nicht Deine Mutter, die ohne Zweifel genauso stolz auf Dich ist, wie es Deine Geschwister sind und wie wir alles es sind.

Und auch: Du selber kannst auf Dich stolz sein – Du solltest sogar in einer stillen Stunde innehalten und stolz auf Dich sein.

Dir ganz persönlich zu Ehren sind wir jetzt hier, die wir Dein Geschick seit Jahren und Jahrzehnten mit viel Sympathie verfolgen, Deine Wege begleiten, die wir Dich bewundern, mit Dir beten, bangen und hoffen, die wir uns aber auch von Dir gern einladen lassen, katholisch entspannt fröhlich zu sein.

Denn Du, lieber Hans-Peter, bist kein Miesepeter, kein Kostverächter, kein Launeverderber, ganz im Gegenteil: Du feierst gern, nach dem Motto: Wer ein gutes Gewissen hat, braucht kein Fest zu fürchten.

Du bist eine fröhliche, ausgeglichene und hellwache Person, die gute und fröhliche Menschen nicht nur um sich zu sammeln weiß, sondern geradezu anzieht und anlockt.

Es ist wahr: Ein Mensch definiert sich nicht nur von seinen Leistungen und Ämtern her. Ein Mensch wird vor allem danach beurteilt, was er ist, wie er sich reinhängt, wie er sein Herzblut gibt.

Und da ist noch viel Schwung in Dir. Der hat sich auch in den 10 Jahren Rackern auf dem heiligen Acker nicht verbraucht, Gott sei Dank.

Sicher, als Du vor 10 Jahren ankamst, kam Dein Schwung etwas forsch rüber, wie Cäsars *veni vidi vici*, aber Deine große Linie hast Du seither nicht aufgegeben und Du hast Recht behalten. Du bist eben nicht nur ein Antreiber, sondern hast auch langen Atem.

Für Deinen Schwung, mit dem Du vieles bewegst, steht geradezu symbolisch der Glockenturm. Alle drei Institutionen des Campo Santo sollen weit schwingen und klingen: Die Erzbruderschaft, das Priesterkolleg und das Görres-Institut. Du bist Schwungmeister, nicht Klöppelmeister. Du bringst in Schwung, die Musik machen müssen dann die Glocken schon selber.

Der Charakter macht den Menschen aus. Der Charakter wiederum setzt sich zusammen aus den guten Anlagen, die einem die Eltern mitgegeben haben, und da hast Du ganz dickes Bündel mitbekommen, und zu diesen Anlagen kommen dann die Lebenserfahrungen.

Das griechische Wort *charaktér* meint die Einritzung, das Eingeschnittene, Eingekratzte, die Furche. Sagen wir es so: Der Charakter sind die Narben, die man in seinem Leben mitnimmt. Die einen prägen und charakteristisch machen.

Lieber Hans-Peter, Du bist ein Charaktermensch: unverkennbar, markant, ausgestattet mit vielen Begabungen, einer, der jeden Tag alles einsetzt, dabei auch riskiert, fehlzugehen, Narben einzustecken. Mit solchen Narben gewinnen wir vielleicht keinen Schönheitswettbewerb, aber sie machen eben den Charakter aus.

Du hast gestern bei Tisch gesagt, Du seist bestimmt kein Heiliger. Das mag sein. Aber Du verstehst es, aus der Schwäche eine Stärke zu machen, indem Du Deine Schwächen freimütig bekennst.

Das können nur ganz wenige. Und ich muss sagen, selten habe ich jemanden getroffen, der so schnörkellos seine Fehler zugibt oder sich entschuldigt, wenn Dir mal der Kragen geplatzt ist.

Offenheit und Vertrauen, das ist nun wirklich Deine große Gabe und Dein großes Geschenk an uns alle, und dafür danke ich Dir auch persönlich ganz besonders.

Das trifft übrigens genauso auf Dein Glaubenszeugnis zu: Da ist nichts geheuchelt. Was Du anderen predigst, ja, das bewegt Dich wirklich selbst, dafür stehst Du. Das macht Dich auch zum Vorbild für die jungen Leute im Kolleg.

Mit Deiner großen Offenherzigkeit und Aufrichtigkeit trittst Du jedem gegenüber. Dafür wirst Du dann zuweilen bestraft; das gibt dann die Narben. Wer noch nie enttäuscht wurde, hat auch noch nie jemandem Vertrauen geschenkt.

Es sind eben nicht alle so ehrlich, manche tricksen nur, manche heucheln, manche wollen einen reinwürgen. Ich würde mir aber wünschen, dass Du diese feigen Hunde nicht immer ganz so ernst nimmst. Lass sie heulen: Losse hippe, sagt der Hesse. Was juckt es den Mond, wenn der Hund ihn anbellt.

Das muss man sich immer mal sagen, ohne dass das arrogant klingen soll. Aber gerade hier im vatikanischen Kurdistan kann *pazienza*, wie wir alle wissen, überlebenswichtig sein.

60 Jahre – altes Eisen? Sagen wir mal so: Mit 60 wird man vorsichtiger, was man sagt. Bisher konnte man über »die Alten« reden und glaubte sich auf der Seite der »Jungen«, jetzt muss man allmählich »wir Älteren« sagen; mit 70 heißt es dann »wir Alten«.

Aber mit 60 altes Eisen? Noch lange nicht. Du bist in den besten Jahren. Großes steht bevor. Dass Du jetzt in diesen Herausforderungen die Nerven behältst, auf Kurs bleibst, und dass Dir der Ehrgeiz und die Gesundheit erhalten bleiben, das wünsche ich Dir.

Ich wünsche Dir aber auch, dass Du dabei nicht allein bist, dass alle hier, die Institutionen, die Freunde des *Campo Santo Teutonico*, sich noch stärker, noch intensiver, noch kräftiger einbringen, denn es liegt ja auf der Hand, dass jetzt eigentlich erst der Anfang ist. Dass nach 10 Jahren die eigentliche Arbeit erst richtig losgeht.

Und manchmal ist es gut, dass man vorher gar nicht so recht weiß, was da alles auf einen zukommt. Schritt für Schritt geht man dann voran. Also, wir alle wollen dazu beitragen, dass Du auf Deinem Weg weiterhin Gutes und Großes wirken kannst.

Und damit möchte ich Dir dann sozusagen einen freundschaftlichen Schulterklaps geben und nur noch sagen: Weiter so, Hans-Peter, Du bist nicht allein!

Ad multos annos!«

Der Camerlengo der Erzbruderschaft, **Cav. Aldo Parmeggiani**, verzichtete aus gesundheitlichen Gründen auf sein Amt. Die Generalversammlung wählte mit großer Einmütigkeit den Juristen Franco Reale zu seinem Nachfolger. Die feierliche Amtsübergabe erfolgte am 8. Dezember 2021 unter Anwesenheit von Kardinal Jean-Claude Hollerich. Aldo Parmeggiani wurde die Ehrenmitgliedschaft und die Ehrencamerlengowürde der Erzbruderschaft verliehen. Der Direktor hat Aldo Parmeggiani zu seinem 80. Geburtstag einmal so charakterisiert:

Amtsübergabe von Camerlengo Aldo Parmeggiani an Franco Reale am 8. Dezember

»Cav. Aldo Parmeggiani vollendete am 31. Juli sein 80. Lebensjahr und wurde nun im Vatikan gefeiert. Aldo Parmeggiani ist der Beweis dafür, dass jeder Mensch unersetzlich ist, selbst wenn er sich selbst noch so ersetzlich hält. Ohne Humor kommst du nicht weit, schon gar nicht ohne ein Schmunzeln über deine eigenen Fehler. So präsentiert er sich denen, die ihn kennen: In seiner Heimat Meran, wo seine Mutter noch unter Habsburgs Fahnen geboren wurde, ebenso wie im rauen Rom, das ihm und seiner Frau Elisabeth – die Kinder sind längst erwachsen und mitten im Leben – eine Art zweiter Heimat geworden ist. Aber Rom ist nicht gleich Rom. Darinnen gibt es noch dieses sensible, geheimnisvolle Magnetfeld Vatikan, in dessen Bahnen sich zu bewegen gar nicht leicht ist. Aldo Parmeggiani kennt sich hüben wie drüben aus, im Vatikan sicher ein wenig besser. Dort arbeitet er mit nimmermüder Begeisterung für Radio Vatikan und hat inzwischen unzählige Interviews mit herausragenden Persönlichkeiten aus Kirche und Welt gesendet, in denen er sie genauso ihre Alltäglichkeiten erzählen lässt wie Ihnen auch wohlgehütete Geheimnisse zu entlocken weiß.

Es ist keine leichte Kunst, es als Journalist zu etwas zu bringen: Sich nicht korrumpieren zu lassen, kritisch zu bleiben und doch jedem mit größter Vertrauenswürdigkeit Respekt entgegenzubringen. Diese Kunst beherrscht Aldo Parmeggiani, und deshalb ist er auch im Vatikan geschätzt. Das bedeutet allerdings auch viel Arbeit, ehrenamtliche Arbeit. Seit 2005 ist er Vizecamerlengo, seit 2007 Camerlengo der Erzbruderschaft zur Schmerzhaften Mutter Gottes am Campo Santo der Deutschen und Flamen im Vatikan. Das ist kein Operettenverein, sondern Verantwortung. Denn an diesem Ort, der täglich von Hunderten von Pilgern und Touristen besucht wird, steht man automatisch mitten in der Weltöffentlichkeit. Die seit der Mitte des 15. Jahrhunderts ununterbrochen bestehende, einzigartige Bruderschaft, zu der von Anfang an auch Frauen gehören, ist Eigentümerin und Bewahrerin des einzigen Friedhofs im Vatikan, des *Campo Santo Teutonico*. Das ist aber nicht nur ein Friedhof, sondern dort sind auch ein Priesterkolleg und ein Forschungsinstitut der Görres-Gesellschaft zu hause. Das bedeutet für den Camerlengo, sich zusammen mit dem Rektor Prälat Dr. Hans-Peter Fischer täglich zu engagieren. Päpste und Staatshäupter besuchen diesen Ort, aber was dieser Ort eigentlich sein will, eine Stätte der Gemeinschaft und Gastfreundschaft für alle, Große wie Kleine, Römer wie Pilger, genau dafür steht Aldo Parmeggiani, der nicht den Dünkel der Mächtigen kennt, allenfalls wenn er ihm freundlich ins Gesicht schaut.

Im *Campo Santo Teutonico* fließt sein Herzblut. Deshalb verlieh ihm Rektor Prälat Dr. Fischer im Namen der ganzen Bruderschaft die goldene Medaille, die höchste Auszeichnung. Es stehen große Aufgaben bevor, damit dieser welteinmalige Ort der Geschichte und Kultur auch für künftige Generationen erhalten bliebt. Dafür sucht Aldo Parmeggiani zusammen mit allen Mitschwestern und Mitbrüdern seit Jahren mit Erfolg Unterstützung in Österreich, Deutschland, der Schweiz und Italien. Noch ist nicht alles erreicht. Es bleibt die große Herausforderung, vor der ängstlich zurückzuschrecken ganz Aldos Art widerspräche«.

Aldo Parmeggiani hat in seiner gesamten Amtszeit seit 2007 das RIGG tatkräftig unterstützt und nie einen Zweifel daran aufkommen lassen, wie sehr er dessen Vorträge, Tagungen und Veröffentlichungen schätzt, die nicht selten auch mit der Geschichte des *Campo Santo Teutonico* selbst zu tun haben. Auch der neue Camerlengo, ebenfalls Mitglied des RIGG, ist von der erstrangingen Bedeutung des RIGG für die wissenschaftliche Profilierung des Hauses überzeugt.

In diesem Jahr profitiert das Institut in besonderer Weise vom **internationalen Ansehen, das der *Campo Santo Teutonico*** unter Rektor Prälat Dr. Hans-Peter Fischer gewonnen hat, etwa durch den »Iter Europaeum«. Diese Initiative der Europäischen Union hat die Kirche des *Campo Santo Teutonico* als historischen Ort, der sich bis auf Karl den Großen zurückführt, zur »Kirche der Europäischen Union« gekürt. Hinzu kommt die Förderung der **Sanierung des Komplexes** durch die Bundesrepublik Deutschland mit 16 Mill. Euro, die ebenfalls aufgrund der Initiative von Rektor Fischer zustande kam und nun in Absprache mit den beteiligten Institutionen umgesetzt wird. Dieser Erfolg stellt bei weitem die nachhaltigste Zukunftssicherung des Instituts in Aussicht.

Dazu passt, dass sich das Institut breiter historisch aufstellen wird. Ein erster Schritt dazu ist die Einrichtung eines auf sechs Jahre berechneten privaten Martin Chemnitz-Stipendiums für historisch-dogmengeschichtliche »**Studien zur Rezep-**

tion des Konzils von Trient im zeitgenössischen Luthertum«. Wissenschaftlicher Referent hierfür ist Pater Dr. Augustinus Sander OSB (Maria Laach), der im deutschen Kolleg wohnt, am Päpstlichen Rat zur Förderung der Einheit der Christen arbeitet und ein Luther-Experte ist. Damit werden die vom Institut von Stephan Ehses bis Klaus Ganzer über 100 Jahre betriebenen Trient-Forschungen wiederaufgegriffen. Rev. Gino Marchetti ist lutherischer Geistlicher aus Fort Wayne und erster Inhaber des Stipendiums. Er wohnt im Kolleg und fügt sich bestens in die lange nordamerikanische Tradition des *Campo Santo* ein.

Dem Institut liegt besonders an der **Förderung aufstrebender Forscherinnen und Forscher**. Mit Reisestipendien für einen Rom-Forschungsaufenthalt gefördert wurden David Hobelleitner (Salzburg), Joachim Bürkle (Würzburg) und Alexander Pötzl (Würzburg). Zwei junge Autorinnen der Römischen Quartalschrift, Jitka Jonova und Roberta Ruotolo (Rom), wurden gefördert, ferner Elena Turchi, Vittoria Artico, Cecilia Proverbio und Johannes Volk für ihre Studien.

In diesem Jahr verzeichnet die **Bibliothek** 474 Neueingänge. Die Zahl der externen Tagesbesucher der Bibliothek ist nach Rückgängen wieder deutlich gestiegen (372 – siehe die Tabelle oben). Das liegt zweifellos an Frau Dr. Mair, in der die Besucher seit 1 ½ Jahren eine stets hilfreiche Aufsicht haben. Während der Pandemie ist die Bibliothek – auch für das Außenpublikum – bis auf kurze Pausen offengeblieben.

Heinrich Heidenreich hat zwar nach den üblichen zwei Jahren seinen Dienst für die **Studienbibliothek Joseph Ratzinger/Benedikt XVI.** beendet, bleibt aber weiter im Kolleg. Daher konnte er im September seinen Nachfolger Martin Grobauer als Kustos einführen, was besonders die nicht einfache Pflege des KOHA-Katalogs betrifft. Die Bibliothek umfasst inzwischen 1.912 Titel (2020: 1.768). Sie ist in allen Sprachen komplettiert worden. Im online-Katalog (Koha) kann direkt auf den *Fondo Biblioteca Benedetto* zugegriffen werden. Es sei daran erinnert, dass Joseph Ratzinger / Benedikt XVI. das prominenteste Mitglied des Römischen Instituts ist.

Das Römische Institut ist auch andernorts im Internet und in den sozialen Netzwerken aktiv. Es bietet antiquarische Bücher und Dubletten über **Booklooker** an, besitzt einen eigenen **Wikipedia-Eintrag** und verfügt seit Jahren über einen **Facebook-Account** (www.facebook.com/Goerresinstitut), der 1.339 Abonnements (2020: 1.278) verzeichnet. Seit November 2020 gibt es einen eigenen **Instagram-Account** (rigg1888) (378 follower) und seit Dezember 2020 einen **YouTube-Kanal** (www.youtube.com/channel/UCO_77sppftiDur848Ti36Kw) (48 Abonnenten). Derzeit gibt es zwei Kategorien von Videos: Buchbesprechungen (7) und Vorträge (4). Bislang wurden diese Filme 1.531mal aufgerufen. Die Social Media-Arbeit wird vom ehemaligen Assistenten Dr. Ignacio García Lascurain Bernstorff betreut. Inzwischen besitzt das Institut eine eigene Videokamera. Künftig sollen die Görres-Vorträge, wenn die Redner einverstanden sind, als Video auf unserem Kanal jederzeit einsehbar sein.

Die seit dem zweiten Halbjahr 2019 rückläufige Besucherzahl der Website des RIGG (www.goerres-gesellschaft-rom.de) stellt den Analysten vor gewisse Rätsel.

Es fällt aber auf, dass seit EuGH-Urteil vom 1. Oktober 2019 zum Datenschutz (bzgl. der Cookies) Browser Anteile gewinnen, die Tracking-Cookies blockieren, so dass die Besucher, die über diese Browser die RIGG-Seite ansteuern, nicht mehr von der Webanalyse durch IONOS (1&1) erfasst werden. Da IONOS jedoch die Anteile der Browser erfasst, kann man grob die realen Zahlen der Besucher der RIGG-Website ermitteln (orange Säulen). Auch hier zeichnet sich allerdings ein Rückgang der Besucherzahlen ab, was sich teilweise damit erklären lässt, dass viele Internetnutzer inzwischen selber Cookies blockieren.

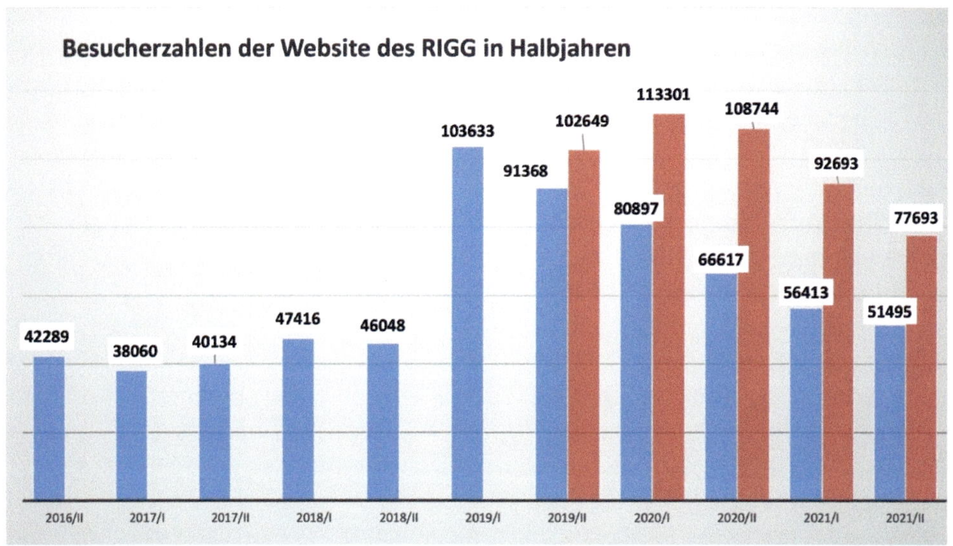

Das **Team** hat sich vergrößert. Von den drei neuen Assistenten bzw. Stipendiaten wurden Martin Grobauer und Gino Marchetti bereits erwähnt. Sarah M. Lorenz als Dritte im Bunde hilft dem Team regelmäßig in der Bibliothek. Emmanuel Ansaldi ist hingegen als Stipendiat ausgeschieden, bleibt aber noch im Kolleg. Nunmehr zählen auch Frau Dr. Federica Giordani und Pater Dr. Augustinus Sander OSB neben Prof. Dr. Pierluca Azzaro und Frau Dr. Karin Mair zu den dauerhaften wissenschaftlichen Mitarbeitern. Frau Giordani ist sozusagen die Verbindungsfrau des Instituts ins Vatikanische Archiv.

Der eigene **Newsletter** (vor allem für die Einladungen zu den Vorträgen und Tagungen) erreicht inzwischen 815 Personen (2018: 449; 2019: 674; 2020: 756). Das RIGG ist aber auch stets mit ausgewählten Nachrichten im ausführlichen Newsletter der Görres-Gesellschaft (redigiert von Dr. Martin Barth) vertreten.

Die Zusammenarbeit mit der **Internationalen Gesellschaft für Konziliengeschichtsforschung e.V.** unter Leitung von Vizedirektor Prof. Dr. Johannes Grohe wurde fortgeführt. So wurde die Tagung in Dresden zum Thema »Konzilien und die

Welt der Klöster« unterstützt. Prof. Grohe ist es zusammen mit Prof. Thomas Prügl (Wien) gelungen, die von ihnen herausgegebene Zeitschrift für Konziliengeschichtsforschung beim Verlag Aschendorff unter dem Titel *Annales Historiae Conciliorum* weiterzuführen.

Das RIGG hat auch durch die **Tätigkeit seiner (aktuellen und ehemaligen) Mitglieder** viel auf sich aufmerksam gemacht, in erster Linie durch zahlreiche Buchveröffentlichungen:

- *Konrad Ackermann*: Die Sacra Potestas im Werk von Alfons Maria Stickler und Klaus Mörsdorf. Rechtssystematische Überlegungen zur Möglichkeit einer Mitwirkung von Laien an der kirchlichen Regierungsgewalt.
- *Pierluca Azzaro* (Hg.): Joseph Ratzinger / Benedetto XVI, La vera Europa. Identità e missione.
- *Chiara Cecalupo*: Giovanni Francesco Abela. Work, private collection and birth of Christian archaeology in Malta.
- *Johan Ickx*: Pio XII e gli ebrei. L'archivista del Vaticano rivela finalmente il ruolo di papa Pacelli durante la Seconda guerra mondiale.
- *Johan Ickx*: L'Unione sovietica e la Chiesa ortodossa russa (1945–1978).
- *Kardinal Kurt Koch*: Wohin geht die Ökumene? Rückblicke – Einblicke – Ausblicke
- *Kardinal Kurt Koch*: Gott und die Welt: An welcher Frage entscheidet sich die Ökumene mit den Protestanten?
- *Michael Matheus*: Roma docta – Northern Europeans and academic life in the Renaissance
- *Kardinal, Gerhard Ludwig Müller*: Was ist katholisch?
- *Andreas Raub*: Museumsbilder auf Altären. Gemälde und Retabel der Berliner Museen in preußischen Kirchen (1829–1940).
- *Ingo Schaaf* (Hg.): Hieronymus Romanus: studies on Jerome and Rome on the occasion of the 1600th anniversary of his death
- *Ludwig Schmugge*: Le suppliche dei Senesi alla Penitenzieria Apostolica (1458–1513).
- *Ignacio García Lascurain Bernstorff*, Die Athleten und der Vikar Christi. Untersuchung zur Semantik der Beziehung zwischen dem Johanniterorden und dem Heiligen Stuhl (1393–1503).
- *Veronika Seifert*: L'invenzione del mosaico in filato. Aspetti storici e tecnici.

Hervorgehoben sei die Festschrift »Fides incarnata«, die *Kardinal Rainer Maria Woelki*, dem Protektor der Görres-Gesellschaft und damit auch des RIGG, zuteilwurde (Verlag Herder 2021). Beteiligt haben sich die Mitglieder *Kardinal Kurt Koch*, *Kardinal Gerhard Ludwig Müller* und *Ralph Weimann*.

Assistent *Heinrich Heidenreich* hielt am 6. März im Kolleg eine Sabbatine zum Thema »*De numero oratorio, quo Urbanus PP. II in litteris apostolicis utebatur*«. *Dr. Chiara Cecalupo* ist seit diesem Jahr Lehrbeauftragte am Päpstlichen Institut für

Christliche Archäologie für die Einführung in die Christliche Archäologie und für Museologie. Daneben läuft ihr Forschungsstipendium des EU-finanzierten Postdoc-Programms »Marie-Sklodowska Curie COFUND« weiter. Sie organisierte am 29. September einen Studientag «Revealing Christian Heritage". *Georg Kolb*, ehemaliger Assistent, wurde am 11. November von der Universität München in Bayerischer Geschichte promoviert. Thomas Kieslinger, ebenfalls ehemaliger Assistent, wurde am 13. Dezember von der Universität Erlangen in Geschichte promoviert. *Dr. Domenico Benoci* wurde im Institutssekretariat des Päpstlichen Instituts für Christliche Archäologie angestellt. *Dr. Jan Bentz* wechselte als Lecturer für Philosophie ans Studium der Dominikaner in Oxford. *Dr. Ignacio García Lascurain Bernstorff* hielt am 13. April einen Vortrag im Rahmen des «Rome Modern Italy Seminar" am Deutschen Historischen Institut und referierte am 15. Dezember an der Universität Marburg über den Mediävisten Carl Jänig. *Dr. Konrad Ackermann* wechselte als Bischofssekretär nach Regensburg, *Regamy Thillainathan* als Konviktsdirektor und Seminarregens nach Bonn. Pater *Nikodemus Schnabel* OSB, Direktor des JIGG, der aus Pandemiegründen in Rom war, kehrte als Migrantenseelsorger nach Israel zurück. *Christopher Helbig* wurde in Bamberg zum Diakon geweiht.

Die Fotografin **Cornelia Mittendorfer** nahm in ihren dreisprachigen Band »Wissen.Sapere« (hg. Von Rolf Sachsse) über Orte der Intellektualität in Rom neben anderen Bibliotheken, Archiven und Instituten auch das RIGG auf.

Am 9. Mai wurde ein Festamt zum 10. Jahresgedächtnis von **Prälat Prof. Dr. Erwin Gatz** am *Campo Santo Teutonico* gehalten. Er war 1975 bis 2010 Rektor der Erzbruderschaft und des Kollegs und Direktor des RIGG. Am 8. Mai 2011 war er in Maastricht verstorben. Die Predigt von Bischof Bertram Meier (Augsburg), ehemals Vizerektor des Kollegs, wurde verlesen. Sie wurde in dem Gedenkband abgedruckt (siehe unten).

Nicht unerwähnt bleiben kann auch die Festschrift, die **Prof. Dr. Andreas Sohn** (Paris), Beiratsmitglied der Römischen Quartalschrift, zu seinem 60. Geburtstag erhielt: Europa und Memoria, herausgegeben von Michaela Sohn-Kronthaler und Jacques Verger.

Forscher zu Gast am Institut war seit dem Sommer **Dr. Ignacio García Lascurain Bernstorff** (Potsdam).

Die sieben Öffentlichen Vorträge des RIGG (siehe unten) handeln über Augustinus als Prediger, barocke Baustellen, die Baugeschichte des *Campo Santo Teutonico*, den Schriftsteller Reinhard Raffalt, eine neue Geschichte des kirchlichen Lebens in Deutschland (Buchvorstellung), den katholischen Intellektuellen Alois Dempf und die pfingstlich-charismatischen Bewegungen. Die Referenten kamen aus Paderborn, Passau, München, Leipzig und Rom. Die Teilnehmerzahl (im Saal und per Zoom) lag im Schnitt bei 60 Personen, was sehr erfreulich ist. Den größten Zuspruch fand der Vortrag von Stefan Heid über die Baugeschichte des *Campo Santo Teutonico* (90 P.).

Erneut traf sich der **Kreis deutschsprachiger Dozenten**, die an den kirchlichen Studienhäusern Roms tätig sind, zu kulturellen Veranstaltungen, diesmal wegen Corona dreimal im deutschen Kolleg. Im März referierte P. Augustinus Sander OSB über Luther, im April Dr. Federica G. Giordani über Celestino Sfondrati.

Direktor und Vizedirekter werden immer wieder um Führungen und Vorträge gebeten. Am 15. April hielt der **Direktor** einen Vortrag über die frühchristliche Sammlung des *Campo Santo Teutonico* für das Theologische Studienjahr Jerusalem. 13. September 2021 begrüßte er Prof. Dr. Sabine Feist, die mit einer Gruppe Bonner christlicher Archäologiestudenten eine Rom-Exkursion durchführte. Am 15. September stellte er den Gedenkband für Erwin Gatz »Neue Aspekte einer Geschichte des kirchlichen Lebens« vor. Am 28. September nahm er an einem online-Panel des *International Security Forum* Bonn (CASSIS) zum Thema »Religious Values, Democracy, and the Transatlantic Future« teil. Am 11. Oktober konnte er Studierenden der Fränkischen Landesgeschichte aus Würzburg unter Führung von Frau Dr. Katharina Kemmer die mittelalterliche Geschichte des *Campo Santo Teutonico* näherbringen. Am 19. November kam eine Gruppe von Stipendiaten der Konrad-Adenauer-Stiftung mit Pascal Klose (Berlin) in Verbindung mit Kpl. Christoph Butschak. Am 23. November präsentierte er Mitgliedern des Kardinal-Höffner-Kreises der CDU/CSU-Fraktion im Deutschen Bundestag die Arbeit des Römischen Institut der Görres-Gesellschaft.

Am 7. Oktober stellte er zusammen mit Andreas Gottsmann und Emilia Hrabovec im Österreichischen Historischen Institut das Lexikon »Die Bischöfe der Donaumonarchie 1804 bis 1918« von Rupert Klieber und Péter Tusor vor.

Am 20. September feierte der Direktor – nach einer alten Tradition – im Kolleg sein silbernes Romjubiläum. Am 1. September 1996 war er für sein Habilitationsprojekt in der Ewigen Stadt eingetroffen. Prof. Pierluca Azzaro überreichte die silberne Medaille der *Fondazione Vaticana Joseph Ratzinger / Benedetto XVI*. Am 9. Dezember überreichten zum (vorgezogenen) 60. Geburtstag in einer kleinen Feierrunde die Mitarbeiter eine Silberschale mit 17 eingravierten Namen aktueller und ehemaliger Stipendiaten. Familie Weiland schloss sich den Gratulanten mit einem Stich der Kirche *Santo Stefano Rotondo* an. Generalsekretär Dr. Martin Barth mailte am 28. Dezember: »Ihr Einsatz für das RIGG ist aller Ehren wert und wir können froh sein, in Ihnen einen solch engagierten Direktor zu haben. Zugleich danke ich Ihnen für die hervorragende Zusammenarbeit in den letzten Jahren!«

Der **Vizedirektor Prof. Dr. Johannes Grohe** (Universität S. Croce) organisierte die Tagung der Internationalen Gesellschaft für Konziliengeschichte vom 30. September bis zum 2. Oktober in Dresden. Als Gastprofessor hielt er eine Vorlesung »Storia dei Concili« an der *Gregoriana* und am *Angelicum* im Wintersemester 2021/22 das traditionelle Romseminar für deutschsprachige Freisemester (16 Teilnehmerinnen und Teilnehmer). Vom 11. bis 12. Dezember nahm er an einer Tagung der Universität L'Aquila teil: »Papa, non più Papa. La rinuncia pontificia nella storia e nel diritto canonico« und hielt einen Vortrag zum Thema: »Quondam papa: la vita dopo la rinuncia«.

Das Römische Institut der Görres-Gesellschaft wächst auch im zweiten Jahr der Corona-Krise. Von 2020 bis 2021 steigt die **Mitgliederzahl** von 222 auf 229, davon

171 Männer und 58 Frauen. Zwar wurden 26 neue Mitglieder geworben, aber durch Wegzug und Austritt blieb es insgesamt bei einem moderaten Wachstum.

Die neuen Mitglieder sind: Arnold Andergassen; Brigitte Andergassen; Vittoria Artico; Flavio Belluomini; Zlatko Brauchler SJ; Vittoria Brunetti; Christoph Butschak; Fabian Santo Caruso; Michelangelo De Donà; Anselm Demattio; Bernhard A. Eckerstorfer OSB; Philipp Fiala; Martin Grobauer; Kevin Hecken; Mariusz Kohnke; Alois Kuehner; Gino Marchetti II; Pierantonio Piatti; Giulia Rocco; Nikolaus Rottenberger; Regamy Thillainathan; Elena Turchi; Simon Unger-Alvi; Klaas van Meerten; Julius Wenger. Ein Mitglied ist nach Italien zugezogen, 16 Mitglieder haben Italien verlassen, drei sind ausgetreten.

Von 2011 bis 2021 hat das RIGG insgesamt 248 neue Mitglieder für die Görres-Gesellschaft geworben. Der Anteil der aktuellen RIGG-Mitglieder an der Görres-Gesellschaft kletterte 2020 auf 8,03 %. Die Gesellschaft zählte im selben Jahr 2.763, das RIGG 222 Mitglieder. Damit hat sich der Anteil des RIGG an der Gesamtgesellschaft in den letzten neun Jahren mehr als verdreifacht.

Zu bedauern ist der Tod zweier ehemaliger Mitglieder des RIGG. Am 8. August verstarb der Münsteraner Kirchenhistoriker und Mediävist Prof. Dr. **Arnold Angenendt** im Alter von 86 Jahren. Er war seit 1967 Mitglied der Gesellschaft und hat in der Römischen Quartalschrift Aufsätze über Bonifatius und die Taufe und über Kanonisation und Reliquienteilung veröffentlicht. Er war 1973 bis 1975 Kollegiat am *Campo Santo Teutonico*. Am 14. Oktober verstarb im Alter von 89 Jahren in München der Kirchenhistoriker Prof. Dr. **Klaus Ganzer**. Er war während des Zweiten Vatikanischen Konzils am Kolleg. Ganzer kam jedes Frühjahr nach Rom ans Kolleg, da er den letzten Band der Edition der Trienter Konzilsakten bearbeitete. Es war der 2. Traktatband, den eigentlich Hubert Jedin hätte fertigstellen sollen.

Die **Generalversammlung** in Regensburg fiel diesmal zwar nicht aus, fand aber weitgehend nur virtuell statt. Keinen wirklichen Ersatz für das traditionelle Römertreffen (der aktiven und ehemaligen Mitglieder des RIGG) bot ein Chatroom.

Auch im nächsten Jahr werden wir für unsere wachsenden Aufgaben Spenden und Zustiftungen zugunsten der **Stiftung zur Förderung des Römischen Instituts der Görres-Gesellschaft** benötigen. Die Stiftung konnte in diesem Jahr aus Kapitalerträgen und Spenden aus den beiden zurückliegenden Jahren 13.291,30 € ausschütten.

Die **Sponsorenreise** konnte in diesem Jahr im November trotz Corona stattfinden. Es nahmen 13 Wohltäterinnen und Wohltäter des Instituts teil, die die Konzerte des *Festival Internazionale di Musica e Arte Sacra* besuchten und an Führungen teilnahmen, die besonders mit Raffael in Verbindung standen: Prof. Yvonne zu Dohna-Schlobitten führte in der Vatikanischen Pinakothek (Altarbild »Christi Verklärung«), Frau Waldrudis Hoffmann in der *Villa Farnesina*. Die Gruppe wurde seitens Courtial betreut von Frau Petra Schneider.

Eine Teilnehmerin schrieb dankend: »Es hat mich sehr gefreut, Sie kennengelernt zu haben und auch von den Aktivitäten der Görres-Gesellschaft in Rom zu erfahren.

All das hat mein großes Interesse geweckt«. Eine andere Stimme: »Die Musik brachte uns in wunderbare Kirchen, beleuchtet, mit eigenartiger, uns unbekannter Atmosphäre. Dazu dann die Musik, die Zeit zu sehen, zu hören, hinzuhören, zu denken. Das ist so etwas wie ein tolles Geschenk«. Und noch eine andere Stimme: »Perfekte Vorbereitung u. Durchführung, freundlich, kompetent; homogene Gruppe; nützliche Hinweise von verschiedener Seit; ausreichend Zeit für individuelle Unternehmungen«.

Der Stiftung zur Förderung des RIGG floss aus der Reise eine Zustiftung in Höhe von 3.250,– € zu.

Auch in diesem Jahr hat sich die längst eingespielte Zusammenarbeit mit der **Geschäftsstelle in Bonn** bewährt, gerade auch angesichts der besonderen Herausforderungen durch die Pandemie. Das Institut kann nur gedeihen, wenn und weil es starken Rückenwind aus Bonn erhält. Es soll aber auch eine Phase noch engerer Zusammenarbeit beginnen. Leider musste die von Dr. Barth geplante Reise des Jungen Forum nach Rom pandemiebedingt ausfallen, sie soll aber im kommenden Arbeitsjahr nachgeholt werden.

3. GEMEINSCHAFTSBIBLIOTHEK

Die Gemeinschaftsbibliothek des Priesterkollegs und RIGG umfasst ca. 45.000 Titel. Der Grundstock wurde in den 1870er Jahren von Rektor Anton de Waal gelegt. Hauptsammelgebiete sind seither die Kirchengeschichte und Christliche Archäologie, mit Schwerpunkten auf der Geschichte des Papsttums, der Konzilien, der Diözesen Deutschlands und Österreichs. Seit November 2015 umfasst die Bibliothek auch die »Römische Bibliothek Joseph Ratzinger / Benedikt XVI.« (Eigentum des Kollegs).

Der online-Katalog weist am 31. Dezember 2021 8.482 Titel auf. Der Altbestand ist nur im Zettelkatalog vor Ort einsehbar.

Öffnungszeiten: Montag bis Donnerstag 15.30 bis 19.30 Uhr
Online-Kataloge (Bucherwerbe seit 1999):
http://rigg.emmebisoft.it/cgi-bin/koha/opac-main.pl
www.urbis-libnet.org/vufind/

Bibliothek des** Campo Santo Teutonico **(Panorama)

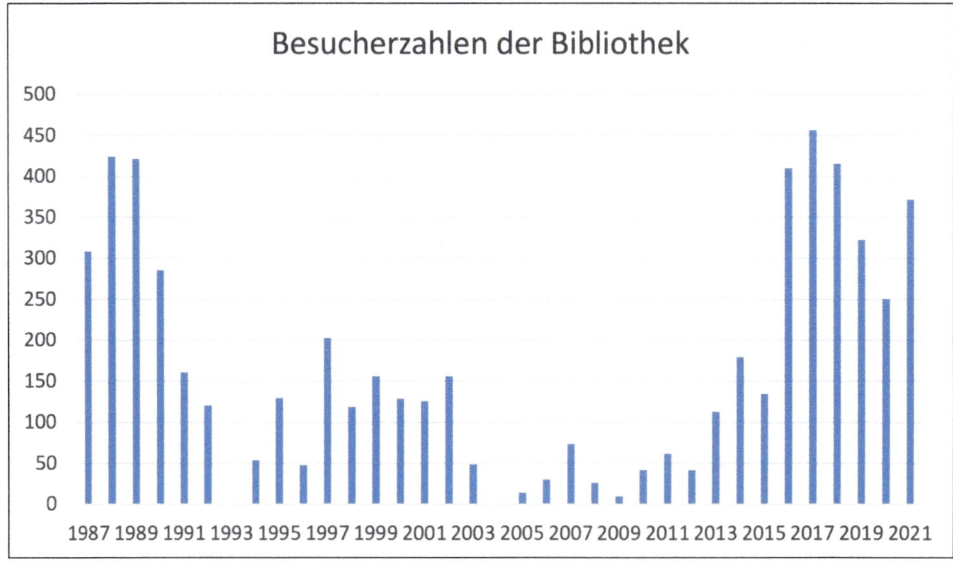

Die Bibliothek kann von den Hausbewohnern jederzeit genutzt werden. Auswärtige Gäste sind auf die Öffnungszeiten angewiesen. Die Statistik erfasst lediglich die auswärtigen Nutzer. Besonders Studierende des »Romseminars« am *Angelicum* und Nutzer der Studienbibliothek Ratzinger schlagen zu Buche:

RÖMISCHE BIBLIOTHEK JOSEPH RATZINGER / BENEDIKT XVI.

Die Benedikt-Bibliothek geht auf eine gemeinsame Initiative des Rektors Dr. Hans-Peter Fischer und des Direktors zurück. Die Anfänge reichen noch in die Zeit kurz vor dem Rücktritt Papst Benedikts XVI. zurück. Im Herbst 2014 kam dann mit dem Engagement der *Fondazione Vaticana Joseph Ratzinger / Benedetto XVI* Schwung in die Sache. Die Stiftung finanziert Anschaffungen und einen (derzeit dritten) Assistenten des RIGG als Kustos der Benedikt-Bibliothek. Im Oktober/November 2015 wurden die Räumlichkeiten geschaffen, die am 18. November mit breitem Interesse der Allgemeinheit – etwa 200 Interessierte und 50 Journalisten kamen – eröffnet werden konnten. Die Bibliothek bildet einen Sonderbestand der Gemeinschaftsbibliothek des *Campo Santo Teutonico*. Der Sonderbestand ist Eigentum des Kollegs. Er umfasst nicht die Privatbibliothek Ratzingers, sondern seine Veröffentlichungen und alle Studien über ihn. Die Bibliothek soll vor allem den zahlreichen Theologiestudenten und Gelehrten aller Länder in Rom zur Verfügung stehen, und zwar sowohl als Präsenz- als auch als Ausleihbestand. Daher wird auf eine vollständige Erfassung und Anschaffung aller Bücher in allen Sprachen Wert gelegt.

Mit der Eröffnung konnte zugleich der bislang elektronisch erfasste Bestand der Bibliothek samt der Benedikt-Bibliothek (insgesamt fast 6.000 Titel) online gehen.

Dazu ist das RIGG im November dem elektronischen Bibliotheksverbund URBiS beigetreten. Seit Mai 2020 besitzt das RIGG zusätzlich eine eigene Katalog-Website (KOHA), auf welcher die Ratzinger-Bibliothek als eigener Bestand ausgewiesen ist. Dieser Bestand umfasst am 31.12.2021 bereits 1.912 Titel.

Die Bibliothek ist auf Buchspenden angewiesen, besonders bei entlegenen Titeln. Die Förderer der Benedikt-Bibliothek (Buchgaben u. a.) werden auf der Website des RIGG aufgelistet. Ende 2021 sind es:

- Seine Heiligkeit Papst Benedikt XVI.
- Fondazione Vaticana Joseph Ratzinger / Benedetto XVI
- Gedächtnisstiftung Peter Kaiser (1793–1864), Vaduz, Fürstentum Liechtenstein
- Segreteria di Stato
- Congregazione per la Dottrina della Fede
- Ufficio delle Celebrazioni Liturgiche del Sommo Pontefice
- Deutsche Bischofskonferenz
- Institut Papst Benedikt XVI., Regensburg
- Libreria Editrice Vaticana
- Schwabenverlag AG
- fe-Medienverlag
- Verlag Parole et Silence
- Editura Sapientia
- Verlag Schnell & Steiner, Regensburg
- Verlag Herder, Freiburg i.Br.
- Kunstverlag Josef Fink, Lindenberg im Allgäu
- St. Benno Verlag
- Katholisches Bibelwerk
- Abbazia di Praglia
- Edizioni Solfanelli
- verbum.hr
- Comenius-Universität Bratislava
- Universität Oppeln, Theologische Fakultät
- Biblioteca di Sardegna – Cargeghe
- L'Osservatore Romano, Redaktion der deutschen Wochenausgabe
- Centrum Informationis Catholicum (KNA)
- Radio Vaticana
- VATICAN magazin
- KOMMA. Das Magazin für Freiheit & christliche Kultur
- Fondazione pro Musica e Arte Sacra
- Archiv des Erzbistums München und Freising
- Erzbruderschaft zur Schmerzhaften Mutter Gottes am Campo Santo Teutonico
- Joseph-Höffner-Gesellschaft

- Angela Ambrogetti
- Matthias Ambros
- Ewald Andratsch
- Julian R. Backes
- Paul Badde
- Pablo Bianco Sarto
- Sergio Billi
- Michael Böhles
- Achim Buckenmaier
- Helga Bunke
- Kardinal Raymond Burke
- Daniel Cardó
- Giancarlo Caronello
- Michelangelo De Donà
- Joao Paulo de Mendonca Dantas
- Nabil el-Khoury
- Raffaele Farina
- Hans-Peter Fischer
- Luca Fornaciari
- Georg Gänswein
- Grzegorz Galazka
- Ignacio García Lascurain Bernstorff
- Johannes Grohe
- Giorgio Groppo
- Manfred Hauke
- Stefan Heid
- Bernd Heidenreich
- Michael Hesemann
- Olav Hovdelien
- Emilia Hrabovec
- Wilhelm Imkamp
- Norbert Jung
- Stefan Kiesewetter
- Warren Kirkendale
- Kardinal Kurt Koch
- Winfried König
- Fabian Lechner
- Federico Lombardi SJ
- P. Stefan Lupu
- William Peter Mahrt
- Marco Mancini
- Emilio Marin
- Karl-Heinz Menke
- Clara Miyamoto
- Helmut Moll
- Karl August Neuhausen
- Wolfgang Ockenfels
- Luigi Orlandini
- Aldo Parmeggiani
- Georg Ratzinger
- Wlodzimierz Redzioch
- Lothar C. Rilinger
- Lothar Roos
- Santiago Sanz Sánchez
- Anton Strukelj
- Ileana Sviben
- Isabel C. Troconis Iribarren
- Raimondo Villano
- Rudolf Voderholzer
- Hermann Weber
- Albrecht Weiland
- Rainer Woelki
- Kamil Zadrozny
- Ryszard Zajaczkowski
- Giorgio Zannoni

In unregelmäßigen Abständen veranstaltet das RIGG in Zusammenarbeit mit der *Fondazione Vaticana Joseph Ratzinger / Benedetto XVI* sogenannte *Incontri Biblioteca Joseph Ratzinger / Benedetto* für ein italienischsprachiges Publikum.

1° Incontro: 5. Februar 2016
Vorstellung des Buches »Benedetto XVI – Un Papa totale«
Grußwort von Mons. Giuseppe A. Scotti
Vortrag von Erzbf. ***Georg Gänswein***

2° Incontro: 26. April 2016
Vorstellung des Buches »*Deus caritas est*. Porta di misericordia«
Grußworte von Dr. Hans-Peter Fischer und Prof. Dr. Stefan Heid
Einführung von Dr. Ralph Weimann (Rom)
Vortrag von Kard. ***Kurt Koch*** (Rom): *Deus caritas est* – Chiave musicale del pensiero teologico e del Pontificato di Benedetto XVI

3° Incontro: 24. Mai 2016
Grußwort von Mons. Giuseppe Scotti
Einführung von Prof. Marco Paolino (Viterbo)
Vortrag von Prof. ***Lorenzo Ornaghi*** (Mailand): Università senza umanistica? Gli impulsi di Joseph Ratzinger / Benedetto XVI

4° Incontro: 17. Mai 2017
Grußwort von Stefan Heid
Einführung von P. Federico Lombardi SJ
Vortrag von Prof. ***James Corkery*** SJ (Rom): Lutero e la teologia di Joseph Ratzinger/ Benedetto XVI

5° Incontro: 17. Mai 2018
Einführung von P. Federico Lombardi SJ
Vortrag von Prof. ***Karl-Heinz Menke*** (Bonn): »La cristologia di Joseph Ratzinger/ Benedetto XVI a partire dal suo »Gesù di Nazareth«

6° Incontro: 21. März 2019
Einführung von Prof. Pierluca Azzaro
Vortrag von Friar ***Kevin O'Reilly*** O.P. (Rom): St Tomas and Joseph Ratzinger/Benedict XVI on the Body and Adoration

4. ÖFFENTLICHE VORTRÄGE

Die Öffentlichen Vorträge des RIGG finden jeweils im letzten Samstag des Monats um 18 Uhr in der Aula des *Campo Santo Teutonico* statt und schließen mit einem Stehempfang im Atrium ab. Gewisse Einschränkungen gab es nur in den Corona-Jahren 2019–2021. Die Vorträge im März und Mai 2020 mussten ausfallen. Seit Oktober 2020 werden die Vorträge auch per Zoom übertragen (live).

Die durchschnittliche Besucherzahl (in Präsenz, zuletzt auch mit Zoom-Zuschauern) ist in stetigem Wachstum auf nunmehr ca. 60 Personen begriffen.

Neben den Vorträgen wird im Folgenden auch das jährliche Sommerfest erwähnt, das seit 2011 jeweils im Juni begangen wird. Nur durch Corona kam es zu Terminverlegungen.

2011

29. Januar 2011: ***Wolfgang Bergsdorf*** (Bonn): Toleranz – Verpflichtung und Grenze (anlässlich der Einführung des neuen Direktors des Römischen Instituts der Görres-Gesellschaft)

5. März 2011: ***Martin Dennert*** (Basel / Freiburg): Deutsche Protestanten erforschen das frühchristliche Kleinasien (im Rahmen der Autorenkonferenz II »Prosopographie Christliche Archäologie«)

26. März 2011: ***Karl-Joseph Hummel*** (Bonn): Ernst von Weizsäcker in Rom (1943/46) – ein Botschafter am Heiligen Stuhl und sein Bild in der Nachwelt

28. Mai 2011: ***Philipp von Rummel*** (Rom): Die Entdeckung Nordafrikas für die Christliche Archäologie – französische Pioniere an der Wende vom 19. zum 20. Jahrhundert

17. Juni 2011: »Zur letzten Wortmeldung« – Sommerfest der Görresianer (in S. Giovanni a Porta Latina)

29. Oktober 2011: ***Hartmut Benz*** (Ruppichteroth): Der finanzielle Überlebenskampf des Kirchenstaates vor 1870 (im Rahmen der Tagung »Der Untergang des Kirchenstaates und Solidaritätsaktionen aus Rheinland und Westfalen 1859–1870«)

25. November 2011: ***Johannes Grohe*** (Rom): Römischer Heiligenkult im Zeitalter des Konzils von Trient: das Beispiel der Kirche Sant'Apollinare

2012

28. Januar 2012: ***Michael Brandt*** (Hildesheim): Bild-Zeichen – byzantinische Brustkreuze und die Kruzifixe der Karolinger- und Ottonenzeit

25. Februar 2012: ***Walter Kard. Brandmüller*** (Rom): Die Wahl Martins V. zum Papst während des Konzils von Konstanz (11. Nov. 1417)

31. März 2012: ***Ulrich Schlie*** (Berlin): Pius XII. und Hitler – Vatikanische Diplomatie gegen nationalsozialistische Außenpolitik

26. Mai 2012: ***Antje Ehrhardt*** (Rom): Der Priesterpolitiker Luigi Sturzo (1871–1959) und der Aufbau der italienischen Demokratie

15. Juni 2012: »Zur letzten Wortmeldung« – Sommerfest der Görresianer in S. Giovanni a Porta Latina

27. Oktober 2012: ***Stefan Heid*** (Rom): Aristokraten, Titelkirchen und Taufen – die Christianisierung Roms im Spiegel der frühmittelalterlichen Legenden

24. November 2012: ***Karl-Joseph Hummel*** (Bonn): Profil durch Kritik – Tradition deutscher Papstkritik von Leo XIII. bis Benedikt XVI.

14. Dezember 2012: ***Kurt Kard. Koch*** (Rom): Roms Liturgiereformen in ökumenischer Perspektive (im Rahmen der Tagung »Operation am lebenden Objekt – Roms Liturgiereformen von Trient bis zum Vaticanum II«)

2013

26. Januar 2013: ***Rainald Becker*** (Bayreuth): Gott und die Neue Welt – die Entdeckung Amerikas in den konfessionellen Debatten seit dem 16. Jahrhundert

23. Februar 2013: ***Georg Schelbert*** (Trier): Flucht von der Mosel an den Tiber: der Trierer Kirchenarchitekt Peter Marx 1933–1947 in Rom

27. April 2013: ***Hartmut Benz*** (Ruppichteroth): Zuflucht im Vatikan – Quellen und Zeitzeugen berichten aus gefährlichen Jahren (1943–1945)

25. Mai 2013: ***Hiltrud Merten*** (Trier): Zur Bedeutung der Internationalen Kongresse für Christliche Archäologie am Beispiel des Trierer Kongresses von 1965

27. Juni 2013: »Zur letzten Wortmeldung« – Sommerfest der Görresianer in S. Giovanni a Porta Latina

26. Oktober 2013: ***Kai-Michael Sprenger*** (Rom / Mainz): Böser Kaiser – guter Kaiser: Friedrich I. Barbarossa aus italienischer Sicht in Kunst und Kultur

30. November 2013: ***Andreas Burtscheidt*** (Bonn): Zwischen Mussolini, Hitler und dem Papst – Edmund Raitz von Frentz als katholischer Journalist im faschistischen und nationalsozialistischen Rom

2014

25. Januar 2014: ***Michael Weninger*** (Rom): Europa ohne Gott? Die Religionspolitik der Europäischen Union

22. Februar 2014: ***Thomas Brechenmacher*** (Potsdam): Papst Pauls VI. Besuch im Heiligen Land vor 50 Jahren – eine Sensation damals wie heute

29. März 2014: ***Hannelore Putz*** (Rom): »Ich beobachte übrigens in dieser Sache das strengste Geheimniß« – Johann Martin von Wagner, der auf dem *Campo Santo Teutonico* begrabene Kunstagent König Ludwigs I. von Bayern

31. Mai 2014: ***Andreas Sohn*** (Paris): Neuausrichtung von Papsttum und Kirche: der französische Papst Urban IV.

18. Juni 2014: »Zur letzten Wortmeldung« – Sommerfest der Görresianer in S. Giovanni a Porta Latina

25. Oktober 2014: ***Martin Papenheim*** (Düsseldorf): Die Behörden des Vatikans in der historischen Forschung – Ergebnisse und Erwartungen (anlässlich der Präsentation von Herman H. Schwedt: »Die Anfänge der römischen Inquisition«)

29. November 2014: ***Kardinal Walter Brandmüller*** (Rom): Purpura bavarica – Vier bayerische Kardinäle und ein Konzil (im Rahmen der Tagung »Bayerische Römer – Römische Bayern. Lebensgeschichten aus Vor- und Frühmoderne«)

2015

31. Januar 2015: ***Peter Hersche*** (Bern): Mit Pauken und Trompeten, oder: Weshalb die Barockmusik ein katholisches Phänomen ist

28. Februar 2015: ***Roswitha Neu-Kock*** (Köln): Raubkunst und Provenienzforschung. Neue Herausforderungen für die Kunstgeschichte

28. März 2015: ***Hans Reinhard Seeliger*** (Tübingen): Fakten und Fiktionen in den altchristlichen Märtyrerakten

25. April 2015: ***Heinz Sproll*** (Augsburg), Friede auf Erden. Warum die Kirchenväter Kaiser Augustus loben

30. Mai 2015: ***Jobst Knigge*** (Hamburg): Länderkunde der Diktatoren. Hitlers Italienbild und Mussolinis Deutschlandbild

17. Juni 2015: »Zur letzten Wortmeldung« – Sommerfest der Görresianer in S. Giovanni a Porta Latina

31. Oktober 2015: ***Elisabeth Kieven*** (Rom): Ein verlorener Nachbar des *Campo Santo Teutonico*: Die alte Sakristei von St. Peter

28. November 2015: ***Christine Walde*** (Mainz): Das antike Rom bei Nacht: Eine Kulturgeschichte des Schlafens und Träumens (im Rahmen der Tagung »Rom bei Nacht – Eine Kulturgeschichte von Traum und Schlaf im spätrömischen Reich«)

2016

30. Januar 2016: ***Reinhold Baumstark*** (München): Kunst des Christlichen Oriens: Der Orientalist und »Camposantiner« Anton Baumstark (1872–1948)

27. Februar 2016: ***Teresa Lohr*** (Erlangen): Geschichte und Zeitgeschmack: Die Kirchenausstattung des *Campo Santo Teutonico* im 19./20. Jahrhundert

30. April 2016: ***Karl-Joseph Hummel*** (Bonn): Vom *Campo Santo Teutonico* bis zur Gegenwart: Der Briefwechsel der polnischen und deutschen Bischöfe 1965 im Zeichen der Versöhnung

21. Mai 2016: ***Franz-Peter Tebartz-van Elst*** (Rom): Wider das Verstummen: Warum die Kirche Katechese braucht

8. Juni 2016: »Zur letzten Wortmeldung« – Sommerfest der Görresianer in S. Giovanni a Porta Latina

8. Oktober 2016: ***Stefan Heid*** (Rom): Wohnen wie in Katakomben: das Museum des *Campo Santo Teutonico*

29. Oktober 2016: ***Andreas Raub*** (Rom): Heilige Anna, hilf! Die Anna-Selbdritt-Skulptur der römischen Annenbruderschaft zwischen *Santa Maria dell'Anima* und *Campo Santo Teutonico*

19. November 2016: ***Klaus Martin Girardet*** (Saarbrücken): Kaiser Gratian (367/375–383): Letzter Pontifex Maximus der römischen Geschichte

2017

28. Januar 2017: ***Hildegard Herrmann-Schneider*** (Innsbruck): Der Orgelbauer Johann Konrad Wörle (1701–1777) und die Erzbruderschaft beim *Campo Santo Teutonico* damals und heute

25. Februar 2017: ***Matthias Theodor Kloft*** (Limburg): Die Schlüssel zum Himmel: Reliquien des Apostelfürsten als Zeugnis für das Petrusamt

25. März 2017: ***Volker Resing*** (Berlin): Wie sind wir Papst? Konflikte und mediale Zuschreibungen in der Wahrnehmung Roms und der Weltkirche in Deutschland (im Rahmen der Tagung »Der politische Aufstieg des Papsttums«)

27. Mai 2017: ***Mathias Mütel*** (Langnau b.R.): Mit den Kirchenvätern gegen Martin Luther? Die auctoritas patrum auf dem Trienter Konzil

7. Juni 2017: »Zur letzten Wortmeldung« – Sommerfest der Görresianer in S. Giovanni a Porta Latina

28. Oktober 2017: ***Ulrich Schlie*** (Potsdam / Budapest): Papstgeschichte als Weltgeschichte: Der Kampf der katholischen Kirche gegen die Ideologien im 20. Jahrhundert der Extreme

22. November 2017: ***Martin Baumeister*** (Rom): Die Deutschen in Rom und der Erste Weltkrieg (im Rahmen der Tagung »Päpstlichkeit und Patriotismus«)

2018

27. Januar 2018: ***Rudolf Schieffer*** (Bonn): Ein Papst im Widerstreit: Paschalis II. († 21. Januar 1118)

24. Februar 2018: ***Veronika Seifert*** (Rom): Ein Fall von Industriespionage? Zur Geschichte der Mosaikfabriken im Vatikan und in Sachsen

28. April 2018: ***Gerhard Poppe*** (Dresden): Festhochamt, sinfonische Messe oder überkonfessionelles Bekenntnis? Über Beethovens *Missa solemnis* und ihre Rezeptionsgeschichte

26. Mai 2018: ***Bernhard Wabnitz*** (München / Rom): »Unser Mittelmeer«: Sehnsuchtsort und Krisenherd

13. Juni 2018: »Zur letzten Wortmeldung« – Sommerfest der Görresianer in S. Giovanni a Porta Latina

12. Oktober 2018: ***Walter Brandmüller*** (Rom): Was heißt und zu welchem Ende studiert man … Konziliengeschichte?

27. Oktober 2018: ***Ulrich Karpen*** (Hamburg): Der Kreisauer Kreis und die Görres-Gesellschaft im Widerstand gegen die Hitler-Diktatur

24. November 2018: ***Klaus Herbers*** (Erlangen): Das Buch der Päpste: Der *Liber Pontificalis* – ein Schlüsseldokument europäischer Geschichte (im Rahmen der Tagung »Das Buch der Päpste: *Der Liber pontificalis*«)

9. Dezember 2018: ***Paul Josef Cordes*** (Rom): Buchvorstellung »Päpstlichkeit und Patriotismus. Der *Campo Santo Teutonico*: Ort der Deutschen in Rom vom Risorgimento bis zum Ersten Weltkrieg (1870–1918)« (Freiburg i.Br. 2018)

2019

26. Januar 2019: ***Michael F. Feldkamp*** (Berlin): Warum entstanden aus den in der Reformation säkularisierten deutschen Diözesen keine Titularbistümer? Zugleich ein Beitrag zum Rechtsinstitut des Titularbischofs

23. Februar 2019: ***Berthold Pelster*** (München): Terror, Flucht, Vertreibung – Christenverfolgung als globale Herausforderung (im Rahmen der Tagung »Sterben & Töten für Gott?«)

30. März 2019: ***Anja Bettenworth*** (Köln) / ***Claudia Gronemann*** (Mannheim): Der Heilige Augustinus im modernen Maghreb: Kulturelle Erinnerung und literarische Rezeption (im Rahmen der Tagung »Zwischen Karthago, Rom und Hippo Regius«)

25. Mai 2019: ***Karin Mair*** (Rom): Die Ärmste! Klara von Assisi

12. Juni 2019: »Zur letzten Wortmeldung« – Sommerfest der Görresianer in S. Giovanni a Porta Latina

21. Juni 2019: ***Wilhelm Imkamp*** (Regensburg): Buchvorstellung: Stefan Heid, Altar und Kirche. Prinzipien christlicher Liturgie, Schnell & Steiner 2019

26. Oktober 2019: ***Michael Hesemann*** (Düsseldorf): Der Papst und der Holocaust. Pius XII. und die Archive des Vatikans

30. November 2019: ***Albrecht Weiland*** (Regensburg): Drei Frauen und die Engelgräber auf dem *Campo Santo Teutonico*

2020

25. Januar 2020: ***Tamara Scheer*** (Wien / Rom): Die »deutsche Nationalkirche« *Santa Maria dell'Anima* vom Risorgimento bis zum Ersten Weltkrieg (im Rahmen der Tagung »Zwischen Kronen und Nationen«)

29. Februar 2020: ***Gerhard Ludwig Müller*** (Rom): Luther am Vorabend des Zweiten Vatikanischen Konzils. Die Bedeutung der (katholischen) Reformationsgeschichte von Joseph Lortz

29. September 2020: »Zur ersten Wortmeldung« – Spätsommerfest der Görresianer in S. Giovanni a Porta Latina

31. Oktober 2020: ***Andreas Rehberg*** (Rom): Der *Liber pontificalis* in römisch-kurialer Perspektive um 1500. Bemerkungen zur Neuerscheinung

7. November 2020: ***Frank Bayard*** (Wien): 800 Jahre Prokuratur des Deutschen Ordens in Rom

28. November 2020: ***Claudio Strinati*** (Rom): Il primato di Raffaello Sanzio (im Rahmen der Tagung »Himmlische und irdische Liebe«)

2021

30. Januar 2021: ***Hubertus R. Drobner*** (Paderborn): Augustins Predigten: Dokumente prallen Lebens

27. Februar 2021: ***Britta Kägler*** (Passau): Diebstahl, Gottesfurcht und Ziegelschlag: Das gefährliche Handwerk auf barocken Baustellen

27. März 2021: ***Stefan Heid*** (Rom): Das Schwalbennest am Riesendom: Baugeschichte des *Campo Santo Teutonico* in Bildern

29. Mai 2021: ***Julian Traut*** (München): Bayerns Stimme in Rom: Reinhard Raffalt (1923–1976) zwischen Deutschland und Italien

23. Juni 2021: «Zur letzten Wortmeldung" – Sommerfest der Görresianer in S. Giovanni a Porta Latina

15. September 2021: ***Stefan Heid*** (Rom): Buchvorstellung «Neue Aspekte einer Geschichte des kirchlichen Lebens" – in memoriam Erwin Gatz

30. Oktober 2021: ***Giovanni Franchi*** (Rom): Alois Dempf (1891–1982) – ein katholischer Denker gegen die Totalitarismen des 20. Jahrhunderts

27. November 2021: ***Peter Zimmerling*** (Leipzig): Eine »liturgische Befreiungsbewegung«? Die Bedeutung des Volk-Gottes-Gedankens in (pfingstlich-)charismatischen Bewegungen (im Rahmen der Tagung »Kult des Volkes. »Kult des Volkes. Der Volksgedanke in den liturgischen Bewegungen und Reformen. Eine ökumenische Revision«, 24.–27. November)

5. WISSENSCHAFTLICHE TAGUNGEN

Das RIGG organisiert im Jahr 1–2 Fachtagungen, meist in Verbindung mit einer Sektion der Görres-Gesellschaft und oder Zusammenarbeit mit auswärtigen akademischen Institutionen. In unregelmäßigen Abständen werden das gesamte Gebiet der Kirchengeschichte (Altertum – Mittelalter – Neuzeit – Zeitgeschichte) und die Christliche Archäologie bedacht. Meist besteht ein thematischer Rom- oder Vatikan-Bezug. Die Finanzierung erfolgt weitgehend durch Drittmittel (seitens Thyssen Stiftung, DFG, Stiftung zur Förderung des Römischen Instituts der Görres-Gesellschaft u. a.).

2011

II. AUTORENKONFERENZ ZUR »PROSOPOGRAPHIE CHRISTLICHE ARCHÄOLOGIE«: WESTEUROPA

4.–8. März 2011, Campo Santo Teutonico
Verantwortlich: Stefan Heid (Rom)

REFERATE:

Stefan Laube (Berlin): Die Vertretung der Christlichen Archäologie an der Universität Berlin
Sebastian Ristow (Köln): Geschichte der Christlichen Archäologie im Rheinland
Hiltrud Merten (Trier): Frühchristliche Epigraphik und Archäologie in Trier
Martin Dennert (Basel / Freiburg): Strzygowski und die Folgen: Deutsche Protestanten erforschen das frühchristliche Kleinasien (öffentlicher Vortrag)
Ingo Herklotz (Marburg): Wie Jean Mabillon dem römischen Index entging. Reliquienkult und christliche Archäologie um 1700
Herman H. Schwedt (Salsomaggiore): Ein Altertumskundler auf dem Index der verbotenen Bücher: Melchior Inchofer S.J. († 1648), Germaniker und Konsultor der Indexkongregation im Banne von Apokryphen
Francisca Feraudi-Gruenais (Heidelberg): Epigraphik und Christliche Archäologie im Rom des 19. Jahrhunderts

Tagungsteilnehmer

Massimiliano Ghilardi (Rom): Il pittore e le reliquie. Giovanni Angelo Santini, detto il Toccafondo, e la Roma sotterranea nel primo Seicento

Mariarita Sgarlata (Catania): La storia dell'archeologia cristiana in Sicilia

Annegret Plontke-Lüning (Jena): Die Geschichte der spätantiken Sammlung der Universität Jena (Kurzvortrag)

Xavier Barral i Altet (Rennes/Venedig): La storia dell'archeologia cristiana in Francia

Liudmila Khrushkova (Moskau): Wilpert und Strzygowski in Russland (franz.) (Kurzvortrag)

Alejandro Mario Dieguez (Rom): Carlo Respighi, il Vaticano e l'archeologia cristiana a Roma

Juan Manuel Abascal Palazón (Alicante): Die Geschichte der Christlichen Archäologie in Spanien (in Abwesenheit verlesen)

Hans-Rudolf Sennhauser (Bad Zurzach): Die Geschichte der Christlichen Archäologie in der Schweiz

Hans-Rudolf Sennhauser (Bad Zurzach): Der aktuelle Stand der Christlichen Archäologie in der Schweiz

Irmfried Garbe (Greifswald): Die Vertretung der Christlichen Archäologie an der Universität Greifswald

TAGUNGSVERLAUF:

Seit 2007 bereitet Stefan Heid in Zusammenarbeit mit Martin Dennert (Freiburg/Basel) eine »Prosopographie zur Christlichen Archäologie« mit ca. 1.500 Biogrammen vor. Sie soll im Herbst 2012 im Schnell und Steiner-Verlag vorliegen. Bereits im Februar 2009 fand eine erste Autorenkonferenz über Osteuropa und den östlichen Mittelmeerraum statt (einige Beiträge erschienen in RQ 105 [2010] und 106 [2011]), nun folgte eine zweite Tagung über Westeuropa und Nordafrika. Geboten wurde eine große regionale und biographische Bandbreite:

- Grundlegende Übersichten zur Geschichte der Christlichen Archäologie: in Kleinasien (Dennert), Deutschland (Ristow, Merten), Frankreich (Barral i Altet), Spanien (Abascal Palazón, verlesen), Italien (Feraudi-Gruenais, Sgarlata), Schweiz (Sennhauser),
- Überblick über die Lehre der Christlichen Archäologie an Universitäten: in Berlin (Laube), Greifswald (Garbe) und Jena (Plontke-Lüning)

Einzelpersönlichkeiten: Jean Mabillon (Herklotz), Melchior Inchofer (Schwedt), Toccafondo (Ghilardi), Carlo Respighi (Dieguez), De Rossi, Wilpert und Strzygowski (Khrushkova).

Am 5. März fuhren die Referenten mit ihren Ehepartnern und einer Reihe von Studenten des Romseminars am *Angelicum* nach Ceri (mittelalterlicher Freskenzyklus) und Cerveteri (etruskische Nekropole »della Banditaccia«).

VERÖFFENTLICHUNG:

Einige Referate sind in der Römischen Quartalschrift 106 (2011) und 107 (2012) veröffentlicht. (siehe unten Kap. 6)

DER UNTERGANG DES KIRCHENSTAATES UND SOLIDARITÄTSAKTIONEN AUS RHEINLAND UND WESTFALEN 1859–1870

29. Oktober – 1. November 2011, Campo Santo Teutonico

Verantwortlich: Hartmut Benz (Ruppichteroth)

REFERATE:

Hartmut Benz (Ruppichteroth): Sammeln für «den guten Kampf": Kollekten und Anleihen als wirtschaftliche Basis für das Überleben des Kirchenstaates

Andrea Ciampani (Rom): Il Cardinale Bilio e Pio IX nell'evoluzione del governo della Chiesa (1863–1878)

Mario Fratesi (Ancona): La politica estera del Cardinale Antonelli: tra rigida difesa del potere temporale del Papa e tatticismi diplomatici

Ernst Heinen (Köln): Kölner Katholizismus und Papsttreue: «Pro Patrimonio Petri" (1859–1868)

Titus Heydenreich (Hemhofen): Engelbert Otto Freiherr von Brackel-Welda: Ein Westfale in päpstlichen Diensten im Spiegel seiner Korrespondenz

Ulrich Nersinger (Eschweiler): Die Armee des Kirchenstaates in den letzten Jahrzehnten seines Bestehens: Aufbau und Rekrutierung, Kampf und Untergang

Markus Raasch (Eichstätt): Der katholische Adel im Rheinland und in Westfalen und der Papst: Zur Vorgeschichte der deutschen Zentrumspartei

Felix Schumacher (Trier): Alfred von Reumonts Engagement für den Kirchenstaat als Diplomat und Publizist

TAGUNGSVERLAUF:

Anfangs war der Schrecken groß, als zwei vielversprechende Referate kurzfristig abgesagt wurden. Mit etwas Routine hätte ich [Hartmut Benz] mich auf solche Katastrophen vorbereitet, aber es war meine erste eigene Tagung! Zum Glück kamen die Teilnehmer und Besucher dieser exquisiten Tagung gleich auf ihre Kosten, was die Qualität der gelieferten Vorträge betraf. Das insgesamt abwechslungsreiche Programm war nicht ganz so dicht wie geplant, was manchem auch ganz recht war. Sechs deutsche und zwei italienische Historiker versuchten Licht zu bringen in unbekannte Seiten der Geschichte des Kirchenstaats im letzten Jahrzehnt seines Bestehens. Hauptthema waren die Hilfsmaßnahmen, die Papst Pius IX. aus dem Rheinland und aus Westfalen erreichten.

Eröffnet wurde das Symposium durch Ulrich Nersinger, Experte in Fragen des päpstlichen Hofes, der einen Überblick über die Zusammensetzung des päpstlichen Heeres, speziell dessen Freiwilligenbataillone, und die Kampfhandlungen der Jahre 1860 bis 1870 gab. Mario Fratesi vom Istituto Regionale per la Storia del Movimento di Liberazione nelle Marche in Ancona und Andrea Ciampani von der LUMSA in Rom stellten zwei Schlüsselfiguren des Pontifikats Pius' IX. vor: Kardinal Giacomo Antonelli, Staatssekretär und Koordinator der kirchenstaatlichen Innen- und Außenpolitik, bzw. Kardinal Luigi Bilio, der als Theologe großen Einfluss hatte und im Konklave von 1878 selbst als Kandidat galt. Der öffentliche Vortrag des Görres-Instituts am Samstagabend, den ich selber hielt, hatte die aus der Weltkirche, speziell aus Rheinland und Westfalen, für das wirtschaftliche Überleben des Papsttums auf den Weg gebrachten Spendeninitiativen zum Thema. Zwei Beiträge befassten sich mit dem Adel: Markus Raasch von der Universität Eichstätt stellte den rheinisch-westfälischen Adel und dessen Papsttreue allgemein und Titus Heydenreich mit Engelbert Freiherr von Brackel das individuelle Zeugnis eines als Freiwilliger im päpstlichen Heer kämpfenden Adeligen vor. Dem Engagement der Kölner Katholiken widmete

Tagungsteilnehmer

sich Ernst Heinen in seinem Referat, und Felix Schumacher von der Universität Trier stellte die publizistische Arbeit des aus Aachen stammenden Diplomaten Alfred von Reumont vor. Die lebhaften und sehr fruchtbaren Diskussionen, die auf die einzelnen Referate folgten, machten deutlich, dass die Referenten zum einen viele neue Details zur Kirchenstaatsgeschichte jener Zeit liefern konnten, es aber andererseits noch vieler Forschung bedarf, um bislang nur ungenügend beleuchtete Aspekte dieses Themenfeldes vorzustellen. Wir hoffen, dass wir alle, auch die ausgefallenen Referate später in der Römischen Quartalschrift lesen dürfen. Am Sonntag führte Britta Kägler (DHI) die Tagungsteilnehmer charmant und kompetent durch den Rione Ponte vom Mittelalter bis zur Renaissance, während dann Johannes Grohe die Kirche Sant'Apollinare an der Piazza Navona und ihre herausragende Bedeutung für die katholische Reform erläuterte.

PRESSEECHO:

Ulrich Nersinger, Papsttum als Lehrmeister des Lebens. Der italienische Einheitsstaat hat sein 150-jähriges Bestehen gefeiert. Im Herbst erinnerten noch zahlreiche Veranstaltungen an dieses Jubiläum, in: Die Tagespost, 64. Jg., Nr. 143, 1. Dez. 2011, S. 10.

VERÖFFENTLICHUNG:

Die meisten Referate sind in der Römischen Quartalschrift 108 (2013) veröffentlicht. (siehe unten Kap. 6)

2012

DIES LATINITATIS VIVAE

24.–25. März 2012, Campo Santo Teutonico

Verantwortlich: Julia-Maria von Schenck (Mainz), Heinrich Heidenreich (Mainz)

REFERATE:

Biagio Amata (Roma): Quae rationes probabiliter impulerint Arnobium Siccensem ad Christianam fidem amplectendam

Federico Biddau (Mogontiaco): Orthographia latinitati revera vivæ

Horatius Bologna (Roma): Quibus de causis lingua Latina despiciatur

Salvatore Vittorio Costanza (Colonia Agrippina): De diuinatione Graeca. Quid e papyris selectis cognoscere possimus

Manuel Caballero González (Monaco): Athamas et fabula eius in Conradi fabulario

Sven Günther (Tokio): Moresne comparabiles sint? De ritu funebri et cultu mortuorum in re publica Romana et re publica Iaponica

Heinrich Heidenreich (Mogontiaco): Lucanus quomodo Didoni assimulet Marciam

Wilfried Lingenberg (Lemberga): De uiuo Latinae linguae usu per interrete redintegrato

Nina Mindt (Berolino): De genere scribendi Consolationis ad Heluiam matrem

Julia-Maria von Schenck (Mogontiaco): Quomodo hymni in Mercurium auctor opera Hesiodi intexuerit

Stefan Neu (Colonia Agrippina): Aurelius Maximus, eruditus ciuis Agrippinensis

Mauro Pisini (Roma): Quid sit, hodie, Latinos uersus facere

Heinrich Reinhardt (Curia Raetorum): De Ioanne Pico Mirandulano psychiatriae perito

Marco Ricucci (Utino): Quomodo ratio docendi Linguam Latinam secundum Hans Ørberg explicari ab Stephani Krashen linguistica theoria possit

Joanna Rostropowicz (Opolia): Amor et mors, siue de carminibus Georgii ab Oppersdorff

Stefano Rovinetti Brazzi (Bononia): Quare carmina Bononiensi sermone scribenda sint

Wilfried Stroh (Monaco): De Iano Novák musico Latinissimo

Andreas Weckwerth (Bonna): Sermo Graecus quantum ad liturgias Occidentales ualuerit

TAGUNGSVERLAUF:

Magni momenti cum sit nostra aetate, qua gentes magis magisque coalescunt et orbis terrarum uidetur contrahi, latinitate uti et frui uinculo unitatis (ecclesia praeeunte, quae iam pridem omnes nationes complexu suo contineat), Pontificio Comitatu de Scientiis Historicis perliberaliter fauente dies latinitatis uiuae apud Institutum Romanum Societatis Goerresianae celebrauimus. Quo biduo demonstratum est, quantum hodie possit latinitas – hoc instrumentum praestans (Benedictus XVI.), haec magnifica uestis (Pius XI.). Lectores uariarum professionum uniuersitatumque quaestiones, quibus studeant, acroasibus tractauerunt latinis.

Postquam, qui adfuere, salutati et breuibus uerbis in propositum introducti sunt, Stefan Neu monstrauit, quam humanus eruditusque Aurelius Maximus ciuis Agrippinensis fuisset, qui titulo, quem liberto suo poneret, uerba Vergiliana intertexeret. Sven Günther, qui Tokii studiis litterarum se traderet, lectionem miserat electronicam, qua comparati sunt Iaponici cum Romanis exsequiarum ritibus. Andreas Weckwerth nobis ante oculos proposuit reliquias graecas in ritibus occidentalibus retentas, quae cur conseruatae essent quaesiuit. Salvatore Vittorio Costanza demonstrauit, quantum ad diuinationem melius cognoscendam ex papyris haurire possemus. Sequentibus lectionibus res philologicae tractabantur: Julia de Schenck statuit Hymno in Mercurium scripto uersus Hesiodeos esse intextos: Exempli gratia denotauit locum, quo poeta (agens de furto a Mercurio confecto) relegat ad illos uersus, quibus Hesiodus fraudem a Prometheo commissam persequitur. Heinrich Heidenreich disseruit Lucanum, cum narraret Marciam ad Catonem reuersam esse ad Vergilium allusisse. Nina Mindt inquisiuit, quales auctores Seneca, cum scriberet ad Heluiam matrem consolationem, secutus esset: Eum inter alia operibus Ouidianis usum esse. Biagio Amata beatis Papis Ioanne XXIII. Ioanneque Paulo II de latinitate meritis memoratis Arnobi Siccensis uitam patefecit ac summatim exposuit rationes, quibus Arnobius ad fidem esset conuersus. Manuel Caballero González nos docuit, quo modo Helvetius Conradus de Mure fabulis a Athamante conscriptis usus esset in operis suis componendis. Tum Joanna Rostropowicz de

Georgio ab Oppersdorff egit, qui poeta Silesianus latinas composuisset elegias, quibus mortem mulieris primae defleret.

His orationibus habitis Tiburtinam sumus profecti, ubi Stephanus Neu Villam Estensem illustrauit.

Vespere Wilfried Stroh lectionem habuit publicam, qua explicauit, cur Jan Novák, cuius artis multa exempla allata sunt audienda, latinissimus eorum, qui modos facerent, esset putandus.

Die Dominica primum agebantur missarum sollemnia, quae celebrauit dignissime Gualterus S. R. E. Cardinalis Brandmüller, qui cantui quoque sacro curauerat homiliamque habuit, qua Christianam oboedientiam praedicauit.

Primam lectionem secundo die habuit Wilfried Lingenberg, qui contendit hodie cum nonnulla »fierent, ut latine fierent«, nihil (praeter formulas quasdam caerimoniarum) iam Latine fieri, ut fieretur, – nisi in interrete, ubi latinitas renata uideretur nouaque frueretur uita. Federico Biddau, qui disputauit de »Orthographia latinitatis revera vivæ«, ad usum linguae uiuae orthographiam uiuam necessariam esse censuit, quae usum antiquitatis »classicae« imitari non deberet. Summus pontifex cum die illa in Mexico erat ideoque orationi eius meridianae interesse non poteramus, Gualtero Cardinale Brandmüller praeside dicta est oratio Mariana.

Cenati tres poetas audiuimus: Primum Stefano Rovinetti Brazzi explicauit, quomodo carmina Bonnoniensi sermone digne scriberentur quaeque orthographia in eo esset adhibenda. Deinde Mauro Pisini principia quaedam adumbrauit poesis latinae hodiernae, quam colendam esse monstrauit. Quomodo autem carmina exarari possent, luculentius ostendit.

Post Orazio Antonio Bologna non modo exposuit causas, quibus lingua Latina despiceretur, sed etiam hortatus est magistros professoresque, ut Latinitatem cum discipulis colerent sicut linguam uiuam: Non modo leges linguae enumerandas esse, sed etiam latine esse loquendum, ut contemptus Romani sermonis euitaretur. Et Marco Ricucci egit de re, quae attinet ad instructionem, cum Stephanum Krashen secutus considerauit, quomodo mens hominum linguam Latinam per Methodum Ørbergianam disceret. Tandem acroasis Henrici Reinhardt, quam (cum impediretur, quominus ipse conuentui adesset) miserat, praelecta est. Ex animo gratias agimus cum eis, qui nobis fauerunt, tum eis, qui conuentui adfuerunt et lectiones pro nobis habuerunt.

Acta conuentus edentur ea serie, quae inscribitur Studien zur klassischen Philologie.

TAGUNGSBERICHT:

F. Biddau, in: Arbeitsgemeinschaft historischer Forschungseinrichtungen Information 2012, Nr. 83 vom 22.05.2012 (URL: http://www.ahf-muenchen.de/Tagungsberichte/Berichte/pdf/2012/083-12.pdf)

PRESSEECHO:

http://www.oecumene.radiovaticana.org/ted/articolo.asp?c=571646
http://kipa-apic.ch/index.php?pw=&na=0,0,0,0,d&ki=229589
http://www.regions.ru/news/2398149/
http://www.muenchner-kirchenradio.de/nachrichten/nachrichten/article/latein-sprechen-liegt-im-trend.html

OPERATION AM LEBENDEN OBJEKT – ROMS LITURGIEREFORMEN VON TRIENT BIS ZUM VATICANUM II

14.–18. Dezember 2012, Campo Santo Teutonico
Verantwortlich: Stefan Heid (Rom)

REFERATE:

Kurt Kard. Koch (Rom): Roms Liturgiereformen aus ökumenischer Perspektive
Peter Hofmann (Augsburg): Theologie der Liturgie als Problemgeschichte: Ort oder Ornament?
Johannes Nebel (Bregenz): Der liturgische Paradigmenwechsel von der *Actio* zur *Celebratio* im Lichte der lateinischen Vätertradition
Harm Klueting (Köln/Fribourg): Die liturgischen Vorstellungen in der katholischen Aufklärung und im Josephinismus – und was sich davon in der Liturgiereform des Vaticanum II und danach wiederfindet
Albert Gerhards (Bonn): Was ist »gelungener Gottesdienst«? Zum Spannungsverhältnis zwischen agendarischer Vorgabe und Liturgieerleben in der westlichen Kirche
Harald Buchinger (New Haven): Reformen der Osternachtfeier: Prinzipien und Auswirkungen ihrer Kodifikationen und Modifikationen
Helmut Hoping (Freiburg): Zur Geschichte von *Introitus* und Stufengebet
Manfred Hauke (Lugano): Das *Offertorium* als Herausforderung liturgischer Reformen in der Geschichte
Hans-Jürgen Feulner (Wien): Ein *Anglican Use* des Römischen Ritus? Zur Einheit der Liturgie in der Verschiedenheit der Riten und Formen im Lichte der Liturgiereformen seit dem Konzil von Trient
***Predrag* Bukovec** (Wien): Das Motuproprio *Rubricarum instructum* (1960) von Papst Johannes XXIII.
Uwe Michael Lang *Or.* (London): Historische Stationen zur Frage der Liturgiesprache
Dennis McManus (Brighton/MA): Vernacularization and Liturgical Lexicography
Alcuin Reid *O.S.B.* (Toulon): The fundamental principles of liturgical reform in *Sacrosanctum Concilium* in the light of history

Christian Hecht (Erlangen): Das Tridentinische Rom und die Bilder im Kirchenraum
Ralf van Bühren (Köln/Rom): Raumordnung und Bildausstattung des barocken Kirchenbaus unter dem Einfluss liturgischer Reformen zur Zeit des Trienter Konzils
Jörg Bölling (Göttingen): Vorauseilende Reformen – Musik und Liturgie im Vorfeld des *Tridentinum* und *Vaticanum* II

TAGUNGSBERICHT:

(in weitgehender Anlehnung an den von Lea Herberg und Benjamin Leven vorgelegten Bericht: http://hsozkult.geschichte.hu-berlin.de/index.asp?pn=tagungsberichte&id=4658)

Das Thema stand unter dem Anspruch, die Liturgiereformen des 16.–20. Jahrhunderts in einer weiten historischen Perspektive zu untersuchen, dabei nach Kontinuitäten und Brüchen zu fragen und insbesondere die jüngste Liturgiereform zu historisieren, die das II. Vatikanische Konzil mit seiner Liturgiekonstitution *Sacrosanctum Concilium* angestoßen hat und deren Rezeptionsprozess bis heute andauert.

Kardinal Kurt Koch (Rom), Präsident des Päpstlichen Rates zur Förderung der Einheit der Christen, hielt den Eröffnungsvortrag und stellte den aktuellen Bezug her, indem er an Joseph Kardinal Ratzingers Forderung nach einer Reform der Reform erinnerte. Dass das Konzil die Liturgiekonstitution *Sacrosanctum Concilium* als zeitlich erstes Dokument promulgierte, könne heute an den Vorrang der Doxologie gegenüber der Theologie im Leben der Kirche wie auch in der Ökumene erinnern. Erst die Gegenwart Christi ermögliche Ökumene, in deren Zentrum stets das Wesen der Kirche stehen müsse. Als Ziel stellte Koch daher die Entwicklung einer ökumenischen Liturgiewissenschaft heraus. Anstatt sich als historisch und pastoral ausgerichtete Disziplin mit der eigenen Geschichte und Praxis zu befassen und zu einer »Epiphanie unheiliger Trennungen« zu werden, müsse Liturgie als *locus theologicus* begriffen und in ihrem Zusammenhang mit dem Wesen der Kirche ernst genommen werden. Die Liturgie lasse die Kirche immer wieder neu entstehen, sei also ihr Herz. Der Nutzen der Kirche ebenso wie das organische Wachstum seien daher die Kriterien von Liturgiereformen, davon sei Papst Benedikt mit Bezug auf *Sacrosanctum Concilium* überzeugt. Niemals dürfe daher das Wesen der Liturgie dem Alltag angepasst werden, denn ihr Blick richte sich auf Gott allein.

Als zweiter Referent sprach PETER HOFMANN (Augsburg) über »Liturgie als theologischer Ort? Aspekte einer fundamentaltheologischen Problemgeschichte« und schloss sich damit an Kochs Diktum an, die Liturgie müsse als *locus theologicus* erkannt werden. Ob man sich der Liturgie synchron oder diachron nähere, sie historisch-kritisch oder dogmatisch verstehe, könne in Analogie zur kanonischen Exegese beantwortet werden: dem Wahrheitsanspruch des Textes müsse Genüge getan werden, denn wenn Inkarnation möglich sei, gelte dies auch für die konkret gefeierte Liturgie, in der das Universale und das Partikulare in Beziehung treten. Die eine und ewige Liturgie sei geschichtliche Teilnahme an der himmlischen Liturgie. So, wie die Tradition das Zeugnis der Schrift je aktualisiere, so seien auch Liturgie und Lehramt als zwei Seiten des apostolischen Zeugnisses zu verstehen. Gemeinsam bildeten sie ein Geviert der einen gemeinsamen Glaubensgestalt der Kirche.

Über den theologischen Gehalt der Liturgie sprach auch JOHANNES NEBEL (Bregenz) in seinem Beitrag »Der liturgische Paradigmenwechsel von der Actio zur *Celebratio* im Lichte der lateinischen Väter«. Nebel stellte die Actio als das eigentliche, aber durch die in ihren historischen Prämissen widerlegte Theologie Odo Casels verdunkelte Paradigma dem Paradigma der *Celebratio* gegenüber, das ganz entgegen *Sacrosanctum Concilium* heute immer stärker in den Vordergrund rücke. Casel habe das Zurücktreten des äußeren zugunsten des geistigen Handelns fälschlich als christliches Proprium herausgestellt. Dies führe zu einer Aufspaltung des Actio-Verständnisses: in seiner Mysterientheologie liege der sakramentale Opferakt allein in der Mysteriengegenwart der Opferhandlung Christi – was der Priester tut, sei demnach nur das Sichtbare und Vorbereitende für das Handeln Christi. Dass Casel die christliche Liturgie historisch mit den heidnischen Mysterienkulten verbinde, zeitige hier theologische Folgen: tatsächlich habe die Alte Kirche die genaue Einhaltung von Kultgebräuchen als Gerechtigkeit den Göttern gegenüber ebenso wie den Öffentlichkeitscharakter als Grundzüge kultischer Handlungen aus dem altrömischen politisch-kultischen Kontext übernommen. Beide seien Aspekte der kultteleologischen *Actio* des Christentums geworden. Christliche Liturgie habe daher nichts mit Innerlichkeit zu tun. So sei auch die anamnetische Dimension ein anthropologischer Rückbezug, der faktisch gegen die latreutische Dimension eingetauscht worden sei. Bei der notwendigen Betonung der Actio müssten dagegen, so Nebel, die Handelnden und die Teilnehmenden dieser Handlung unterschieden werden, um überhaupt *participatio* zu ermöglichen. Diese Differenz sei Grundlage der religiösen Relevanz der Form.

Über »Die liturgischen Vorstellungen in der katholischen Aufklärung und im Josephinismus – und was sich davon in der Liturgiereform des Vaticanum II und danach wiederfindet« sprach HARM KLUETING (Köln/Fribourg). Darin wies er auf die Kontinuität hin, die zwischen katholischen Privatarbeiten (z. B. Leonhard Werkmeister) und staatskirchlichen Reformen des 18. Jahrhunderts mit *Sacrosanctum Concilium* und der nachkonziliaren Liturgiereform bestünden. So gehörten der antibarocke Impetus des österreichischen Spätjansenismus und der katholischen Aufklärung sowie die Zentralisierung und Verstaatlichung des Josephinismus zur Geschichte der Liturgiereform des 20. Jahrhunderts. Deren Anliegen seien nicht erst in der Französischen Revolution und durch den Einfluss Kants entstanden, sondern bereits früher. So sei etwa der Verzicht auf dekoratives Beiwerk zugunsten der Konzentration auf das Wesentliche, die innere und äußere Teilnahme an der Liturgie und daher ihre Muttersprachlichkeit, die muttersprachlichen Kirchenlieder zur Erweckung geistlicher Gefühle des Einzelnen, die erwünschte Bibellektüre von Laien, die pfarreizentrierte Pastoral typisch für das Denken der ersten ca. 80 Jahre des 18. Jahrhunderts.

Klueting sieht in den genannten Forderungen eine Anpassung an die Zeit aus apologetischen Gründen: um gegen die historischen Veränderungen bestehen zu können, habe man mit deren Mitteln gekämpft.

Anstelle des verhinderten ALBERT GERHARDS (Bonn) sprach Stefan Heid zum Thema »Ponte rotto? Zum Verhältnis von Altar und Opfer«. Anhand paganer Denkmäler und frühchristlicher archäologischer Funde stellte er seine These dar, dass Altäre, die sowohl im paganen wie im christlichen Bereich sehr unterschiedliche Formtypen aufweisen, ikonographisch als solche nur erkennbar seien durch den, der als Opfernder danebenstehe. Die Nutzung als sakraler Opfertisch aber habe die profane Nutzung ausgeschlossen. Der Kultbegriff sei keineswegs von den frühen Christen abgestoßen worden, so Heid mit Bezug auf den Neutestamentler Knut Backhaus (München), sondern der äußere ebenso wie der innere Kult seien christozentrisch transformiert worden. Daher gebe es aus der frühchristlichen Geschichte heraus keinen Grund, den Opferbegriff abzulehnen.

HARALD BUCHINGER (Regensburg/New Haven) vertrat in Rom die theologische Disziplin der Liturgiewissenschaft und wies in seinem Vortrag »Reformen der Osternachtfeier. Prinzipien und Auswirkungen ihrer Kodifikationen und Modifikationen« den Charakter der Liturgie als immer gewordener auf. Liturgiereform könne eben nie die Repristinierung irgendeines Zustands bedeuten, sondern der Klugheit der liturgischen Gesetzgeber ist es immer wieder aufgegeben, aus der Fülle der Tradition Gegenwart und Zukunft zu gestalten. Anhand der Osternachtfeier hob Buchinger die problematische Quellenlage zur römischen Liturgie der Frühzeit hervor und zeigte zugleich, dass die älteste greifbare Tradition stadtrömischer Liturgie nicht monolithisch, sondern polymorph sei. Die ältesten erhaltenen Dokumente bezeugen nämlich Kulturtransfers, da sie aus Gegenden außerhalb Roms stammen. Für diesen Prozess der Verbreitung von Texten, aus denen 1570 das Missale Romanum geschaffen wurde, hob Buchinger insbesondere die Bedeutung des Franziskaners als neuen Typ eines sehr mobilen Mönchs hervor. Dabei belegen die frühesten vorhandenen textlichen Quellen, aus denen ja der Phänotyp der tatsächlich gefeierten Liturgie und ihre Bedeutung für die Teilnehmer gar nicht rekonstruiert werden können, eine Vielfalt von Liturgie. Die Rezeption nichtrömischen Materials – etwa das Exsultet, das Lumen Christi und nonverbale Feierelemente wie Lichtriten – sowie der Verlust ursprünglicher Elemente und die Überlagerung durch qualitativ neue Schichten führten zu der hybriden Gestalt der hochmittelalterlichen Liturgie. Tatsächlich sei diese hybride Mischliturgie in der nachtridentinischen Liturgiereform kodifiziert worden, ganz entgegen dem Anspruch, die Liturgie auf die älteste römische Tradition zurückzuführen. Die nachvatikanische Liturgiereform, entstanden aus einem komplexen Interaktionsgeschehen zwischen einer Bewegung »von unten« und autoritativem Eingreifen, trage ebenfalls die ganze Ambivalenz, die echten Strukturreformen innewohne.

HELMUT HOPING (Freiburg) stellte in seinem Vortrag »Zur Geschichte von Introitus und Stufengebet« beide als Schwellentexte der römischen Messe dar. Wie

Schwellenliteratur den Übertritt in eine neue Epoche markiert, so markieren diese beiden liturgischen Schwellentexte den Eintritt in die Feier der heiligen Mysterien. Dies gelte insbesondere für den Introitus, der im Mittelalter nicht etwa nur als Begleitgesang zum Einzug, sondern als Eröffnung der ganzen Messe verstanden worden sei und ihr Thema vorgebe. Das Stufengebet unterstreiche die Sakralität der Handlung, in die man eintritt. Einzelne seiner Teile aber, etwa der Psalm Judica, seien älter und konnten zu unterschiedlichen Zeitpunkten gebetet werden. Daher sei das Stillgebet ihr Platzhalter. In der Liturgiereform des 20. Jahrhunderts sei es auf Drängen Annibale Bugninis weggefallen, so Hopings These. Dadurch aber sei die *ars celebrandi* des Priesters noch wichtiger geworden, damit das Eintreten des Priesters und mit ihm des Volkes in die heilige Handlung wenigstens durch die Messeröffnung deutlich würde. Der Introitus sollte entweder volkssprachlich oder lateinisch wieder praktiziert werden.

MANFRED HAUKE (Lugano) referierte über »Das Offertorium als Herausforderung liturgischer Reformen in der Geschichte« und ging damit letztlich dem Opferbegriff im konkreten rituellen Vollzug – Opfergebete und Opfergesten – auf den Grund. Er analysierte das Mittelalter, das Messbuch Pius' V. (1570), die Umdeutung des Offertoriums in der Reformation, die moralisierende Verkürzung des Offertoriums als Frucht der »Aufklärung« bei Vitus Anton Winter und die katholische Diskussion um die Neugestaltung des Offertoriums vom Beginn der Liturgischen Bewegung bis zum Vaticanum II. Kernfrage sei, ob die Gabendarbringung bereits zur Opferhandlung gehöre und letztlich Opfer sei oder ob dieses lediglich in der Wandlung geschehe. Letztlich gehe es also um die Frage, ob in der einen Opferhandlung dem Opfer Christi auch ein Opfer der Kirche entspreche. Der Eingriff Pauls VI. ins Missale von 1970 zeige, dass solche Fragen bis heute virulent seien.

In seinem Vortrag »Ein ›Anglican Use‹ des Römischen Ritus? Die Einheit der Liturgie in der Vielfalt der Riten und Formen im Lichte der Liturgiereformen seit dem Konzil von Trient« sprach sich HANS-JÜRGEN FEULNER (Wien) für eine an die anglikanische Liturgie angelehnte, adaptive Sonderform des römischen Ritus aus (»Anglican Use of Roman Rite«), die im Sinne des Zweiten Vatikanischen Konzils eine *accomodatio* darstelle. Bereits Balthasar Fischer habe darauf hingewiesen, dass nur wenige Änderungen die anglikanische Liturgie zu einer aus katholischer Sicht gültigen machen könnten. Aktuell müsste die nun eingesetzte Arbeitsgruppe diese Möglichkeit prüfen, wobei man allerdings angesichts der Vielfalt der anglikanischen Gruppen nicht allen Wünschen gerecht werden könne und brauche.

PREDRAG BUKOVEC (Wien) stellte »Das Motuproprio *Rubricarum instructum* (1960) von Papst Johannes XXIII.« als eine von den Zeitläufen überrannte Liturgiereform dar. Johannes XXIII. habe einen Kompromiss gesucht, der in Kontinuität mit Pius XII. habe stehen sollen und dem bereits einberufenen Konzil nichts habe vorwegnehmen wollen. *Rubricarum instructum* sei eine Reform unter Vorbehalt, jedoch eine durchaus durchgeführte. Bereits am Titel sei erkennbar, was die damalige Auffassung der Reformbedürftigkeit sei, nämlich der Vorwurf des Rubrizismus. Zwei verschiedene Liturgieverständnisse stünden im Hintergrund, nämlich ein objektives und eines von Liturgie als Ausdruck der Gottesverehrung. Gemeinsam mit *Sacrosanctum Concilium* habe das Motuproprio, dass der öffentliche Kult der Kirche durch Übersichtlichkeit und Einfachheit geordnet werden sollte. *Rubricarum instructum* sei kein kurialer Vorgriff auf das einberufene Konzil gewesen, wie oft behauptet werde. Jedoch sei ein direkter Einfluss auf SC zu erkennen, insbesondere auf Artikel 21.

UWE MICHAEL LANG (London) stellte »Historische Stationen zur Frage der Liturgiesprache« dar und wies darauf hin, dass Liturgiesprache als hochstilisierte Sprache schon immer eine gewisse Distanz zur Alltagssprache gehabt habe. Im Zuge des Übergangs von der griechischen zur lateinischen Liturgiesprache sei eine hochstilisierte Sprachform entstanden, die auch zeitgenössischen Muttersprachlern fremd erschienen sei. Dies komme noch zur Beständigkeit von Sakralsprache als Grund für die Entfremdung von der Alltagssprache hinzu. In der Merowingerzeit sei allerdings eine Vulgarisierung der Latinität in liturgischer Literatur festzustellen, die morphologisch und syntaktisch in der sogenannten Karolingischen Bildungsreform korrigiert worden sei. Gerade durch die vereinheitlichte Aussprache in der *correctio* der karolingischen Reformer habe sich aber das Lateinische noch rascher von den sich entwickelnden Volkssprachen entfernt und wurde ab dem 12. und noch mehr ab dem Wiederaufleben des klassischen Latein im Humanismus endgültig zur Fremdsprache.

Der Vortrag von DENNIS MCMANUS musste wegen Erkrankung des Referenten ausfallen.

Alcuin Reid (Toulon) wies in seinem Vortrag »The Fundamental Principles of Liturgical Reform in *Sacrosanctum Concilium* in the Light of History« auf die beiden fundamentalen Prinzipien in der Liturgiekonstitution hin: *actuosa participatio* und liturgische Formation (SC 14–20). Er meint, dass das ganze Dokument nur korrekt gelesen werden könne, wenn beide Prinzipien gleichermaßen berücksichtigt und aufeinander bezogen werden. Die liturgische Bildung werde zu oft ignoriert zugunsten einer aktiven, ja aktivistischen Teilnahme in der Liturgie. Wenn Liturgie und Leben auseinanderdriften, müsse sich nicht etwa die Liturgie verändern. Dies würde bald zu einer Erschöpfung der Liturgie führen, sei eine unzulässige »Abkürzung« und entspreche zwar dem protestantischen, nicht aber dem katholischen Liturgieverständnis. Vielmehr sei liturgische Bildung die unabdingbare Voraussetzung für *participatio* – die Christen müssten wieder aus der Liturgie heraus leben.

Ausgehend von einer Kontroverse um die rechte Konzilsrezeption nach dem Konzil von Trient machte CHRISTIAN HECHT (Erlangen) in seinem Vortrag über »Das Tridentinische Rom und die Bilder im Kirchenraum« deutlich, dass das Bilderdekret des Tridentinums als Verteidigung der kirchlichen Tradition zu verstehen sei. Aus den konziliaren Bestimmungen ließen sich weder eine skeptische noch eine von Reformgeist geprägte Einstellung gegenüber der bisherigen Bildtradition ableiten. Auch seien Vorgaben in ikonographischer oder gar stilistischer Hinsicht nicht im Sinne des Konzils gewesen. Gerade durch den Verzicht auf einschränkende Prinzipien habe das Dekret fundamentale Bedeutung für den sakralen Bildgebrauch erlangt, denn jegliche Vorschriften hätten jene bilderstürmerischen Tendenzen begünstigt, gegen die das Konzil – im Einklang mit der kirchlichen Tradition und auf sie gestützt – einstand. Der Stellenwert des Traditionsargumentes sei dabei nicht zu übersehen – es bilde, so Hecht, das grundlegende Kriterium zur Einordnung der vielfältigen Stimmen in den nachtridentinischen Diskussionen um die Rezeption des Konzils. Von diesen mit Beispielen reich illustrierten Erläuterungen ausgehend schlug der Referent schließlich den Bogen zum Zweiten Vatikanischen Konzil und zur Nachkonzilszeit: Das II. Vatikanum sehe sich selbst noch in der Tradition von II. Nizänum und Trient, habe aber durch eine gewisse Uneindeutigkeit der Texte die nachkonziliare Entwicklung begünstigt. In diesem Kontext problematisierte Hecht das Aufgreifen anikonischer Tendenzen, welche der Bildtheologie von Heiliger Schrift und Tradition diametral entgegenstünden.

RALF VAN BÜHREN (Köln/Rom) sprach über »Raumordnung und Bildausstattung des barocken Kirchenbaus unter dem Einfluss liturgischer Reformen zur Zeit des Trienter Konzils«. Er schilderte die Entwicklung hin zum nachtridentinischen »Einheitsraum« mit seiner Ausrichtung auf den gut sichtbaren Hochaltar. Allerdings sei die Verbindung von Altar und Tabernakel nach Trient keineswegs immer und überall die Norm gewesen und habe letztlich erst mit dem Kodex des kanonischen Rechts von 1917 allgemeine Verbindlichkeit erlangt. Der Referent ging auf den für den barocken Kirchenraum prägenden Theaterbegriff ein und zeigte, dass dieser nicht nur auf den Altarraum, sondern auch auf den Kirchenraum als ganzen bezogen worden sei. Beichtstühle und Kanzeln stünden neben dem Altar für die unterschiedlichen Brennpunkte des barocken Kirchenraums. Die Aufwertung des Kirchenschiffs der Gläubigen gegenüber dem traditionellen Basilikalstil sei typisch für das liturgische Verständnis der nachtridentinischen Reformen und wirke zugunsten einer stärkeren Beteiligung des Volkes an den liturgischen Vollzügen.

JÖRG BÖLLING (Göttingen) behandelte in seinem Vortrag »Vorauseilende Reformen – Musik und Liturgie im Vorfeld des Tridentinum und Vaticanum II« insbesondere die Kirchenmusik und das Zeremoniell der päpstlichen Kapelle und konnte dabei vielfältige Reform- und Veränderungsprozesse im Vorfeld von Trient aufzeigen. Er wies darauf hin, dass bereits unter den päpstlichen Zeremonienmeistern des frühen Barock manche reformerischen Ideen kursierten, die aber nie nach außen drangen. Die Hofliturgie der Sixtinischen Kapelle habe trotz ihrer Singularität Vorbildfunktion ausgeübt, insofern sie für die höfische Gesellschaft von besonderem Interesse gewesen sei.

Alle Beiträge zeigten ein hohes Niveau. Die Themendramaturgie von der Liturgie über zentrale Riten bis hin zur Kunst und Musik vermittelte immer wieder die Einsicht, dass es bemerkenswerte Parallelen zwischen den beiden liturgiegeschichtlich bedeutsamen Konzilien von Trient und Vaticanum II gibt, sowohl was ihre Vorgeschichte als auch ihre Umsetzung und ihre Nachwirkung betrifft. Die Referenten gingen durchweg von der Perspektive der jüngsten, vatikanischen bzw. nachvatikanischen Liturgiereform aus und fragten von dort her, welche Vergleichbarkeiten

Tagungsteilnehmer

zwischen Trient und Vaticanum II vorliegen, wo Linien vom Vaticanum II nach Trient zurückführen und wo umgekehrt das letzte Konzil jahrhundertealte Tendenzen und Fragestellungen aufgegriffen hat. Während Kirchenhistoriker eher nüchterne Vergleiche anstellten, gingen die Dogmatiker in die theologische Tiefe auf der Suche nach dem Unaufgebbaren in der Liturgie. Die Liturgiehistoriker wiederum fragten nach der rituellen Stimmigkeit und Organik der Entwicklung. Dabei ergaben sich auch kritische Anfragen an die im Zuge des Vaticanum II durchgeführte Gesamtreform der Liturgie, nicht anders als die Trienter Liturgiereform in der Geschichte Revisionen unterworfen worden ist.

Der Sonntag war einem Ausflug nach Viterbo, La Quercia, Montefiascone (*San Flaviano*) und Bolsena gewidmet, an dem 29 Personen teilnahmen. Die Führungen wurden von *Dott.ssa Tatiana Rovidotti* vorgenommen. Neben der Hl. Messe in *Santa Maria Nuova* in Viterbo stand eine Andacht am Blutwunderaltar von *Santa Cristina* auf dem Programm.

PRESSEECHO:

http://www.kath.net/news/39376
http://hsozkult.geschichte.hu-berlin.de/tagungsberichte/id=4658
Lea Herberg, Liturgie, Ökumene und Identität. Kardinal Kurt Koch über »Liturgiereformen aus ökumenischer Perspektive«, in: Gottesdienst 47 (2013) 36–37.

VERÖFFENTLICHUNG:

S. Heid (Hg.), Operation am lebenden Objekt. Roms Liturgiereformen von Trient bis zum Vaticanum II (Berlin 2014). (siehe unten Kap. 6)

2013

ORTE DER ZUFLUCHT UND PERSONELLER NETZWERKE: DER CAMPO SANTO TEUTONICO UND DER VATIKAN 1933–1955

21.–23. März 2013, Campo Santo Teutonico
Verantwortlich: Michael Matheus (Mainz), Stefan Heid (Rom)

Internationale Tagung zum 125-jährigen Bestehen des Römischen Instituts der Görres-Gesellschaft in Kooperation mit der Johannes Gutenberg-Universität Mainz unter der Schirmherrschaft der *Unione Internazionale degli Istituti di Archeologia, Storia e Storia dell'Arte in Roma.*

REFERATE:

Christof Dipper (Darmstadt): Flüchtlinge, Juden, Auslandsdeutsche – oder was? Das faschistische Italien als »Zuflucht auf Widerruf«. Mit einem Ausblick auf den Vatikan
Rudolf Morsey (Neustadt an der Weinstraße): Prälat Ludwig Kaas (1881–1952) – sicher, aber heimatlos im Vatikan
Günther Wassilowsky (Linz): Der »Allvater« im *Campo Santo Teutonico*: Hubert Jedin (1900–1980)
Gregor Wand (Potsdam): Diego von Bergen. Deutscher Botschafter beim Heiligen Stuhl 1920–1943
Anselm Doering-Manteuffel (Tübingen): Flucht oder Dienst? Ernst von Weizsäcker 1943–1945
Karl-Josef Hummel (Bonn): Im Schutz des Vatikans: Ernst von Weizäcker Juni 1944–26. August 1946

Stefan Heid (Rom): Prägende Zeiten: das Römische Institut der Görres-Gesellschaft 1933–1955

Paolo Vian (Rom): I fratelli Mercati e il mondo scientifico di lingua tedesca

Michael Matheus (Mainz): Vatikan, *Campo Santo* und der Kampf um die deutschen wissenschaftlichen Institute in Italien (1945 bis 1953)

Ludwig Schmugge (Rom): Stephan Kuttner (1907–1996). Der »Papst« der Kanonistik zwischen Deutschland, dem Vatikan und den USA

Johan Ickx (Rom): Die Erzbruderschaft des *Campo Santo Teutonico* im Zweiten Weltkrieg

Sergio Pagano (Rom): Hermann Hoberg (1907–1992), Vice-Prefetto dell'Archivio Segreto Vaticano

Arnold Nesselrath (Rom): Der Generaldirektor der Vatikanischen Museen Deoclecio Redig De Campos und die deutsche Wissenschaft

Klaus Schatz SJ (Frankfurt a. M.): Friedrich Kempf (1908–2002): Mediävist und Papsthistoriker

Dominik Burkard (Würzburg): »... ein ebenso rabiater Kirchenmann wie Nationalist«? Der Kirchenhistoriker Karl August Fink (1904–1983) und die deutsche Geschichtswissenschaft in Rom

Norbert M. Borengässer (Bonn): Dölger-Schüler in Rom. Wissenschaftliche Netzwerke zwischen Deutschland, Italien und den USA

Annette Vogt (Berlin): Die Wissenschaftshistorikerin Anneliese Maier (1905–1971) zwischen Bibliotheca Hertziana, Vatikan und *Campo Santo Teutonico*

Paul Zanker (Rom): Die erste Wissenschaftlerin im Vatikan: die Archäologin Hermine Speier (1898–1989)

GRUSSWORTE:

Rektor Dr. Hans-Peter Fischer, *Campo Santo Teutonico*:

»Exzellenz, lieber Herr Botschafter,
liebe Mitglieder des Priesterkollegs,
liebe Mitglieder der Görres-Gesellschaft,
liebe Referenten,
liebes Auditorium,
Sehr verehrter Herr Direktor des Römischen Instituts der Görres-Gesellschaft,
›Ort der Zuflucht und personeller Netzwerke. Der *Campo Santo Teutonico* und der Vatikan 1933–1955‹ – So der programmatische und ehrgeizige Titel der dreitägigen internationalen Tagung, die wir zum 125jährigen Bestehen des Römischen Instituts der Görres-Gesellschaft hier gleichsam am »Campus« abhalten dürfen. Vor 125 Jahren, Anno Domini 1888, war Johann Peter Kirsch mit 27 Lebensjahren zum Direktor ernannt worden. *Spiritus Rector* war freilich der Rektor des Priesterkollegs, Anton de Waal, der bereits ein Jahr zuvor, also 1887, die Römische Quartalschrift für christliche Altertumskunde und Kirchengeschichte gründete. Doch war schon bei der Grün-

dung der Quartalschrift Johann Peter Kirsch maßgeblich an der Herausgabe derselben hervorragend beteiligt. Ab dem Jahre 1907 wurde Johann Peter Kirsch neben de Waal Mitherausgeber. Als Rektor des Priesterkollegs erfüllt es mich mit Stolz, dass bis zum heutigen Tag das Priesterkolleg gemeinsam mit dem Römischen Institut der Görres-Gesellschaft die wissenschaftlich auf hohem Niveau stehende Reihe gemeinsam herausgibt. Und ich möchte nicht unerwähnt lassen, dass Prof. Dr. Stefan Heid hierbei den Löwenanteil der mit sich bringenden Arbeit trägt. In der wechselvollen 125-jährigen Institutsgeschichte kann festgestellt werden, dass der Verschleiß der Direktoren relativ gering war. Johann Peter Kirsch von 1888 bis 1895, aber dann noch einmal von 1926 bis 1938, dazwischen Stephan Eheses 1895–1926, Hermann Stoeckle 1938 – 1949, Engelbert Kirschbaum 1949–1959, Ludwig Voelkl 1959–1971, Ambrosius Eszer 1971–1975, Erwin Gatz 1975–2010. Mit Prof. Stefan Heid ist seit dem Jahre 2011 erst der achte Direktor an der Spitze. Aber der Verschleiß der Rektoren des Priesterkollegs hält sich ebenso in Grenzen. Denn in der nunmehr 137jährigen Kollegsgeschichte bin auch ich erst die Nummer acht. Erst zweimal in der Geschichte des *Campo Santo Teutonico* war der Rektor des Priesterkollegs zugleich Direktor des Römischen Instituts der Görres-Gesellschaft. Zuletzt war dies unter meinem verehrten Vorgänger Prof. Erwin Gatz, wie gesagt1975 bis 2010, der das Institut mit einer weitreichenden Forschungstätigkeit zur Kirchengeschichte mit zahlreichen Mitarbeitern befruchtet hat. In den Jahren 1938 bis 1949 war der Münchener Diözesanpriester Hermann Stoeckle geschäftsführender Direktor des Instituts. Rektor der Erzbruderschaft und Rektor des Priesterkollegs war derselbe in den Jahren von 1931 bis 1954. Dieser von seinen Zeitgenossen in seiner Persönlichkeitsstruktur unterschiedlich eingeordnete Charakter begleitet auch die Zeitgeschichte unseres Tagungsthemas: »Orte der Zuflucht und personeller Netzwerke«. Positiv muss hervorgehoben werden, dass der in vielerlei Hinsicht untätige und partiell auch unfähige Rektor dennoch den *Campo Santo Teutonico* als Zufluchtsstätte öffnete und somit auch Leben rettete. Ich bin gespannt auf die Recherchen und neuen Erkenntnisse, die uns im Laufe der kommenden drei Tage die Referenten bieten werden.

Liebe Festversammlung, sicher haben sie als Besucher und Freunde des *Campo Santo* den kleinen und unaufdringlichen Dachreiter an der Hauptfassade des Priesterkollegs schon einmal entdeckt. Er hütet drei kleine Glocken. Für mich sind diese Glocken sehr symbolkräftig. Unter dem Dach des *Campo Santo* befinden sich nämlich drei Institutionen. Hier macht nicht nur ein Ton die Musik, sondern es sind mindestens drei Töne. Wenn wir weiterhin unsere Stimmen in das große Zusammenspiel erklingen lassen, dann beschleicht uns auch in Zukunft nicht die Gefahr der Monotonie, der Eintönigkeit und des Stillstands. Im Gegenteil, dem *Campo* bleibt so seine Musikalität mit allen wechselvollen Melodien erhalten. Mein Vorgänger hat dieses Zusammenspiel weniger Bildreich, sondern eher in seiner Art markig und nüchtern auf den Punkt bringend so formuliert: »Die Erzbruderschaft ist eine Solidargemeinschaft von Deutsch-Römern, die sich zur Aufgabe gestellt hat das christliche Totengedenken durch Aufrechterhaltung ihres Friedhofes zu pflegen, die ihre

Kirche in dieser bewegten Stadt mit ihren vielen Pilgern und Touristen als würdevolle Gebetsstätte aufrechterhält und damit auch für Pilgergruppen, die alljährlich in dieser geschützten Atmosphäre ihren Gottesdienst feiern. Die Erzbruderschaft ermöglicht seit über 150 Jahren studierenden Priestern einen Aufenthalt in ihrem Gebäude. Diese halten ihr dafür im Gegenzug den Gottesdienst. Daraus ging 1876 das Priesterkolleg hervor. Ohne Erzbruderschaft gäbe es kein Priesterkolleg, aber ohne das Priesterkolleg wäre aber auch die Erzbruderschaft ärmer. Das seit 1888 hier bestehende Römische Institut der Görres-Gesellschaft ist zwar im Vergleich mit den großen staatlichen, wissenschaftlichen Institutionen sehr klein, aber es unterhält zusammen mit dem Kolleg eine bedeutende Bibliothek und seine wissenschaftlichen Leistungen und Veröffentlichungen, die ohne großen Apparat entstehen, können sich sehen lassen und genießen internationales Ansehen.«

Papst Benedikt XVI. erwiderte das Begrüßungswort von Rektor Gatz anlässlich des einzigen *Campo Santo*-Besuches während seines knapp achtjährigen Pontifikats am 24. Mai 2005 mit folgenden Worten: ›Ich finde es sehr wichtig, dass hier Priestergemeinschaft und wissenschaftliche Arbeit ineinander gehen. dass gerade historische Arbeit geleistet wird. Die Erneuerung der Theologie im 20. Jahrhundert, die sich im II. Vaticanum konkretisiert hat, kam ja aus einem neuen Studium der Väter, aus einer neuen Zuwendung zu den lebendigen Wurzeln, die uns tragen zu der ursprünglichen Rezeption des Glaubens, die dann immer wieder befruchtend weiter einwirkt. Nur wenn wir von den Wurzeln leben, können auch die Bäume wachsen und Frucht tragen.‹ – so Papst Benedikt.

Sehr verehrter Herr Direktor Professor Heid, lieber Stefan,
ich gratuliere Dir für die Initiative und die Organisation dieser hochkarätigen internationalen Tagung. Nicht immer wird ein 125-jähriges Bestehen gefeiert. Meinen Recherchen zufolge verstrich das Jahr 2001 sang- und klanglos, ohne jedwede Erwähnung des 125-jährigen Bestandes des Priesterkollegs am *Campo Santo Teutonico*. Umso mehr freue ich mich, dass anlässlich des 125-jährigen Bestehens des Römischen Instituts der Görres-Gesellschaft ein großer Beitrag geleistet wird zur Aufarbeitung der Geschichte des *Campo Santo Teutonico*. Gottes Segen möge diese Tagung begleiten! Dem Römischen Institut der Görres-Gesellschaft rufe ich einen dreiklingenden Wunsch zu: *Vivat, crescat, floreat – ad multos annos*!«

Direktor Prof. Dr. Stefan Heid, Römisches Institut der Görres-Gesellschaft:
»Liebe Repräsentanten und Mitglieder der Görres-Gesellschaft, hochverehrtes Publikum, das Römische Institut der Görres-Gesellschaft begeht sein 125-jähriges Bestehen. 1888 wurde unser Institut gegründet und hatte seinen Sitz seither hier am *Campo Santo Teutonico*.

Das 100-jährige Bestehen wurde 1988 von meinem verehrten Vorgänger Prof. Erwin Gatz begangen, und zwar mit einer Tagung, einem Festgottesdienst, einem Festakt, einem Empfang bei der deutschen Botschaft beim Hl. Stuhl und einer Exkursion nach Orvieto.

Nun, wir haben dieses Jahr nicht ein so ganz rundes Jubiläum und daher ein nicht ganz so umfangreiches Jubelprogramm, aber was uns erwartet, wird zweifellos interessant werden. Sie sind herzlich eingeladen, auch morgen und übermorgen an den Vorträgen teilzunehmen.

Ein Leckerbissen wird das Konzert am Samstagabend sein. Eine besondere Ehre ist es uns auch, dass Dr. Reinhard Schweppe uns heute Abend zum Empfang an die deutsche Botschaft beim Hl. Stuhl lädt. Hierzu sind bereits Einzeleinladungen erfolgt.

Gleich zu Beginn unserer Tagung möchte ich Dank sagen. Die Tagung wird nicht vom Römischen Institut der Görres-Gesellschaft allein gestemmt, sondern in Zusammenarbeit mit der Universität Mainz durchgeführt. Es ist für uns sehr wichtig, gerade eine solche Zusammenarbeit des Instituts in den etablierten akademischen Raum Deutschlands hinein zu haben. Das ist das große Verdienst von Prof. Dr. Michael Matheus, dem ich außerordentlich danke für das großartige Tagungskonzept und die Mühe der Vorbereitung durch seine Mitarbeiter. Der große Zuspruch, den diese Tagung erfährt, ist ihrer aller Verdienst.

Diese Tagung könnte nicht durchgeführt werden ohne die finanzielle Unterstützung durch die DFG, ferner durch eine erhebliche private Unterstützung, durch die Förderung seitens der Erzbruderschaft zur Schmerzhaften Muttergottes am *Campo Santo* und durch die Förderung des hiesigen Priesterkollegs. Auch hier mein aufrichtiger Dank!

Rektor Dr. Hans-Peter Fischer als Kollegsrektor und Rektor der Erzbruderschaft hat seit seinem Amtsantritt die Arbeit des Instituts gefördert und wertgeschätzt, und ist ja auch selber Direktoriumsmitglied und Mitherausgeber der Römischen Quartalschrift. Die seit 1888 unlösliche Symbiose von Görres-Institut und Priesterkolleg setzt sich also fort.

Für die Erzbruderschaft möchte ich aber auch ihren Camerlengo Aldo Parmeggiani lobend und dankbar erwähnen, da er seit vielen Jahren unsere Tätigkeit unterstützt und auch zusammen mit seiner Frau aktives Mitglied des Instituts ist.

Vor allem freue ich mich natürlich auf die Referenten und ihre Vorträge. Seien Sie herzlich willkommen. Leider mussten Christof Dipper, Prof. Morsey und Anselm Doering-Manteuffel absagen; ihre Referate werden aber verlesen werden. Ich danke jedem Einzelnen von Ihnen, dass sie sich der Mühe der Ausarbeitung unterzogen haben und verspreche, dass wir eine schöne Publikation daraus machen.

Ferner bin ich dankbar, dass unsere Tagung dank Presse und Radio über den akademischen Tellerrand hinaus ein breiteres Echo finden wird.

Und schließlich erreichte mich gestern eine Email von Kardinal Karl Lehmann aus Mainz, und das war mir wirklich eine freudige Überraschung, daher darf sich sie Ihnen abschließend vorlesen:

›Sehr geehrter Herr Professor, lieber Msgr. Stefan Heid!
Nach dem 14-tägigen Aufenthalt in Rom und der gestrigen Amtseinführung von Papst Franziskus bin ich soeben zu Hause angekommen. Ich möchte es aber nicht

versäumen, Ihnen und allen Veranstaltern des Symposions zum 125-jährigen Bestehen des Römischen Instituts der Görres-Gesellschaft, besonders auch Herrn Prof. Dr. Matheus, eine gute Veranstaltung in Rom zu wünschen. Ich habe mich über das Programm mit den einzelnen Referaten sehr gefreut. Ich dachte, ich könnte auch vielleicht an der einen oder anderen Veranstaltung teilnehmen. Nun bitte ich aber um Verständnis, dass ich nach dem längeren Aufenthalt und angesichts der bevorstehenden Karwoche und Ostertage rasch nach Hause musste. Bitte grüßen Sie alle Teilnehmer. Ich bin dankbar, wenn wir gewiss später auch den einen oder anderen Text nachlesen können.

Ich grüße Sie und alle und wünsche Ihnen sowie dem Römischen Institut in Gottes Segen eine gute Zukunft, Ihr + Karl Kardinal Lehmann‹«.

Prof. Dr. Richard Bösel, *Unione Internazionale degli Istituti di Archeologia, Storia e Storia dell'Arte in Roma*:
»Essendo impedito da imprevisti impegni il presidente dell'Unione Internazionale degli Istituti di Archeologia, Storia e Storia dell'Arte in Roma [Christopher Smith] mi ha pregato di sostituirlo nel proferire il suo caloroso saluto per l'apertura dell'importante convegno internazionale che celebra i 125 anni dell'Istituto Romano della Görres-Gesellschaft.

Credo di esprimere fedelmente il pensiero del professore Smith se affermo la mia convinzione che nella presente occasione il coinvolgimento della nostra associazione internazionale superi di gran lunga un carattere meramente rituale di cortesia protocollare e che assuma invece un valore concreto e vitale, un significato che si fonda nella stessa ragione d'essere dell'Unione.

Il legame a cui alludo non si riferisce al semplice fatto che la Görres-Gesellschaft ovvero l'Istituto Romano della Görres-Gesellschaft costituisca uno dei membri più illustri e centrali dell'Unione bensì alle circostanze storiche della fondazione stessa dell'Unione. Non va infatti dimenticato che l'Unione fu creata nel febbraio del 1946 proprio con l'intenzione di rimediare a quei danni letali che la comunità scientifica attiva di Roma aveva subito dalla catastrofe nazifascita e dalle conseguenze della Guerra Mondiale.

La nostra splendida *respublica romana* delle arti e delle lettere, unica al mondo, deve la sua risurrezione proprio alla soffertissima ma fiduciosa sopravvivenza degli ideali umanistici, ideali condivisi allora da un gruppo di straordinarie personalità che uscirono dai loro luoghi di rifugio e di esilio mentale per costituire una rete sovranazionale forte e costruttiva, capace di riportare la luce nel buio dei nazionalismi, del razzismo e del terrore politico.

La presente iniziativa promette di delineare con chiarezza uno degli scenari più drammatici del Novecento. Attendiamo contributi essenziali che risulteranno preziosi per il dibattito di temi che la storiografia sta affrontando al momento con grande impegno e vivacità. La recente apertura del fondo archivistico del pontificato di Pio XI e quella forse imminente dei fondi del suo successore offrono ai contemporaneisti un terreno fertilissimo e prezioso per consolidare i loro studi con le necessarie prove documentarie.

Il vostro convegno si inserisce molto opportunamente in questa intensa attuale stagione di ricerche e coglie la possibilità di estendere il dibattito storico-politico e biografico sul campo interdisciplinare della Wissenschaftsgeschichte, assolvendo un impegno che è congeniale se non addirittura doveroso nelle celebrazioni di un istituto precipuamente universalistico come quello della Görres-Gesellschaft.

I mie congratulazioni da parte dell'Unione.«

TAGUNGSVERLAUF:

(Bericht verfasst von Clemens Brodkorb für http://hsozkult.geschichte.hu-berlin.de/tagungsberichte/id=4822&count=28&recno=2&sort=datum&order=down&search=-zuflucht)

Als auf der Generalversammlung der Görres-Gesellschaft in Eichstätt am 25. September 1888 der Vorsitzende der historischen Sektion, Prälat Dr. Franz Hülskamp, gemeinsam mit dem damaligen Privatdozenten Dr. Heinrich Finke den Antrag »auf Errichtung eines historischen Instituts in Rom zur Ausbeutung der dortigen Archive« stellte und der Vorstand diesem Antrag noch am gleichen Tage zustimmte,[1] war das »Römische Institut der Görres-Gesellschaft« (RIGG), das in diesem Jahr 2013 auf eine 125-jährige Geschichte zurückblickt, geboren.

Aus Anlass dieses Jubiläums veranstaltete das Institut vom 21. bis zum 23. März 2013 an seinem Sitz im Deutschen Kolleg beim *Campo Santo Teutonico* der Erzbruderschaft zur Schmerzhaften Muttergottes in Zusammenarbeit mit der Johannes-Gutenberg-Universität Mainz und unter Schirmherrschaft der *Unione Internazionale degli Istituti di Archeologia, Storia e Storia dell'Arte in Roma* eine internationale Tagung, die sich unter dem Titel »Orte der Zuflucht und personeller Netzwerke. Der *Campo Santo Teutonico* und der Vatikan 1933–1955« einem Forschungsdesiderat deutsch-italienischer Wissenschaftsgeschichte zuwandte. Zwar ist bisher in Ansätzen schon bekannt gewesen, dass wie in verschiedenen vatikanischen Einrichtungen auch im exterritorialen *Collegio Teutonico* nach 1933 deutschsprachige Wissenschaftler und Wissenschaftlerinnen Zuflucht gefunden hatten, doch stand eine intensivere Beschäftigung mit diesem Thema noch aus.

Nach den Grußworten des Kollegsrektors, HANS-PETER FISCHER, des Direktors des Römischen Instituts der Görres-Gesellschaft, STEFAN HEID, und – in Vertretung des Präsidenten der *Unione Internazionale degli Istituti di Archeologia, Storia e Storia dell'Arte in Roma* – RICHARD BÖSELS, führte MICHAEL MATHEUS, Inhaber des Lehrstuhls für Mittlere und Neuere Geschichte und Vergleichende Landesgeschichte an der Universität Mainz und Direktoriumsmitglied des RIGG in die Thematik ein. Matheus, bei dem die Konzeption der Tagung gelegen hatte, wies zunächst darauf hin, dass seit Klaus Vogts einschlägiger zweibändiger Studie »Zuflucht auf

Widerruf. Exil in Italien 1933–1945« (Stuttgart 1989–1993) zwar hinlänglich bekannt sei, dass nach 1933 aus dem nationalsozialistischen Machtbereich über 20.000 Juden und Nichtjuden nach Italien emigriert sind und sich viele – allerdings oft nur vorübergehend – dort aufgehalten haben und dass sich auch im Vatikanstaat und in exterritorial gelegenen Einrichtungen, wie dem *Campo Santo Teutonico*, politische Flüchtlinge unterschiedlicher Nationen Zuflucht gefunden haben. Eine intensivere Beschäftigung mit der Thematik stehe aber noch aus. Die hier berichtete Tagung sollte – unter besonderer Berücksichtigung von Wissenschaftlerinnen und Wissenschaftlern – dazu beitragen, diese Forschungslücke zumindest teilweise zu schließen.

Etwa 3000 Wissenschaftler und Wissenschaftlerinnen haben – so deutete Matheus die Dimensionen insgesamt an – im deutschsprachigen Machtbereich der Nationalsozialisten aus politischen oder rassischen Gründen ihre beruflichen Positionen verloren. Etwa zwei Drittel von ihnen emigrierten. Wissenschaftsgeschichtlich gesehen bilden die auf der Tagung behandelten Personen zwar eine überschaubare, gleichwohl aber – wie sich zeigen sollte – ausgesprochen profilierte Gruppe.

Dass die deutschen Truppen den durch die Lateranverträge von 1929 geschaffenen exterritorialen Status des *Campo Santo* respektieren würden, war damals keineswegs gewiss. Was dies für die Bewohner von Vatikan und *Campo Santo* bedeutete, müssten künftige erfahrungsgeschichtliche Studien erweisen. Zumindest auf die Quellenlage hat sich die Erfahrung permanenter Bedrohung wohl immer wieder ausgewirkt, wenn – wie im Falle von Prälat Ludwig Kaas – Dokumente vorsorglicher Vernichtung anheimgefallen sind. Daneben steht für eine endgültige Bewertung der Ereignisse auch die Öffnung heute noch nicht zugänglicher Archivbestände in Rom und andernorts aus, so dass vorerst das eine oder andere nur angedeutet werden kann. Ohnehin konnten im Rahmen der Tagung nur ausgewählte Beispiele von Wissenschaftlern und Wissenschaftlerinnen gewürdigt werden.

Die in den Tagungsbeiträgen behandelten Persönlichkeiten, die mit ihrem wissenschaftlichen Werk, aber auch mit ihrem personellen Umfeld vorgestellt wurden, und nicht zuletzt das RIGG als Plattform trugen dazu bei, dass die deutschen Forschungseinrichtungen in Rom und Florenz – »Orte wissenschaftlicher Netzwerkbildung par excellence« (Matheus) – 1953 an die Bundesrepublik zurückgegeben wurden und somit bis heute weiter bestehen. Behandelt wurden vor allem solche Persönlichkeiten, die seit den dreißiger Jahren in den genannten Einrichtungen tätig waren und nach 1945 bei der Etablierung bzw. Ausweitung wissenschaftlicher Netzwerke, auch über Italien hinaus, eine Rolle spielten. Diesbezüglich stand vor allem die Frage im Raum, wie solche Netzwerke in Rom vorgeprägt worden sind.

Ein bewusst gewählter interdisziplinärer Ansatz führte auf der Tagung Referenten verschiedener kulturgeschichtlicher Disziplinen zusammen. Das Zeitfenster von 1933 bis 1955 umspannte gezielt traditionelle Einschnitte und Zäsuren – etwa das Jahr 1938 mit der italienischen Rassegesetzgebung oder den 8. September 1943 mit dem endgültigen Bruch des Achsenbündnisses.

Ziel der Tagung war nicht zuletzt, Fragen zu stellen etwa danach, wie unter den konkreten (schwierigen) Bedingungen des gewählten Zeitraums in Rom wissenschaftliche Kontakte geknüpft oder auch aufrecht erhalten werden konnten oder auch die erzwungene Distanzierung von deutschen Einrichtungen zur Intensivierung von Kontakten zu italienischen oder anderen Einrichtungen führte, beispielsweise bei Hubert Jedin die Voraussetzung für sein späteres wissenschaftliches Ansehen und seine weitverzweigte Vernetzung. Nicht nur die wissenschaftlichen Inhalte sollten also in den Blick genommen werden, sondern auch die verschiedenen Transferprozesse und Einbindungen in die verschiedenen Netzwerke.

Die erste der in fünf Sektionen gegliederten Tagung befasste sich unter der Leitung von MARTIN BAUMEISTER (Rom) grundlegend, aber auch am Beispiel konkreter Flüchtlinge mit der Thematik der »Zuflucht in Italien und im Vatikan«.

CHRISTOF DIPPER (Darmstadt) skizzierte in seinem grundlegenden Referat über deutsches Exil im faschistischen Italien die allgemeinen Rahmenbedingungen in Italien und die Forschungssituation, wobei er sich dabei auf die schon genannte Studie von Klaus Vogt stützen und sie für das Tagungsthema erschließen konnte. Er unterschied verschiedene Gruppen von deutschen Exilanten in Italien. Während es sich in den Augen der Italiener ausnahmslos um »Tedeschi« handelte, unterscheidet die Forschung vor allem zwischen Juden und Nichtjuden, was der nationalsozialistischen Rassenlehre geschuldet ist und dem Selbstverständnis der Betroffenen kaum entsprach. Viel kleiner als die jüdische war die nichtjüdische, vor allem katholische Emigration. Dippers Ausführungen machten deutlich, welche Typenvielfalt unter den Begriffen Exil und Emigration subsumiert wird. Er bündelte seine Darstellung in zwei Thesen, wonach zum einen im Falle Italiens ein klarer Widerspruch zwischen subjektiver Befindlichkeit und objektiver Situation geherrscht habe (»Die Lage war schlechter als die Stimmung.«). Ferner machte er unter einer zweiten These deutlich, dass nach Italien eher unpolitische Menschen flohen, wobei der Kulturfaktor (Italien als klassisches Sehnsuchtsziel), aber auch die weitgehend formlose Möglichkeit der Einreise eine Rolle spielte. Dies erklärt zumindest teilweise, warum vom Nationalsozialismus Bedrohte ausgerechnet in das einzige faschistisch regierte Land flohen. Freilich verschärfte sich die Lage der Flüchtlinge zunehmend, zumal für die jüdischen Flüchtlinge schlagartig seit Herbst 1938.

Kurz streifte Dipper auch die Situation im Vatikan, für die ursprünglich ein eigenes Referat vorgesehen war.

RUDOLF MORSEY (Neustadt an der Weinstraße) behandelte in seinem Referat über Prälat Ludwig Kaas (1881–1952) einen jener Politiker, die Kontakte zu den Wissenschaftlern pflegten, die im Mittelpunkt der Tagung standen. Der Kanonist und Zentrumspolitiker Kaas, seit 1933 in Rom und bei den Zeitgenossen wegen seiner frühen »Flucht aus Deutschland« teilweise umstritten, führte in Rom das Leben eines – allerdings privilegierten – Exilanten. Seine Entscheidung, dort zu blieben, ist nach Morsey heute verständlicher, als es den Zeitgenossen gewesen ist. Von Rom aus habe er seinem Land und seiner Kirche wirksamer dienen können, als ihm das in der Heimat möglich gewesen wäre, unabhängig von seiner persönlichen Gefährdung. Von einer weiteren Öffnung vatikanischer Archive verspricht sich Morsey, dass die Beratertätigkeit von Kaas für Eugenio Pacelli deutlicher als bisher erkennbar zu Tage treten wird. Kaas, der 1936 Leiter der Verwaltung von St. Peter und später der Ausgrabungen unter dem Dom geworden war, starb 1952 in Rom.

GÜNTHER WASSILOWSKY (Linz) beschäftigte sich mit dem »Allvater« im *Campo Santo*, dem Breslauer und späteren Bonner Kirchenhistoriker Hubert Jedin (1900–1980), einem der markantesten Beispiele aus dem Spektrum der auf der Tagung behandelten Wissenschaftler. Jedin verbrachte mehr als zehn Jahre seines Lebens als Flüchtling im *Campo Santo*. In der Rückschau auf sein Leben stellte er bezeichnender Weise selbst einen Zusammenhang zwischen seinem Schicksal und seinem enormen Werk her. Einerseits bot ihm der erzwungene lange Aufenthalt in Rom die Gelegenheit, in ungewöhnlichem Umfang an den Quellen der vatikanischen und italienischen Archive zu arbeiten. Andererseits sei Jedin – so Wassilowsky – auch angetrieben gewesen von dem Ehrgeiz, die nationalsozialistische Rassenideologie mit seiner eigenen Biographie zu falsifizieren. Nach einem ersten Aufenthalt am *Campo Santo* 1926–1930 zur Arbeit an seiner Habilitationsschrift über den Augustinergeneral Girolamo Seripando und einem zweiten, nur einsemestrigen Aufenthalt im Sommer 1932 als Stipendiat der Görres-Gesellschaft war erst der dritte Rom-Aufenthalt 1933–1936 für die Tagungsthematik einschlägig, als Jedin als »Halbjude« auf Grund des Gesetzes über die Wiederherstellung des Berufsbeamtentums seine *Venia legendi* in Breslau verloren hatte. Nun erlebte Jedin im Unterschied zu den früheren Aufenthalten von verschiedenen Seiten starke Ablehnung: Er fühlte sich nur noch geduldet, letztlich heimatlos und fremd. Die erzwungene Distanzierung von den deutschen Instituten in Rom (mit Ausnahme des Deutschen Historischen Instituts) hatte aber – wie in der Einführung von Matheus schon erwähnt und von Wassilowsky noch einmal herausgehoben – zur Folge, dass seine Beziehungen zu Italienern und Nichtdeutschen, die in den Vatikanischen Archiven arbeiteten, immer enger wurden. Nach einem Intermezzo als Archivar am Breslauer Diözesanarchiv seit 1936 kehrte Jedin Anfang November 1939 zu seinem vierten und längsten Rom-Aufenthalt zurück, um an seiner »Geschichte des Konzils von Trient« zu arbeiten, einem der »bedeutendsten Werke der Geschichtsschreibung des 20. Jahrhunderts und von bleibendem Wert« (Konrad Repgen). Die Atmosphäre im *Campo Santo* war für Jedin weiter »wenig erfreulich«, doch intensivierte er nun die Kontakte nach außen, insbesondere zu den beiden Jesuitenprofessoren an der Päpstlichen Universität Gregoriana, dem Archäologen und späteren Direktor des RIGG, Pater Engelbert Kirschbaum, und dem Mediävisten, Pater Friedrich Kempf. Im *Campo Santo* galt Jedin in der Folge als »Allvater« und Seele des Hauses, der die Lücke ausfüllte, die der wissenschaftlich nicht interessierte Rektor Hermann Stoeckle hinterließ.

Der Abschluss des ersten Tages mit einem Empfang durch den deutschen Botschafter beim Heiligen Stuhl, REINHARD SCHWEPPE, in der Botschaftsresidenz bildete gleichsam die Klammer zum zweiten Tag, an dem sich die zweite Sektion unter Leitung von LUTZ KLINKHAMMER (Rom) mit »Diplomaten im Vatikan« befasste.

GREGOR WAND (Potsdam), der an einer Dissertation zur deutschen Botschaft beim Heiligen Stuhl arbeitet und deshalb aus der aktuellen Schau der Quellen schöpfen konnte, befasste sich zunächst mit dem deutschen Botschafter beim Heiligen Stuhl Diego von Bergen (1920–1943), ausgehend von der Kritik Ernst von Weizsäckers an seinem Amtsvorgänger, der ihn für einen »Karrierediplomaten« hielt und ihm »taktisches Stillsitzen« sowie Initiativlosigkeit vorhielt. Von Bergen, Protestant, aber über seine Mutter dem Katholizismus gegenüber offen geprägt, unterhielt enge Verbindungen zur päpstlichen Aristokratie. Sein passables Verhältnis zu den nationalsozialistischen Machthabern in Deutschland lässt nach Meinung Wands ebenso wenig auf eine besondere Nähe schließen wie der eher späte Eintritt in die NSDAP am 1. November 1939. In der historischen Forschung ist seine Person bisher eher vernachlässigt worden, obwohl die Quellenlage durchaus passabel ist. Dazu hat sicher beigetragen, dass der größte Teil der überlieferten Aktenbestände des Reichskirchenministeriums im Zentralen Staatsarchiv der DDR in Potsdam lagerte und bis zur politischen Wende von 1989/90 nicht zugänglich gewesen ist. Auch im Vatikanischen Geheimarchiv ist der Zugang zu den einschlägigen Beständen (1933–1939) erst in jüngster Zeit möglich geworden. Wand plädierte in seinem Referat für eine Neubewertung von Bergens im Lichte der Quellen.

Der sich anschließende Vortrag von ANSELM DOERING-MANTEUFFEL (Tübingen) widmete sich dem unmittelbaren Amtsnachfolger von Bergens, Ernst von Weizsäcker (1943–1945), dessen Bild Doering-Manteuffel als ambivalent darstellte. Weizsäcker sei ein Staatsbeamter gewesen, der zwar über klare ethische Maßstäbe verfügt, aber weder die Kraft noch den persönlichen Mut aufgebracht habe, entschieden zu diesen Maßstäben zu stehen, was dazu führte, dass im letzten Nürnberger Nachfolgeprozess (dem »Wilhelmstraßen-Prozess«) von seiner Verteidigung ein falsches, geradezu gegenteiliges Bild seines Handelns entworfen wurde. Doering-Manteuffel ging in seinen Ausführungen der Frage nach, was Weizsäcker, der sich 1943 geradezu in das Amt des deutschen Botschafters beim Heiligen Stuhl hineindrängte, dort letztlich gesucht hat. Suchte er »Zuflucht« nur für sich selbst oder fühlte er sich zumindest auch im »Dienst« seiner Nation, um Menschen in Gefahr ihrerseits Zuflucht zu ermöglichen?

Sicher dürfte es Weizsäcker – so Doering-Manteuffel – darum gegangen sein, sich dem Hineingleiten in ein System der Rechtlosigkeit und des Verbrechens zu entziehen. Zugleich habe ihn aber auch sein altes, seit 1938/39 vordringliches Ziel, dem Erhalt bzw. der Gewinnung des Friedens zu dienen, bewegt. Im Vatikan sei ihm dies immerhin möglich erschienen. Andererseits habe sich der wenig mutige Mann in der Folge zunehmend im Lavieren zwischen Mitmachen, Dagegensein und Wegducken verfangen.

Zweifellos sei Weizsäcker im Auswärtigen Amts seit 1938 in das System des Verbrechens hinein geglitten, was er einerseits deutlich spürte, sich andererseits aber nicht eingestand. Der Wechsel auf den Posten des Vatikanbotschafters war deshalb zweifellos auch eine Flucht, während er andererseits verschiedene Bemühungen unternahm, etwa Juden in Klöstern und Pfarreien zu verstecken, indem er Schutzbriefe der Vatikanbotschaft für diese Häuser ausstellen ließ.

Doering-Manteuffel deutete auf Grund verschiedener Anhaltspunkte im Zeitraum vom Frühjahr 1942 bis zum Herbst 1943 das Verhalten Weizsäckers so, dass sein Wechsel vom Auswärtigen Amt an die Vatikanbotschaft eine »Flucht« war, in die er den »Dienst« des Diplomaten hineinwob. Andererseits sei charakteristisch für Weizsäcker gewesen, dass er dem eigenen Fortkommen den Vorrang einräumte vor der Umsetzung seiner kritischen Meinung in persönlich verantwortliches Handeln. In seiner Person verschmolzen in gewisser Weise Tragik und Schuld.

Dies zeigte sich auch im nächsten Referat von KARL-JOSEPH HUMMEL, der die Zeit von Weizsäckers »im Schutz des Vatikans« (Juni 1943 bis 26. August 1946) in den Blick nahm. Dabei hob er hervor, dass zweifelsohne unter totalitären Diktaturen eine gewisse Tragik darin besteht, dass ohne ein bestimmtes Maß des Mitwirkens kaum Möglichkeiten des Widerstandes gegeben sind. Trotz der erwiesenen Bemühungen von Weizsäckers um den Schutz der Stadt Rom, den Schutz des Vatikans und den Schutz der jüdischen Gemeinde kam auch Hummel zu dem Ergebnis, dass dieser ein Doppelspiel verloren hat. Die Verteidigungsstrategie nach 1945, die konstruierte Martyrerrolle und Widerstandslegende, die seine Verteidiger und die Familie entwickelten, konnte vor seinem Gewissen nicht bestehen.

Von Weizsäcker wurde 1949 zu sieben Jahren Haft verurteilt, die später auf fünf Jahre reduziert wurde. Auf Grund einer Amnestie wurde er 1950 aus der Haft entlassen. Die dritte Sektion der Tagung unter der Leitung von RUDOLF SCHIEFER (München/Bonn) lenkte den Blick nun auf die »Wissenschaft zwischen Kontinuität und Neuanfang«.

STEFAN HEID (Città del Vaticano) referierte dabei zunächst die Geschichte des RIGG in dem durch das Tagungsthema gesetzten Zeitrahmen 1933–1955. Er identifizierte drei institutionsgeschichtliche Phasen, bestimmt durch die Amtszeiten der Direktoren des Instituts: Johann Peter Kirsch (1926–1937/38), Hermann Maria Stoeckle (1937/38–1949) und Pater Engelbert Kirschbaum SJ (1949–1960). Während für die Amtszeit von Kirsch mit Blick auf das Tagungsthema eine Blütezeit der professionellen Vernetzung auszumachen sei, charakterisierte Heid die Amtszeit von Stoeckle als eine Zeit des »sanften Entschlafens«. Stoeckle, der kein Gelehrter war und wenig wissenschaftliches Interesse zeigte, muss andererseits zugutegehalten werden, dass er in einer »lautlosen Standhaftigkeit« das Überleben des Instituts über die Kriegszeit hinweg ermöglicht hat. Eine Neukonstituierung und neue Blüte hob jedoch erst mit der Übernahme des Direktorenamtes durch den Jesuitenpater Kirschbaum an. Nicht zuletzt sei die Situation jetzt auch von den zahlreichen Möglichkeiten öffentlicher Fördergelder geprägt gewesen.

PAOLO VIAN (Rom) würdigte die Brüder Mercati in ihrer Bedeutung für die deutschsprachige Wissenschaft: Giovanni Mercati (1866–1957) war seit 1898 Mitarbeiter in der Vatikanischen Bibliothek gewesen, ehe er 1919 zum Präfekten ernannt wurde. Auch sein Bruder, Angelo Mercati (1870–1955), hatte zunächst seit 1911 in der Vatikanischen Bibliothek gearbeitet, bevor er 1920 zum Vizepräfekten und 1925 zum Präfekten des Vatikanischen Geheimarchivs ernannt wurde. Beide hatten als führende Repräsentanten des Vatikans und als Gelehrte – Angelo Mercati übersetzte beispielsweise zahlreiche Bücher aus dem Deutschen, darunter die zehnbändige Papstgeschichte Ludwig von Pastors – große Bedeutung für zahlreiche deutsche Gelehrte verschiedenster Disziplinen, aber auch – nicht zuletzt im von dieser Tagung gesetzten zeitlichen Rahmen – für die deutschen wissenschaftlichen Institute in Rom.

MICHAEL MATHEUS (Mainz) schilderte das Schicksal der deutschen wissenschaftlichen Institute in Italien und die damit zusammenhängende Rolle von Vatikan und *Campo Santo Teutonico* in der Nachkriegszeit (1945–1953). Als langjähriger Direktor des Deutschen Historischen Instituts (2002–2012) sprach Matheus in gewisser Weise rückblickend auch *pro domo*. Ausgehend von der Feststellung, dass diese Institute Ausdruck einer einzigartigen Forschungslandschaft waren und sind, blickte er zunächst auf das Verhältnis von Vatikan und Deutschland in der fraglichen Zeit, würdigte die reiche Hilfe des Vatikans, teilweise auf persönliche Intervention des Papstes, beispielsweise für die deutschen wissenschaftlichen Bibliotheken in Rom. Er schilderte den Kampf um die Rückgabe der Institute nach dem Krieg, etwa die deutschen Interventionen an der Kurie, darunter die des Nobelpreisträgers Heisenberg, dem Pius XII. eine Intervention bei der Republik Italien zusagte.

Anders plädierten die Vatikanvertreter in der *Unione Internazionale degli Istituti di Archeologia, Storia e Storia dell'Arte in Roma* eher für eine Internationalisierung der Institute bzw. ihrer Bibliotheken. Das RIGG, das selbstverständlich die deutschen Belange vertrat, bemühte sich um Entsendung eines Vertreters in die *Unione*, doch gelang dies erst 1956 mit Pater Kirschbaum, als die Rückgabe der Institute bereits erfolgt war. Positiv wirkten sich zahlreiche Fördermaßnahmen für den wissenschaftlichen Nachwuchs aus, die in dieser Zeit in beeindruckendem Umfang möglich wurden.

Schließlich schilderte Matheus Adenauers Romreisen und dessen Bemühungen um die dann 1953 erfolgte Rückgabe der Institute. Der Umgang mit den deutschen Instituten galt Adenauer als Symbol und Gradmesser für die Bereitschaft der Alliierten und der Republik Italien, die Bundesrepublik wieder als gleichberechtigt in der Völkerfamilie zu behandeln.

LUDWIG SCHMUGGE (Rom) sprach dann über Stephan Kuttner (1907–1996), den er als bedeutendsten Kanonisten des 20. Jahrhunderts, den »Papst« der Kanonistik zwischen Deutschland, dem Vatikan und den USA einführte. Kuttner hat entscheidende Jahre seines Lebens in Rom verbracht. Als Juden bedrohte ihn die antisemitische Politik des Nationalsozialismus jedoch auch jenseits der Alpen. Im April 1934 erhielt er deshalb auf Intervention Eugenio Pacellis eine Anstellung an der *Bibliotheca Apostolica Vaticana*. Am Beispiel der Familie Kuttner zeigte sich – so

Schmugge – eindrucksvoll das vatikanische Engagement für die rassisch Verfolgten in den Jahren seit 1933. Trotz der zunehmenden Bedrohung durch die Rassegesetze in Italien 1938 konnte Kuttner so im Schutz des Vatikans seine Forschungen zunächst weiter betreiben und in dieser »Verfolgungszeit« vielleicht die intensivste Zeit seiner wissenschaftlichen Karriere erleben.

Kuttner, der 1937 Professor an der römischen Lateranuniversität geworden war, folgte 1940 einem Ruf an die *Catholic University of America*, 1964 wurde er Professor of Roman Catholic Studies an der *Yale University* und 1970 nach Berkeley berufen (bis 1988). Zweifelsohne sind seine Netzwerke in den USA entscheidend in den römischen Jahren vorgeprägt worden.

Zum Abschluss des zweiten Tagungstages referierte JOHAN ICKX über die Geschichte der Erzbruderschaft zur Schmerzhaften Muttergottes beim *Campo Santo Teutonico* im Zweiten Weltkrieg. Als Archivar der Bruderschaft konnte er aus der unmittelbaren Schau der Quellen berichten und tat dies am Beispiel einiger neu erschlossener Archivalien, darunter des Congregationsbuchs der Erzbruderschaft und des Zelebrationsbuchs der Kollegiaten, das etwa die Anwesenheit des Iren Hugh O'Flaherty nachweist.

Der dritte Tagungstag begann mit der vierten Sektion, die von BERNARD H. STOLTE (Groningen) geleitet wurde.

Zunächst zeichnete der Präfekt des Vatikanischen Geheimarchivs, Bischof SERGIO PAGANO CRSP (Città del Vaticano), Leben und Werk des Priesters und Gelehrten Hermann Hoberg (1907–1992) nach, der bereits 1938 als Stipendiat der Görres-Gesellschaft nach Rom gekommen und Mitglied des Priesterkollegs am *Campo Santo* geworden war. 1950 kam er als Archivar ans Vatikanische Geheimarchiv. 1956 wurde er dort zum Vizepräfekten ernannt. Bis 1980 erwarb er sich in dieser Funktion unschätzbare Verdienste für zahllose deutschsprachige Wissenschaftler, die, durch ihn eingeführt und begleitet, ihre Forschungen an Beständen des vatikanischen Geheimarchivs betrieben. Innerhalb des Archivs machte sich Hoberg besonders um die Erschließung des Archivs der Rota Romana verdient. Als Gelehrter galt sein Interesse besonders der Geschichte der päpstlichen Finanzverwaltung.

Der Vortrag von ARNOLD NESSELRATH (Città del Vaticano) widmete sich Deoclecio Redig De Campos, der möglicherweise der bedeutendste Generaldirektor gewesen ist, der den Vatikanischen Museen je vorgestanden hat. Mehrere bedeutende Restaurierungen sind unter dem teilweise in Berlin sozialisierten Brasilianer De Campos erfolgt. Nesselrath fragte dann nach der Bedeutung für die deutsche Wissenschaft; Kontakte zu deutschen Wissenschaftlern waren vorhanden, doch gingen diese nicht über die gewöhnlichen Kontakte hinaus.

KLAUS SCHATZ SJ (Frankfurt a. M.), selbst Jesuit und emeritierter Kirchenhistoriker an der Ordenshochschule Sankt Georgen, würdigte seinen Mitbruder, den Mediävisten und Papsthistoriker Friedrich Kempf (1908–2002), und konnte dabei gewissermaßen als Zeitzeuge aus der Erinnerung an zahllose persönliche Begegnungen schöpfen. Vor aller wissenschaftlichen Leistung hob Schatz hervor, dass sich bei Pater Kempf das Ethos des Historikers mit einer zutiefst menschlich-christlichen Grundhaltung verband. Kempf habe über ein unbestechliches Gerechtigkeitsempfinden im Urteil über Personen, Sachverhalte und Ereignisse verfügt, zudem aber über eine große menschliche Weite, die keineswegs auf sein Fachgebiet eingegrenzt war, vielmehr ein großes menschliches Interesse auch an den Arbeiten seiner Mitbrüder einschloss. Alle Enge und Kleinkariertheit seien ihm fern gewesen, dafür verfügte er über geistiges Format und Größe, Vornehmheit des Charakters und zuletzt über die Weisheit des Alters.

Kempf verbrachte 40 Jahre seines Lebens in Rom. Er besuchte die vatikanische Archivschule und übernahm auf Vorschlag seines Mitbruders, Pater Robert Leiber, ab 1948/49 den Lehrstuhl für mittelalterliche Kirchengeschichte (umfassend die Zeit von 700 bis 1300) an der Päpstlichen Universität Gregoriana. Paläographie und Diplomatik blieben zeitlebens seine Spezialgebiete. P. Kempf war Mitherausgeber des *Archivum Historiae Pontificiae* und gehörte zu den geistigen Vätern des mit dem Namen Hubert Jedin verbundenen, im Verlag Herder erschienenen Handbuchs der Kirchengeschichte (7 Bde., Freiburg i.Br. 1962–1979). Aus seiner Feder stammen zahlreiche bedeutende Publikationen. Eine mittelalterliche Geschichte des Papsttums blieb sein großes wissenschaftliches Projekt und Fernziel, das er jedoch nicht bzw. nur in Bruchstücken verwirklichen konnte. Er wurde 1978 mit 70 Jahren – wie an der Gregoriana üblich – emeritiert.

DOMINIK BURKARD (Würzburg) behandelte in seinem Vortrag den Braunsberger und Tübinger Kirchenhistoriker Karl August Fink (1904–1983), der zwölf Jahre am *Campo Santo* verbrachte, der für ihn jedoch nicht Zufluchtsort war, sondern regulären Forschungen diente. Nach der Promotion 1929 kam er bis 1936 als Assistent ans Preußische Historische Institut nach Rom, um am *Repertorium Germanicum* zum Pontifikat Martins V. zu arbeiten. Er wohnte im Priesterkolleg am *Campo Santo* und war 1932–1935 dessen Vizerektor. 1937 übernahm er eine außerordentliche Professur für Kirchengeschichte in Braunsberg, 1940 eine Lehrstuhlvertretung für Kirchengeschichte, Patrologie und christliche Archäologie in Tübingen, wo er nach Kriegsende zum Ordinarius ernannt wurde (1969 emeritiert). Fink sah sich teilweise Vorwürfen ausgesetzt, er sei in der NS-Zeit zu parteinah gewesen: »... ein ebenso rabiater Kirchenmann wie Nationalist«, lautete ein Vorwurf, den Burkard zitierte.

Rom war für Finkes Lebensweg zentral. Dort pflegte er Kontakte und Netzwerke. Sein Führer durch das Vatikanische Geheimarchiv (Das Vatikanische Archiv. Einführung in die Bestände und ihre Erforschung, 1943, 2. verm. Aufl. 1951) hat unzähligen deutschsprachigen Wissenschaftlern das Archiv und seine Bestände erschlossen.

Die fünfte und letzte Sektion der Tagung stand unter der Leitung von STEFAN HEID (Città del Vaticano).

NORBERT M. BORENGÄSSER (Bonn) stellte wissenschaftliche Netzwerke in Deutschland, Italien und in den USA vor, die von in Rom forschenden Schülern des Kirchenhistorikers, Religionswissenschaftlers und Christlichen Archäologen Franz Joseph Dölger (1879–1940) geknüpft wurden. 1909–1910 selbst als Stipendiat am *Campo Santo*, war Dölger später unter anderem Mitglied der Päpstlichen Kommission für Christliche Archäologie und der *Pontificia Accademia Romana di Archeologia*. Der bedeutendste Hüter der Dölger-Tradition und wichtigster katholischer Wissenschaftsmanager nach dem Krieg war Theodor Klauser (1894–1984), dessen spannungsvolles Verhältnis zu dem 1938 nach Washington ausgewanderten Johannes Quasten (1900–1987) Borengässer besonders hervorhob.

Die beiden letzten Referate im Tagungsprogramm nahmen schließlich zwei – zu jener Zeit und an jenem Ort eher seltene – Wissenschaftlerinnen in den Blick. ANNETTE B. VOGT (Berlin) befasste sich mit der Wissenschaftshistorikerin Anneliese Maier (1905–1971), die zwischen *Bibliotheca Hertziana*, Vatikan und *Campo Santo Teutonico* vielfältige Netzwerke pflegte. Erste Verknüpfungen gelangen ihr schon früh, ausgehend vom akademisch geprägten Elternhaus. Als Privatassistentin des Vaters gab sie zwei Bände seines Hauptwerkes heraus. Seit 1935 arbeitete sie an der Leibniz-Edition mit und kam im Auftrag der Leibniz-Kommission 1935/36 nach Rom. Flüchtling war sie in Rom zwar nicht de jure, gleichwohl aber de facto. 1938–1943 war sie DFG-Stipendiatin an der *Bibliotheca Hertziana* (damals Kaiser-Wilhelm-Institut für Kunstgeschichte), 1943–1944 dort Assistentin und Bibliotheksleiterin.

Nach der alliierten Besetzung Roms blieb sie in der Stadt und fand Unterstützung im Vatikan. 1944–1949/50 arbeitete sie für die *Bibliotheca Apostolica Vaticana*. Bemühungen um eine Anstellung blieben dort aber vergeblich. 1954 wurde sie wissenschaftliches Mitglied der Max-Planck-Gesellschaft. Ihr Zufluchtsort Rom war zu ihrem Arbeits- und Lebensmittelpunkt geworden.

PAUL ZANKER (Rom) stellte schließlich die erste Wissenschaftlerin im Vatikan, die klassische Archäologin Hermine Speier (1898–1989) vor. Zanker hat als früherer Direktor des Deutschen Archäologischen Instituts (DAI) Speier noch persönlich gekannt. Bei Ludwig Curtius promoviert, folgte sie diesem 1928 nach Rom, als dieser dort die Leitung des DAI übernahm. Speier war zunächst mit dem Aufbau eines Fotoarchivs betraut, weshalb sie als erste archäologische Fotothekarin gilt.

Als sie als Jüdin ihre Stellung am Institut 1934 auf Grund des Gesetzes zur Wiederherstellung des Berufsbeamtentums verlor, erhielt sie eine Anstellung an den Vatikanischen Museen, die sie bis zu ihrer Pensionierung wahrnehmen sollte. Sie war damit die erste Frau überhaupt, die eine Anstellung im Vatikan erhielt. Auch hier war sie zunächst mit dem Aufbau einer Fotosammlung betraut, später arbeitete sie an der Betreuung der antiken Denkmäler mit, wo ihr bedeutende Entdeckungen zu verdanken sind.

Nach der deutschen Besetzung Roms wurde sie 1943 verhaftet, kam jedoch frei und fand Unterschlupf bei Schwestern in der Nähe von Rieti. Nach der alliierten Besetzung kehrte sie nach Rom zurück. Sie war ordentliches Mitglied des DAI und der *Pontificia Accademia Romana di Archeologia*.

In einem kurzen Schlusswort fasste MICHAEL MATHEUS (Mainz) die Ergebnisse der Tagung noch einmal zusammen. Er wies unter anderem auf die Vielfalt von Phänomenen und Motiven hin, die mit der Zufluchtnahme in Rom verbunden war. Trotz aller Entbehrungen war der römische Zufluchtsort doch vielfach Quelle gran-

Tagungsteilnehmer

dioser wissenschaftlicher Leistungen. Diese gründeten nicht zuletzt auch in Netzwerken, deren Bildung im Zentrum der Tagung gestanden hat. Auch die teilweise noch schwierige Quellenlage sei zu berücksichtigen. Die Öffnung bisher nicht zugänglicher Archivbestände wird an verschiedenen Stellen noch zu Neubewertungen führen können.

Natürlich hat die Tagung, die durch verschiedene Zeitzeugen bereichert wurde, auch die Geschichte des Veranstaltungsortes zur Sprache gebracht, dessen Jubiläum der Anlass dieses Kongresses gewesen ist. Für die künftige Forschung betonte Matheus, dass es in Rom keine andere Institution gebe, die von ihrer Geschichte, von ihrer Lage und von ihrem geschichtsträchtigen Friedhof her prädestinierter wäre, die Erforschung der Geschichte der deutschen »Kolonie« in Rom weiter in den Blick zu nehmen, als das nunmehr 125-jährige Römische Institut der Görres-Gesellschaft.

PRESSEECHO:

Jörg Bremer, Zuflucht im Schatten von Sankt Peter, in: Frankfurter Allgemeine Zeitung, Nr. 77 vom 3. April 2013, N3

Arbeitsgemeinschaft historischer Forschungseinrichtungen in der Bundesrepublik Deutschland e. V., AHF-Information, Nr. 066 vom 18.4.2013 (http://www.ahf-muenchen.de/Tagungsberichte/Berichte/pdf/2013/066-13.pdf)

VERÖFFENTLICHUNG:

M. Matheus / S. Heid (Hg.), Orte der Zuflucht und personeller Netzwerke. Der *Campo Santo Teutonico* und der Vatikan 1933–1955 (Freiburg i.Br. u.a. 2015). (siehe unten Kap. 6)

LATINITY IN THE POST-CLASSICAL WORLD

10.–13. April 2013, Campo Santo Teutonico
Verantwortlich: Graham Barrett (Innsbruck), Oren J. Margolis (Innsbruck)

Internationale Tagung des Ludwig Boltzmann-Instituts für Neulateinische Studien (Innsbruck) in Zusammenarbeit mit dem Pontificio Comitato di Scienze Storiche und mit Unterstützung des Römischen Instituts der Görres-Gesellschaft

REFERATE:

Lav Subaric: Latin and national identity. The changing attitudes towards the *lingua patria* in the Kingdom of Hungary
Jonathan Conant: Latinity and the afterlife of Empire in the eighth- and ninth-century southern Mediterranean
Jerzy Axer: Latin and the problem of the identity of the gentry nation: the case of the Polish Lithuanian Commonwealth
Andrew Laird: The status of Latin, education, and the indigenous nobility in sixteenth-century Mexico, 1521–1600
Benoît Grévin: The forgotten empire of *ars dictaminis* in the eleventh to fifteenth centuries
Lucio Del Corso: »The remains of the day«. Latin as a language of culture in late antique Egypt. The papyrological evidence
Peter Heather: Court poetry from Claudian to Charlemagne?
Dennis Looney: The Carmina of Ludovico Ariosto: *ingeniosa sed duriuscula*
Graham Barrett: Laments for the decline of Latin. On the sociocultural capital of a language
Martin McLaughlin: The first century of humanist Latin in Italy. From Petrarch to Alberti, 1380s–1470s
Christopher Celenza: Some fifteenth-century views on the status of ancient Latin
David D'Avray: Contamination and the cultural history of mendicant Latin sermons
David Rundle: Divided by a common language? Being eloquent *versus* being understood in fifteenth-century Latin
Michel Banniard: Spoken communication and written language in eighth- and ninth-century Italy. The contribution of the *Chartae Latinae Antiquiores*
David Norbrook: Lucy Hutchinson and the translation of neo-Latin

Marianne Pade: *Litterae restauratae*. The commentary in fifteenth-century Italy
Oren J. Margolis: *Italicum in moribus*. Italien humanism, Latin language, and the *Oltramontani* of the Quattrocento
Mary Garrison: Latinity, orthodoxy, orthopraxy. From the Insular world to the Continent
Farkas Gábor Kiss: *Lapsus protoparentum*. The role of Latin translation in the reception of european literature in the Habsburg monarchy of the eighteenth century
Paul Gwynne: *Nescio quod nostris magnum et memorabile fatis exemplum, Fortuna, paras* (Lucan 4.496–7). Refashioning the heroic: Jesuit epic and the language of empire

2014

VATIKAN UND »RASSENDEBATTE« IN DER ZWISCHENKRIEGSZEIT: STAND UND PERSPEKTIVEN DER FORSCHUNG

20.–22. Februar 2014, Campo Santo Teutonico
Verantwortlich: Thomas Brechenmacher (Potsdam), Peter Rohrbacher (Wien)

Die Internationale Tagung wurde vom Historischen Institut der Universität Potsdam in Zusammenarbeit mit dem RIGG veranstaltet. Sie wurde gefördert durch die Fritz Thyssen Stiftung und das *Pontificio Comitato di Scienze Storiche*.

REFERATE:

John Connelly (Berkeley): Catholic Racism in the Interwar Period.
Veronika Lipphardt (Berlin): Rassenforschung in der Zwischenkriegszeit.
Monika Löscher (Wien): Katholische Eugenik im Kontext der Enzyklika *Casti connubii.*
Oliver Arnhold (Paderborn): Haltungen im deutschen Protestantismus zur NS-Rassenlehre.
Hans Walter Schmuhl (Bielefeld): Hermann Muckermann. Ein Akteur im Spannungsfeld von Wissenschaft, Öffentlichkeit und Politik.
Uwe Kaminsky (Bochum): Joseph Mayer – Eugenik, Notstand, Euthanasie.
Philippe Chenaux (Rom): La Compagnia di Gesù e il dibattito razziale negli anni 20 e 30.
Aaron Gillette (Houston): Agostino Gemelli, the Nazi Challenge and the Latin Eugenics Movement.
Dominik Burkard (Würzburg): Die »Rassenproblematik« als Thema im *Sanctum Offizium*.

Karl-Joseph Hummel (Bonn): Eugenio Pacelli und Alois Hudal: ein schwieriges Verhältnis.
Thomas Marschler (Augsburg): Karl Eschweiler, die Kurie und das *Gesetz zur Verhütung erbkranken Nachwuchses.*
Valerio De Cesaris (Perugia): Pio XI e la Curia di fronte alla svolta antisemita del fascismo.
Gabriele Rigano (Perugia): »Spritualmente semiti«. Pio XI e l'antisemitismo in un discorso del 6 settembre 1938.
Peter Rohrbacher (Wien): Die Enzyklika *Mit brennender Sorge*, Pacelli und die Steyler Missionare.
Thomas Brechenmacher (Potsdam): Die »unterschlagene Enzyklika« *Societatis unio* und Pius XII.
Thomas Brechenmacher (Potsdam): Papst Pauls VI. Besuch im Heiligen Land vor 50 Jahren – eine Sensation damals wie heute.

TAGUNGSVERLAUF:

(Bericht von Matthias Simperl)

»Rassentheoretische« Konzeptionen und der Ruf nach gesellschaftlich-politischen Konsequenzen waren in der Zwischenkriegszeit in nicht wenigen Ländern Europas ein beherrschendes Thema. Seit der Freigabe der vatikanischen Archivbestände aus dem Pontifikat Pius' XI. (1922–1939) vor wenigen Jahren ist es möglich geworden, über die schon bekannten offiziellen Verlautbarungen hinaus den Standort der Kurie in dieser Debatte genauer zu bestimmen. Der Aufgabe, die bisherigen Ergebnisse zu bündeln und zu präsentieren, neue Fragen aufzuwerfen und so der weiteren Forschung ein breites und solides Fundament zu bieten, unterzog sich die international besetzte Tagung »Vatikan und ›Rassendebatte‹ in der Zwischenkriegszeit« (20.–22. Februar 2014), die sinnigerweise – auf Einladung des Römischen Instituts der Görres-Gesellschaft – am *Campo Santo Teutonico* im Schatten der Kuppel des Petersdoms stattfand. Unter der Leitung von Thomas Brechenmacher (Potsdam) und Peter Rohrbacher (Wien) wurde die geistige Verortung der Kurie innerhalb der Debatte, interne Diskussion zwischen den einzelnen Dikasterien und Stellungnahmen nach außen unter mehreren Perspektiven betrachtet.

Einen umfassenden und zugleich detaillierten Überblick über die Popularität und Verbreitung »rassentheoretischer« Konzepte in Wissenschaft und Gesellschaft gaben zwei einführende Referate: JOHN CONNELLY (Berkeley) zeigte auf, wie unterschiedlich katholische Intellektuelle mit dem in der Zwischenkriegszeit weit verbreiteten, gemeinhin als naturwissenschaftlich fundiert angesehenen »essentialistischen« Rassenbegriff umzugehen suchten: Während kulturanthropologische Strömungen in den USA ein solches pseudo-naturalistisches Konzept hinterfragten, wurde es in Europa grundsätzlich und selbst von vatikanischer Seite akzeptiert. Differenzen taten sich dagegen in Bezug auf mögliche Konsequenzen, vor allem im Hinblick auf die Eugenikfrage, auf. Connelly gelang es, deutlich zu machen, wie im Besonderen sich »progressiv« gebende Strömungen in der deutschen Theologie und kirchlichen Öffentlichkeit bemüht waren, Anschluss an vorherrschende gesellschaftliche Strömungen und als »wissenschaftlich« angesehene Überzeugungen herzustellen.

VERONIKA LIPPHARDT (Berlin) zeigte die Verbreitung des »Rassenbegriffs« als Analysekategorie für menschliche Vielfalt in den zeitgenössischen empirischen Wissenschaften auf und suchte zugleich die mitunter recht heterogenen Ansätze zu unterscheiden und herauszuarbeiten, wie die gängigen evolutionstheoretischen Konzepte des Lamarckismus und Darwinismus zu unterschiedlichen Schlussfolgerungen führten. Regte sie deshalb an, den bisherigen pauschalisierenden Forschungsbegriff der »Rassenforschung« zu hinterfragen, so betonte sie zugleich, dass Ansätze, welche die Klassifikation mit Hierarchisierungen verbanden, insgesamt gesehen vorherrschend waren.

Innerhalb der ersten Sektion stand die innerkirchliche Auseinandersetzung mit Formen der Eugenik im Fokus, innerhalb derer die Adaption oder Ablehnung von »rassenpolitischen« Argumenten durchaus eine Rolle spielte. MONIKA LÖSCHER (Wien) thematisierte die Unterscheidung von »positiver« und »negativer« Eugenik vonseiten des päpstlichen Lehramts in der Enzyklika *Casti connubii* (1930). Dass Pius XI. zwar die Sterilisierung zu eugenischen Zwecken verwarf, aber mit der unter genetischen Gesichtspunkten getroffenen Auswahl der Partner eugenisches Gedankengut grundsätzlich zu akzeptieren schien, machte das Thema in Österreich – anders als in Deutschland – innerhalb des katholischen Milieus salonfähig. Löscher interpretierte, ähnlich wie Connelly, die hieraus folgenden Diskussionen als Bemühen katholischer Kreise, an herrschende gesellschaftliche biopolitische Vorstellungen Anschluss zu finden und so dem Vorwurf der »Antimodernität« entgegenzutreten.

Bezüge zur Eugenikdebatte in interkonfessioneller Sicht stellte OLIVER ARNHOLD (Paderborn) her, der auf die breite Akzeptanz eugenischer Vorstellungen bei den »Deutschen Christen« verwies und die Genese dieser Einstellung mit der zunehmenden Sympathisierung protestantischer Kreise mit einer nationalsozialistischen Rassenideologie schon Ende der zwanziger Jahre erklärte.

HANS-WALTER SCHMUHL (Bielefeld) – sein Referat wurde in Abwesenheit verlesen – führte an Hermann Muckermann vor Augen, wie eine einflussreiche Priesterpersönlichkeit als Leiter der eugenischen Abteilung des Kaiser-Wilhelm-Instituts für Anthropologie, menschliche Erblehre und Eugenik durch den Transfer wissenschaftlichen Wissens in den öffentlichen Diskurs die politische Debatte erheblich mitgestaltete und in den dreißiger Jahren als Berater des deutschen Episkopats weiterhin Einfluss auf die innerkirchliche Haltung zu eugenischen Fragen zu nehmen suchte.

In der zweiten Sektion wurde die Auseinandersetzung mit der nationalsozialistischen Rassenideologie im Umfeld der römischen Kurie untersucht. PHILIPPE CHEN-

AUX (Rom) machte die unterschiedlichen Stimmen innerhalb des Jesuitenordens der zwanziger und dreißiger Jahre deutlich, die von einer Rechtfertigung gemäßigter antisemitischer Strömungen bis hin zur Forderung nach der Aufnahme freundschaftlicher Beziehungen zu jüdischen Organisationen reichten. Dass gängige Schemata zur Analyse der oft komplexen theologisch-geistigen Hintergründe nicht genügen, machte er am deutschen Jesuiten Gustav Gundlach deutlich, der mit seiner Unterscheidung zwischen einem abzulehnenden »rassistischen« Antisemitismus und einem vertretbaren »politisch-juristischen« zwar *prima facie* in antisemitische Strömungen einzuordnen ist, aber zugleich aus dieser Unterscheidung heraus mit Ordensmitbrüdern an einer Vorlage für eine päpstliche Verurteilung des Rassenwahns arbeitete.

Die immanente Vielschichtigkeit zeitgenössischer Positionen konnte ebenso AARON GILLETTE (Houston) an der Person des eugenik- und faschismusfreundlichen Franziskaners Agostino Gemelli zeigen, der eugenische Vorstellungen mit einem Eintreten für die katholische Kultur verband und zugleich Sterilisierung und Mussolinis Wende zu einem »arischen« Rassismus ablehnte.

Debatten innerhalb der Kurie selbst beleuchtete DOMINIK BURKARD (Würzburg): Während das Heilige Offizium aus theologischen Gründen eine Verurteilung rassistischer Ideologien anstrebte, galt für das in der Entscheidungsfindung letztlich erfolgreiche Staatssekretariat unter Leitung von Eugenio Pacelli ein »Primat der Politik«, unter dessen Vorzeichen eine öffentliche Verurteilung bei aller geistigen Ablehnung als inopportun und der Weg diplomatischer Noten als geeigneter und erfolgsversprechender schien. Wie sehr hierbei gerade die politische Lage in Italien eine Rolle spielte, konnte VALERIO DE CESARIS (Perugia) in einem weiteren Beitrag deutlich machen.

Zu Beginn der dritten Sektion, in der die Auseinandersetzung von Kurie, kurialem Umfeld und Theologie mit faschistischen Rassenideologien in Deutschland und Italien beleuchtet wurde, ging KARL-JOSEPH HUMMEL (Bonn) auf die schillernde Persönlichkeit des Rektors des deutschen Priesterkollegs *Santa Maria dell'Anima* in Rom, Alois Hudal, ein. In dessen Denken und Handeln gingen der Interpretation Hummels zufolge eine scharfe Ablehnung nationalsozialistischer Rassenideologie und des NS Rosenbergscher Prägung im Allgemeinen, weil als materialistisch klassifiziert, mit einer pragmatisch-politischen und von der Kurie missbilligten Annäherung an politische Größen des NS einher, eine paradoxe Haltung, die nicht zuletzt von Hudals Idee einer verdeckten geistigen Unterwanderung des NS her zu erklären sei.

Mit Karl Eschweiler nahm THOMAS MARSCHLER (Augsburg) einen systematischen Theologen in den Blick, dessen Nähe zum Nationalsozialismus sich nur in der Verbindung von biographischen Faktoren und theologisch-geistesgeschichtlicher Grundlage erkennen lässt. Marschler machte zugleich deutlich, wie sehr die Kurie auf das Zusammenspiel mit kirchlichen Autoritäten vor Ort angewiesen war, um schließlich die Suspension Eschweilers von seinen priesterlichen Tätigkeiten durchzusetzen.

GABRIELE RIGANO (Perugia) gelang es, aufzuzeigen, wie sich die Haltung Pius' XI. zu rassenideologischen Ansätzen und eine positivere Bewertung des Judentums unter dem Eindruck, den Faschismus und Nationalsozialismus hinterließen, zu einer größeren Eindeutigkeit entwickelten.

PETER ROHRBACHER (Wien) konnte aufzeigen, dass nicht nur der Münchner Erzbischof Faulhaber, sondern auch der als Sprachwissenschaftler und Ethnologe tätige Steyler Missionspater Wilhelm Schmidt in die Endredaktion der Enzyklika »Mit brennender Sorge« (1937) einbezogen war.

In einem abschließenden Vortrag ging THOMAS BRECHENMACHER (Potsdam) der Frage nach, wann die von Pius XI. im Sommer 1938 angeregte Enzyklika gegen den Rassismus seinem Nachfolger Eugenio Pacelli bekannt war und weshalb dieser nach seiner Wahl sich gegen die Fortführung der begonnenen Arbeiten an einem möglichen Text entschied. Hauptgründe war die von Pacelli schon in seiner Zeit im Staatssekretariat vertretene Priorisierung eines auf diplomatischer Verständigung basierenden Friedenskurses sowie unzulängliche und uneindeutige Aussagen über den Antisemitismus, die gerade im Hinblick auf die weitere Klärung des Verhältnisses zum Judentum nach dem Zweiten Weltkrieg die theologische Entwicklung eher behindert, denn gefördert hätten.

Mit Blick auf die bisherige Debatte konnten die Tagungsteilnehmer in ihren Beiträgen die Vielschichtigkeit der an der Kurie und in ihrem kirchlich-theologischen Umfeld vertretenen Positionen herausarbeiten. Gezeigt werden konnte zunächst, dass die Kurie in ihren inhaltlichen und methodischen Ansätzen zum Umgang mit zeitgenössischen Rassenideologien kaum als monolithischer Block betrachtet werden kann, sondern die unterschiedlichen Positionen von Staatssekretariat und Heiligem Offizium und die dahinterstehenden Mentalitäten bei weiteren Untersuchungen stärkerer Berücksichtigung bedürfen. Mehrfach herausgestellt wurde ebenso, wie sehr zum Verständnis der zeitgenössischen kirchlich-theologischen Positionen eine genaue Kenntnis der theologischen Hintergründe und Argumentationsmuster vonnöten ist, um nicht in voreilige Schematisierungen abzugleiten. Gerade die Ambivalenz des vor allem in der deutschen Theologie der damaligen Zeit vorherrschenden »Modernisierungsparadigmas« wurde deutlich; die detaillierte Untersuchung der geistesgeschichtlichen Linien in die Theologie der Nachkriegszeit hinein ist sicherlich eine Aufgabe weiterer Forschung. Ebenso lässt, gerade für die von Pius XI. in Auftrag gegebene Rassenenzyklika, die vom regierenden Papst angekündigte Freigabe der Archivbestände aus dem Pontifikat Pius' XII. weitere Erkenntnisse erhoffen.

Zu ergänzen ist der Busausflug am Samstag, der 47 Tagungsteilnehmer und Gäste nach Ariccia am Albaner See führte. Die Kunsthistorikerin und professionelle Touristenführerin Edith Schaffer erschloss den *Palazzo Chigi*, während die Kunsthistorikerin Teresa Lohr die *Collegiata di Santa Maria Assunta* (erbaut von Bernini) erläuterte. Anschließend gab es ein gemeinsames Mittagessen am Lago di Nemi.

Tagungsteilnehmer

PRESSEECHO:

Der *Corriere della Sera* brachte bereits am 20. Februar (139. Jg., Nr. 43) auf Seite 45 einen Beitrag von Francesco Margiotta Broglio unter dem Titel »Un saggio su Pio XI di Giorgio Fabre: Chiesa e razzismo negli anni più bui« und die Anzeige »Da oggi in Vaticano: I cattolici di fronte al mito ariano. Un convegno di studi a Roma«.

Die deutsche Wochenausgabe des *Osservatore Romano* brachte in ihrer Ausgabe vom 7. März (44. Jg., Nr. 10–11) auf Seite 5 einen ganzseitigen Bericht von Christa Langen-Peduto mit dem Titel »Internationale Tagung im *Campo Santo Teutonico*: Vatikan und Rassendebatte in der Zwischenkriegszeit«.

Es gab Meldungen im Internet bei katholisch1.tv, Kathpress, Bildpost, Podcast, Moked, Newsdeutschland, Kipa-apic, Gad Lerner, Katholische Internationale Presseagentur, Die Welt, Der Standard, Religion ORF, Die Presse, Tiroler Tageszeitung.

Gudrun Sailer führte für die deutsche Sektion von Radio Vatikan Interviews mit *Prof. Dr.* Thomas Brechenmacher und John Connelly, die zeitnah gesendet wurden.

VERÖFFENTLICHUNG:

Die meisten Vorträge sind in der Römischen Quartalschrift 109 (2014) und 110 (2015) veröffentlicht. (siehe unten Kap. 6)

BAYERISCHE RÖMER – RÖMISCHE BAYERN: LEBENSGESCHICHTEN AUS VOR- UND FRÜHMODERNE

27.–29. November 2014, Campo Santo Teutonico

Verantwortlich: Dieter J. Weiß (München), Rainald Becker (Bayreuth), Stefan Heid (Rom)

Die Internationale Tagung des Instituts für Bayerische Geschichte an der Ludwig-Maximilians-Universität München, der Universität Bayreuth und des RIGG wurde initiiert, konzipiert und mitorganisiert von Prof. Weiß und Prof. Becker.

REFERATE:

Ludger Körntgen (Mainz): Angelsächsische Franken und römische Bayern? Regionale Loyalitäten und der Blick nach Rom im frühmittelalterlichen Bayern

Dieter J. Weiß (München): Bayerische und Baierische Päpste: Clemens II., Damasus II., Victor II.

Alois Schmid (München): Der Romzug Ludwigs des Bayern

Jochen Johrendt (Wuppertal): Süddeutsche Äbte und Bischöfe auf Wallfahrt in der Ewigen Stadt

Christof Paulus (München): »Mit vil verlierung der zeit« – Herzogliche Gesandte des Spätmittelalters vor den Türen Seiner Heiligkeit

Helmut Flachenecker (Würzburg): Die Franken und Bayern des heiligen Kilian im Rom des Barock

Jörg Bölling (Göttingen / Wuppertal): Römisches Zeremoniell in Bayern: Herzog Albrecht V., Kardinal Otto Truchseß von Waldburg und die Fugger

Thomas Brockmann (Münster): Jakob Rabus auf Romreise im Heiligen Jahr 1575

Helene Trottmann (München): Römischer Barock als Inspiration: Der Studienaufenthalt von Cosmas Damian Asam

Alexander Koller (Rom): Minuccio Minucci (1551–1604): Ein Diplomat in päpstlichen und bayerischen Diensten

Bettina Scherbaum (München): Diplomatie unter falschem Vorzeichen? Die Crivelli und Scarlatti als bayerische Gesandte beim Papst

Britta Kägler (München): Zwei Wittelsbacher auf römischer Kavalierstour: Aus unveröffentlichten Tagebüchern des 18. Jahrhunderts

Rainald Becker (Bayreuth): Rom – Brücke nach Afrika: Der oberbayerische Arzt und Franziskaner Theodor Krumpp (1660–1704)

Walter Brandmüller (Rom): *Purpura bavarica* – Vier bayerische Kardinäle und ein Konzil

TAGUNGSVERLAUF:

(Bericht von Julian Traut und Rudolf Himpsl)

War der Blick der historischen Forschung zu den religiösen, politischen, sozialen und wirtschaftlichen Beziehungen Süddeutschlands mit Rom in der Vor- und Frühmoderne bislang meist von kollektivbiographischen Ansätzen geprägt, stand die individualbiographische Perspektive mit einem stärkeren landesgeschichtlichen Aspekt auf die Außenbeziehungen eines Landes im Mittelpunkt der Tagung. Diese fand vom 27. bis 29. November 2014 an prominenter Stelle des *Campo Santo Teutonico* in der Vatikanstadt statt und wurde gemeinsam vom Institut für Bayerische Geschichte an der Ludwig-Maximilians-Universität München, der Universität Bayreuth sowie dem Römischen Institut der Görres-Gesellschaft organisiert.

Eröffnet wurde der inhaltliche Teil der Veranstaltung durch die Sektion »Mission – Kirche – Herrschaft« mit einem Beitrag von LUDGER KÖRNTGEN (Mainz), der die Motive bei der Institutionalisierung einer bairischen Kirchenorganisation im 8. Jahrhundert im Spiegel der Romfahrt Herzog Theodos II. 715/16 und der Erhebung Arns von Salzburg zum Erzbischof durch Papst Leo III. in Rom im Jahre 798 diskutierte. Laut Körntgen zeige sich anhand dieser Ereignisse, dass die Bildung einer Landeskirche nicht das Ergebnis einer kontinuierlichen Entwicklung war, sondern vielmehr auf einen Bruch im 8. Jahrhundert verweise. Demnach sei der Rombesuch Theodos vor allem unter religiös motivierten Gesichtspunkten zu sehen (*orationis voto*). Arns Aufenthalt in Rom dagegen stehe über die reine Kirchenpolitik hinaus im Zusammenhang mit seiner Rolle als enger Berater Karls des Großen. Beispielhaft für die Indienstnahme von Klerikern, die in klar abgegrenzten Zuständigkeiten handelten, sei schließlich auch der Vorsitz Arns, den er gemeinsam mit Hildebald von Köln bei der römischen Gerichtsverhandlung über die Papstattentäter im Dezember 799 führte.

Sowohl den damaligen Herrschaftsbereich des Herzogtums wie auch das heutige Gebiet des Freistaats wählte DIETER J. WEISS (München) als geographischen Referenzrahmen seines Beitrags. In Rom fand der städtische Verfall im 11. Jahrhundert seine Entsprechung in der desolaten Gegenwart des geistigen Zentrums. Dieses *saeculum obscurum* begründete die Nominierung einer verhältnismäßig hohen Zahl von Bischöfen aus dem Heiligen Römischen Reich durch Heinrich III. und veranschaulicht seine, aus dem Reich herauskommenden Reformbemühungen für das Papsttum. Alle drei »bayerischen und baierischen« Päpste hatten Heinrich bei seinem Reichszug begleitet und waren bei den Synoden von Pavia und Sutri anwesend. Insbesondere die Namenswahl Suidgers von Bamberg (Papst 1046–1047) in Anlehnung an den Korintherbrief des Clemens sollte die Voranstellung Roms an die Spitze der Kirchenreform verdeutlichen. Weiß kam zu dem Schluss, dass diese drei Päpste für den Beginn der Kirchenreformierung und den Höhepunkt des kaiserlichen Einflusses stünden. Dabei sei ihr Blick auf Rom weniger auf den geographischen Ort gerichtet, sondern mehr durch dessen überzeitliche Bedeutung als Sitz der Apostelfürsten bestimmt.

Dem »unbestrittenen Gipfelpunkt« römisch-bayerischer Beziehungen im Mittelalter widmete sich ALOIS SCHMID (München). So sei Ludwig von der herausgehobenen Stellung Roms als *caput mundi* begründet durch die Gräber Peters und Pauls überzeugt gewesen. Schmid analysierte dabei anhand der Urkundenempfänger die Zusammensetzung des wohl mehr als 10.000 Mann starken Gefolges seines Romzuges. Neben Hochadeligen und den pfälzischen Verwandten (Hausvertrag von Pavia) seien vor allem Städte aus dem oberdeutschen Raum als Empfänger ausgewiesen. Vor ein lohnendes Rätsel stelle die Forschung der Ort Rocca di Papa, der südlichste Punkt des Itinerars Ludwigs. Spezifika, wie die Existenz eines »Quartiere Bavarese«, die Unterordnung der Ortskirche unter die deutsche Nationalkirche *Santa Maria dell'Anima* in Rom etc., weisen dabei auf besondere Verbindungen hin. Schließlich fragte Schmid nach der Bedeutung St. Peters als älteste Kirche Münchens. Dabei würden Schenkungen sowie Hinweise auf Versuche, ein Bistum in München einzurichten und Petrus zum bayerischen Landespatron zu ernennen, die besondere Bindung des Kaisers an die Peterskirche verdeutlichen und somit auch seiner Rom-Idee entsprechen.

Den Eröffnungsbeitrag der zweiten Sektion »Glaube – Kurie – Wirtschaft« lieferte JOCHEN JOHRENDT (Wuppertal). So existierten etwa in den *Annales Stadenses* oder durch Sigeric von Canterbury und Gerald von Wales Berichte zu mittelalterlichen Romreisen, doch fehle dergleichen zu Romfahrern aus Bayern. Man bleibe daher auf Zufallsfunde angewiesen, die Auskünfte über das persönlich Erlebte bei solchen Reisen erlauben. Etwa beschränkten sich Klosterannalen in der Regel auf Romfahrten geistlicher Würdenträger im Umfeld des künftigen Kaisers. Auch Bischofsviten enthielten hierüber nur spärliche Informationen. Dies zeigte Johrendt unter anderem am Beispiel der Bamberger Erzbischöfe. Ein ausführliches Verzeichnis der Reliquien, die das Kloster Tegernsee um die Jahre 1120/34 erhalten hatte, veranschauliche neben der Erwirkung von Privilegien ein weiteres Motiv für Romreisen eines Abtes im Mittelalter: die Besichtigung des Zentrums der Christenheit.

Als Beispiel spätmittelalterlicher Diplomatie thematisierte CHRISTOF PAULUS (München) eine Obödienzrede des Regensburger Domdechanten Jörg Neuhauser im Jahr 1484 vor Papst Innozenz VIII. und der römischen Kurie. Im Auftrag Albrechts IV. sollte Neuhauser mit seiner Rede dem Bayernherzog politische Spielräume eröffnen. Paulus schilderte sie als ein Wechselspiel zwischen Andeutungen, Verschweigen und detaillierter Darstellung, um Albrecht als Schlüsselgestalt nördlich der Alpen zu präsentieren. Trotz Privilegienbestätigungen für den Münchner Hof war Neuhauser im Hinblick auf die wesentlichen Ziele dieser und einer weiteren Mission im Folgejahr – Annullierung der Wahl des kaiserlichen Kandidaten zum Augsburger Bischof sowie Nominationsrecht des Herzogs für den Regensburger Bischofsstuhl – nicht erfolgreich. Seine Gesandtschaft verweise jedoch auf Ansätze zur Professionalisierung des Diplomatiewesens, wobei gerade am Heiligen Stuhl Latein- und Rechtskenntnisse sowie der geistliche Stand Voraussetzungen waren.

HELMUT FLACHENECKER (Würzburg) diskutierte in seinem Vortrag eine Quelle im Archiv des *Campo Santo Teutonico*, das Bruderschaftsbuch des Heiligen Kilian geführt von 1594 bis 1679. Dieses sei der einzig verfügbare Beleg für deren Existenz am *Campo Santo* mit 659 Namensnennungen, worunter sich sowohl Pilger und Personen mit kurialen Aufträgen als auch Künstler und Handwerker mit Herkunftsangaben aus dem gesamten west- und mitteleuropäischen Raum befanden. Dass die Zahl Letzterer gegenüber Geistlichen und Adeligen überwiege, unterscheide diese Bruderschaft wesentlich von derjenigen an der Nationalkirche *Santa Maria dell'Anima*. Eine Rückwirkung der Bruderschaft in Rom auf Würzburg und das dortige Bruderschaftswesen lasse sich jedoch kaum feststellen. Denn dort wurde erst Mitte des 19. Jahrhunderts als Kontrapunkt zur Säkularisation ein Äquivalent dieses römischen Mysteriums gegründet, welches bis heute existiert.

Über den Transfer des römischen Zeremoniells nach Bayern unter Herzog Albrecht V. referierte JÖRG BÖLLING (Göttingen/Wuppertal) in Eröffnung der dritten Sektion »Habitus – Frömmigkeit – Kunst«. Hierbei nahm er besonders die Vermittlung von kirchlicher Liturgie in den Blick, welche neben höfischer Etikette und diplomatischem Codex das Zeremoniell bestimmte. Diese Übertragung des römischen Zeremoniells nach Bayern war zu Beginn von politischer Pragmatik der Wittelsbacher sowie der Fugger vor allem während des Trienter Konzils geprägt, indem sie kulturell und zeremoniell mit Rom mithalten wollten und so ihrerseits Abschriften der eigentlich geheimen römischen Zeremonialdiarien erbaten. In der Folge überwog jedoch nach dem Trienter Konzil mehr und mehr päpstliche Pragmatik, die eine offizielle Verbreitung des Zeremoniells in Schrift, Bild und Performanz für eine Betonung der Vorrangstellung Roms förderte. So konnte eine Übertragung der römischen Zeremonien auf andere Orte erfolgen, auch wenn später in vielen papstkritischen Untersuchungen vor allem des 17. und 18. Jahrhunderts etwa von Leibnitz, Hofmann oder Döllinger meist die problematischen Inhalte des Zeremoniells rezipiert wurden.

THOMAS BROCKMANN (Münster) nahm das Auditorium mit auf die Romreise des Jakob Rabus im Heiligen Jahr 1575. Rabus war als Sohn eines protestantischen Theologen aus Ulm früh zum Katholizismus konvertiert und hatte durch den herzoglich-bayerischen Hof viel Unterstützung erfahren. Diese Konstellation als Konvertit und »Wahlbayer« sollten ihn entscheidend prägen, als er nach Studium bei den Jesuiten in Rom und der Priesterweihe in München an der Spitze des deutschen Pilgerkontingents im Jubeljahr 1575 nach Rom aufbrach und einen Bericht über seine Erlebnisse anfertigte. Rabus Romfahrt und Romerlebnis stehen dabei stark im Kontext von Glaubensspaltung und Gegenreformation. So kann bei ihm eine Frömmigkeitspraxis spätmittelalterlicher Ausprägung auch im Spiegel der neuen Zeit bestehen, was seine Ablasspredigt am *Campo Santo* eindrucksvoll zeigt. Dabei betont Rabus in seinem Rombericht wie auch in seiner gesamten Tätigkeit als Kontroverspublizist die Manifestation der Universalität und Einheit der Kirche durch Rom sowie das Ausgreifen des Katholizismus in die Neue Welt.

Den Studienaufenthalt des Cosmas Damian Asam in der »Ewigen Stadt« und seine Inspiration durch römischen Barock stellte HELENE TROTTMANN (München) in den Mittelpunkt ihrer Ausführungen. In eine Künstlerfamilie hineingeboren erhielt

Asam nach dem Tod des Vaters die Möglichkeit für wenige Jahre seine Ausbildung in Rom fortzusetzen, wo er 1713 sogar den 1. Preis der römischen Kunstakademie gewann. Dabei wurde neben der gründlichen akademischen Schulung sowie einer Anlehnung an antike Vorbilder vor allem der große Einfluss von Präsident Carlo Moratti sowie seiner Vorgänger auf Asams nachfolgende Werke in Bayern deutlich, die er nach seinen römischen Jahren vor allem für den Benediktinerorden fertigte. Eine modifizierte Übernahme von Figuren und Bildkompositionen kann bei Asam vor allem mittels Kupferstichen etwa für die als Musterkunstwerk der damaligen Zeit angesehene Kuppel von *Sant'Agnese in Agone* an der *Piazza Navona* nachgewiesen werden.

Im Eröffnungsvortrag der vierten Sektion »Politik – Diplomatie – Wissen« sprach ALEXANDER KOLLER (Rom) über das Lebensbild des in päpstlichen wie bayerischen Diensten stehenden Minuccio Minucci. Gründend auf dem umfangreichen und sich im Besitz des Deutschen Historischen Instituts Rom befindlichen Nachlass Minuccis skizzierte Koller den ungewöhnlichen Wechsel eines päpstlichen Nuntius zum bayerischen Gesandten, der durch die Ereignisse des »Kölner Krieges« hervorgerufen worden war. Minucci, der durch viele Reisen nördlich der Alpen ein großer Kenner der deutschen Verhältnisse war, unterstützte die Wittelsbacher enorm bei der Wahl von Ernst zum Erzbischof von Köln im Jahre 1583. Auch im Konflikt zwischen Salzburg und Bayern um Berchtesgaden antichambrierte Minucci erfolgreich im Sinne Münchens. Somit war er maßgeblich an dem gesteigerten Ansehen und Einfluss Bayerns an der Kurie beteiligt, indem er die Wittelsbacher als katholische Garanten im Reich förderte und in regem Briefkontakt mit der herzoglichen Familie stand. Nach einem steilen Aufstieg an der Kurie wurde Minucci jedoch ab 1595 aus Rom entfernt, der Kardinalsrang blieb ihm ebenso verwehrt wie ein bedeutender Bischofssitz und er starb auf seiner letzten Reise in München.

Der besonderen Konstellation der römischen Familien Crivelli und Scarlatti als bayerische Gesandte im Rom des 17. und 18. Jahrhunderts widmete sich BETTINA SCHERBAUM (München). Hierbei sei vor allem der spezielle Charakter des römischen Hofes mit den gesandtschaftlichen Erfordernissen an Diplomatie, Repräsentation sowie liturgischen Aufgaben zu nennen. Für die Entsendung von stadtrömischen Gesandten durch die Wittelsbacher spreche zudem die guten Verbindungen vor Ort, die lange Verweildauer sowie eine enorme Kostenersparnis. Die Crivellis (von 1605 bis 1659) bzw. Scarlattis (von 1678 bis 1765) nahmen dabei über Generation vielfältigste Berichts- und Repräsentationsaufgaben für die Wittelsbacher wahr. Ihnen selbst waren ein großer Prestigegewinn, hohe gesellschaftliche Bedeutung aber auch wenig Aufstiegschancen sowie eine immense Verschuldungsgefahr beschieden. Dieses außergewöhnliche, aber durchaus erfolgreiche Gesandtschaftssystem fand im ausgehenden 18. Jahrhundert ein Ende, was vor allem auf den Bedeutungsverlust des Papsttums für Bayern zurückzuführen war.

Aus unveröffentlichten Tagebüchern schöpfend beschrieb BRITTA KÄGLER (München) in ihren Ausführungen die Kavalierstour der beiden wittelsbachischen Prinzen

Philipp Moritz und Clemens August zu Beginn des 18. Jahrhunderts nach Rom. Hierbei boten sich durch den Bestand von zwei Schreibern aus dem Gefolge der Prinzen besondere Auswertungsmöglichkeiten und verschiedene Perspektiven dieser weder privaten noch zur Veröffentlichung gedachten Tagebücher. Vielmehr sollten sie eher als Rechenschaftsbericht für den Kurfürsten dienen, der nach Beendigung des Exils nun wieder seine Söhne auf »Grande Tour« schicken konnte. Neben einer Beschreibung des Gefolges, sowie der einzelnen Reisestationen fallen vor allem die umfangreichen Erläuterungen des römischen Alltags und dabei vor allem die Bedeutung von Musik und mannigfaltigen Gesellschaften für die Ausbildung der Prinzen ins Auge, in dem jedoch auch persönliche Empfindungen der Brüder etwa beim Tod von Philipp Moritz im März 1719 enthalten sind.

RAINALD BECKER (Bayreuth) umriss in seinem Vortrag die Bedeutung einer der frühesten Afrikabeschreibungen des deutschen Raumes, welche der oberbayerische Franziskaner Theodor Krumpp zu Beginn des 18. Jahrhunderts über seine Abessinienreise niedergeschrieben hatte. Hierbei wurde neben den transkontinentalen Beziehungen Süddeutschlands auch die Bedeutung Roms als zentrale Kontakt- und Transferstelle zwischen Nord und Süd eminent. Krumpp beschrieb am Anfang seines Buches die Ausbildung zum Wundarzt und Missionar für den arabischen Raum bei den Franziskanern in Rom sowie das Ziel der Reise an den abessinischen Hof, die Einheit mit der alten äthiopischen Kirche wiederherzustellen. Im Folgenden vereint das in Augsburg erschienene Werk in einer Melange aus gelehrten Elementen und Stilmitteln des Schelmenromans mit einem hohen Grad an Authentizität neben der Reisebeschreibung auch viele persönliche Begegnungen und stand somit in einer großen Tradition von Reiseliteratur aus der Fuggerstadt, obwohl es nach dem Erscheinen sehr schnell in Vergessenheit geriet.

Im abschließenden Festvortrag beschäftigte sich WALTER CARDINAL BRANDMÜLLER (Rom) aus dezidiert biographischer Perspektive den Kardinälen Karl August von Reisach, Gustav-Adolf zu Hohenlohe-Schillingsfürst, Josef Hergenröther und Andreas Steinhuber. Sie alle mussten sich der Gretchenfrage ihrer Zeit – der Positionierung gegenüber Staat und Säkularisierungstendenzen – stellen. Dabei seien der ehemalige Münchner Erzbischof Reisach, der Kirchenhistoriker Hergenröther und schließlich Steinhuber dem Lager der »politicanti« zuzuordnen. Insbesondere Letztgenanntem billigte Brandmüller großen Einfluss zu. Steinhuber, unter anderem Rektor des *Collegium Germanicum* sowie später Präfekt der Indexkongregation und Mitglied des Heiligen Offiziums, stellte sich nach langem Zögern gegen den Modernismus. Jedoch wurde er von der historischen Forschung bislang kaum beachtet. Daher sei noch umfassende Archivarbeit zur Zusammensetzung der einzelnen Mosaiksteine von Nöten, wie auch die Fortsetzung der *Purpura bavarica* im 20. und 21. Jahrhundert künftige Historikergenerationen vor neue Aufgaben stelle.

Zu ergänzen ist der Busausflug am Samstag, der etwa 40 Tagungsteilnehmer und Gäste nach Ariccia am Albaner See führte. Die Kunsthistorikerin und professionelle Touristenführerin Edith Schaffer erschloss den *Palazzo Chigi*, während der Kunst-

Tagungsteilnehmer

historiker Andreas Raub die *Collegiata di Santa Maria Assunta* (erbaut von Bernini) erläuterte. Anschließend gab es ein gemeinsames Mittagessen am Lago di Nemi.

PRESSEECHO:

Natalie Nordio, Römische Bayern, bayrische Römer. Die Verbindung Süddeutschlands mit der Ewigen Stadt stand im Fokus einer Tagung des römischen Ablegers der Görres-Gesellschaft, in: Die Tagespost, 67. Jg., Nr. 143 vom 2. Dezember 2014, S. 10.

Kardinal Walter Brandmüller, Purpura Bavarica – Vier Kardinäle und ein Konzil, in: L'Osservatore Romano, Wochenausgabe in deutscher Sprache, 44. Jg., Nr. 51–52 vom 19. Dezember 2014, S. 14–16. (vollständiger Abdruck des Vortrags vom 29. November 2014)

VERÖFFENTLICHUNG:

R. Becker / D. J. Weiß (Hg.), Bayerische Römer – römische Bayern. Lebensgeschichten aus Vor- und Frühmoderne (Sankt Ottilien 2016).

PAESAGGI FRA NOTTE E CREPUSCOLO. SONNO E SOGNO NELL'ANTICA ROMA

19.–20. Dezember 2014, Campo Santo Teutonico (19.12.) / Università degli Studi di Roma Tor Vergata (20.12.)

Verantwortlich: Christine Walde (Mainz), Fabio Stok (Rom)

Die Internationale Tagung wurde vom *Centro studi »Forme del sapere nel mondo antico«* der *Università degli Studi di Roma Tor Vergata* zusammen mit dem Lehrstuhl für Klassische Philologie/Latinistik der Johannes Gutenberg-Universität Mainz mit Unterstützung des RIGG organisiert.

DIE AM *CAMPO SANTO TEUTONICO* GEHALTENEN REFERATE:

Christine Walde (Mainz): Schlafen im antiken Rom. Annäherung an ein schwieriges Phänomen.
Carlo Santini (Perugia): Sonno e sogno in Varrone Menippeo e nell'ultima oratoria di Cicerone.
Christian Stoffel (Mainz): Kein Kommentar zur Nacht? Funktion und Deutung von Nachtszenen im *Corpus Caesarianum*.
Paolo Esposito (Salerno): Tra epitaffio e sogno: Dal Marcello di Properzio al Pompeio di Lucano.
Gideon Nisbet (Birmingham): Martial's Economy of Sleep.
Giancarlo Abbamonte (Napoli): Sonno e insonnia di un poeta: Stat. Silv. 5,4.

2015

FRANZ KARDINAL EHRLE (1845–1934): JESUIT, HISTORIKER UND PRÄFEKT DER VATIKANISCHEN BIBLIOTHEK

Le Cardinal Franz Ehrle (1845–1934): Jésuite, historien et préfet de la Bibliothèque Vaticane

19.–20. Februar 2015, Campo Santo Teutonico (19.12.) / Ecole Française de Rome (20.12.)

Verantwortlich: Andreas Sohn (Paris), Jacques Verger (Paris)

Tagung unter der Schirmherrschaft S. Em. Walter Kardinal Kaspers und des Ministerpräsidenten Winfried Kretschmann veranstaltet von Professoren der Universität Paris XIII – *Sorbonne Paris Cité* und Universität Paris IV – *Sorbonne* in Zusammenarbeit mit dem RIGG und der *Ecole Française de Rome*. Im Folgenden nur die Vorträge, die am *Campo Santo Teutonico* gehalten wurden.

REFERATE:

Jacques Verger (Paris): Une entreprise singulière: L'Archiv für Literatur- und Kirchengeschichte des Mittelalters de Denifle et Ehrle.
Stefan Heid (Rom): Ein Blick auf Kardinal Ehrle als Protektor des *Campo Santo Teutonico*.
Klaus Schatz (Frankfurt a. M.): Franz Ehrle und der Jesuitenorden.
Bernard Ardura (Rom): Les papes de Franz Ehrle: la promotion des études historiques, de Léon XIII à Pie XI.
Paolo Vian (Rom): Franz Ehrle e Giovanni Mercati: due eruditi alla corte di S. Pietro.
Christine Maria Grafinger (Rom): Der deutsche Jesuit Franz Ehrle als Präfekt der Vatikanischen Bibliothek: seine Projekte und Neuerungen.
Michaela Sohn-Kronthaler (Graz): Franz Ehrle und die Armenfürsorge.
Andreas Batlogg (München): Franz Ehrle als Chefredakteur und Herausgeber der Stimmen der Zeit.
Stefan Gatzhammer (Potsdam): Franz Ehrle als Kardinal (1922–1934).

PRESSEECHO:

A. Sohn, Großer Wegweiser mit bleibenden Verdiensten. Internationale Tagung über den Jesuiten, Historiker und Präfekten der Vatikanischen Bibliothek Franz Kardinal Ehrle, in: L'Osservatore Romano, Wochenausgabe in deutscher Sprache, 45. Jg., Nr. 10 vom 6. März 2015, S. 2.

VERÖFFENTLICHUNG:

A. Sohn / J. Verger (Hg.), Franz Kardinal Ehrle (1845–1934). Jesuit, Historiker und Präfekt der Vatikanischen Bibliothek / Le Cardinal Franz Ehrle (1845–1934). Jésuite, historien et préfet de la Bibliothèque Vaticane (Rome 2018).

»GOTTES UNBEGREIFLICHKEIT TRIFFT DAS HERZ«

3.–6. September 2015, Campo Santo Teutonico

Verantwortlich: Karl Wallner OCist (Heiligenkreuz) / Hanna-Barbara Gerl-Falkovitz (Heiligenkreuz)

Konferenz zum 130. Geburtstag Romano Guardinis (1885 Verona – 1968 München) veranstaltet von der Phil.-theol. Hochschule Benedikt XVI. Heiligenkreuz in Zusammenarbeit mit dem RIGG. An der Tagung in Form von Lesekreisen (Lektüre von »Der Herr«) nahmen Studenten der Hochschule Heiligenkreuz teil.

Am 5. September hielt Prof. Dr. Wallner um 18 Uhr einen Öffentlichen Vortrag zum Thema »Die Sendung der Hochschule Heiligenkreuz für die Kirche am Beginn des 21. Jahrhunderts«. Es schloss sich ein Vortrag von Prof. Dr. Gerl-Falkovitz zum Thema »Auge und Licht: Romano Guardinis Blick auf Gott und die Welt« an.

ROM BEI NACHT: EINE KULTURGESCHICHTE VON TRAUM UND SCHLAF IM SPÄTRÖMISCHEN REICH

= Römische Tagungen zur Frühen Kirche IV

26.–28. November 2015, Campo Santo Teutonico

Verantwortlich: Stefan Heid (Rom), Christine Walde (Mainz)

Die Internationale Tagung wurde von Christine Walde vom Institut für Altertumswissenschaften der Universität Mainz und dem RIGG veranstaltet. Sie wurde gefördert durch die Fritz Thyssen Stiftung und die Stiftung zur Förderung des Römischen Instituts der Görres-Gesellschaft.

An der Tagung nahmen Studenten der Universität Mainz und theologische Freisemester des Romseminars am *Angelicum* teil.

REFERATE:

Anja Wolkenhauer (Tübingen): Die Ordnung des Schlafes und der Zeit.
Ulrich Eigler (Zürich): Lucubratio: Geistige Nachtarbeit und ihre Zeit-Räume.
Jochen Althoff (Mainz): Das Buch über die Träume des Synesius von Kyrene.
Fabio Stok (Rom): Sonno e sogno nella medicina tardoantica.
Carlo dell'Osso (Rom): I sonni dei profeti nei commenti biblici dei padri della chiesa.
Elke Hartmann (Darmstadt): Schlaflos in Rom. Neros nächtliche Eskapaden.
Peter Nadig (Berlin): Der Traum der Claudia Procula. Von der Warnerin zur Heiligen?
Jutta Dresken-Weiland (Regensburg): Schlafende in der frühchristlichen Kunst.
Norbert Zimmermann (Rom): Die Siebenschläfer in Ephesus und der Schlaf des Johannes.
Federica Ciccolella (Rom): »Teseo dorme«. Eros e hypnos in una rappresentazione figurativa nella Gaza del VI secolo.
Steffen Diefenbach (Konstanz): Vergegenwärtigte Zukunft. Träume und Visionen in der Passio Perpetuae.
Andreas Weckwerth (Mainz): Ne polluantur corpora. Die Furcht vor ritueller Befleckung im Komplethymnus »Te lucis ante terminum«.
Patrick Schollmeyer (Mainz): Schlafende in der römischen Kunst.
Peter Bruns (Bamberg): Im Dienste der Engel – Die Nachtwachen im syrischen Mönchtum.
Stefan Heid (Rom): Apud sanctum Petrum vigilemus. Die nächtliche Verehrung der Märtyrergräber in Rom.

TAGUNGSVERLAUF:

(Bericht von Michaela Hellmich, Marie-Luise Reinhard und Matthias Heinemann)

Die Tagung eröffnete ANJA WOLKENHAUER (Tübingen) mit einem Vortrag zur Ordnung des Schlafes und der Zeit. Sie konnte zeigen, dass die antike römische Auffassung von Zeit sich grundsätzlich von derjenigen des heutigen westlichen Kulturkreises unterschieden hat: Uhren waren kein allgemeiner Haushaltsgegenstand, Nachtuhren kamen überhaupt erst ab dem zweiten Jh. n.Chr. in Gebrauch. Insofern konnte die Referentin in dieser nicht uhrendominierten Gesellschaft eine Vielfalt von schwer miteinander zu synchronisierenden Ordnungssystemen von Zeitangaben aufzeigen, die jeweils auf den Geltungsbereich (Militär, Landwirtschaft usw.) zugeschnitten sind. Trotzdem lässt sich ein gewisses Normverhalten in der Nacht anhand der Zeitbegrifflichkeiten und literarisch überlieferten exemplarischen Tagesrhythmen festmachen, das frühes Zubettgehen und Aufstehen positiv konnotiert und auf mehrphasige Schlafrhythmen schließen lässt.

Der gelehrten Ausnahme zur postulierten Norm widmete sich ULRICH EIGLER (Zürich), der die Arbeit in der Nacht, die *lucubratio*, näher beleuchtete. Bereits seit Mitte des ersten vorchristlichen Jahrhunderts bis hin zu den Kirchenvätern bezeichnet dieser Begriff die Weltabsonderung durch intellektuelle Arbeit bei Nacht. Doch zeigt diese Selbststilisierung des Gelehrtenfleißes, besonders etwa die Weiterbearbeitung der Darstellungen von »Hieronymus im Gehäuse« auch eine vitale Rezeption in der Literatur und Ikonographie des Mittelalters, der Renaissance und darüber hinaus. Im Zentrum dieser Inszenierung steht das in der Nacht hell erleuchtete Arbeitszimmer, das – so der zeitkritische Ausblick – durch die heutigen Technologien wie Smartphone und Tablet eine kulturelle Entwertung erfährt, die dem Menschen einen wichtigen geistigen ›Freiraum‹ nimmt.

Traumreich, aber diesmal aus gräzistischer Perspektive, knüpfte JOCHEN ALTHOFF (Mainz) an, der das Buch Über die Träume des Synesius von Kyrene unter der Perspektive der eng zusammenhängenden neuplatonischen Vorstellungen von Seele, Phantasie und Träumen in den Blick nahm. Grundlegend ist hierbei das Verständnis von Träumen als Möglichkeit göttlicher Wahrheits- und Hoffnungsverkündigung. Synesius kann aber auch als Neu-Sophist bezeichnet werden, der Impulse aus dem gesamten Arsenal der antiken Philosophie in sein Werk einfließen lässt und sein Traumverständnis auf die von Aristoteles widerlegte Vorstellung des Traums als Medium göttlicher Botschaften zurückgreift.

Inwiefern gewisse Angstzustände, das sogenannte »Alpdrücken« den Schlaf in der Spätantike epidemisch beeinträchtigen konnten, erläuterte FABIO STOK (Rom). Gemäß der Medizin der Zeit entsteht ein solcher *Incubus* als neuartiges, prinzipiell heilbares Phänomen nicht infolge einer Inkubation durch Dämonen, sondern durch körperliche Probleme (z. B. Verdauungsprobleme). Dessen Auftreten kann auf pathologische Schlaflosigkeit hindeuten, er ist aber auch Begleiterscheinung von Angstzuständen Sterbender. In einer eher volkstümlichen Vorstellung werden sie auf die gewaltsame Vereinigung von Frauen und sogenannten *Incubi*, Berg- und Waldgöttern, die wie Engel und Dämonen luftgefüllte Wesen sind, zurückgeführt. Durch deren Wirken können Schlafen und Träumen für den Menschen zu einer großen Gefährdung werden.

CARLO DELL'OSSO (Rom) stellte die Kommentierung der Träume der Propheten durch die Kirchenväter vor. Dieser Ansatz ist deshalb vielversprechend, weil die Traumdeutung im Alten Testament durchaus positiv belegt sein kann, im Christentum aber sehr unterschiedliche Einschätzungen erfahren hat. Ausgehend vom keineswegs übereinstimmenden Traumverständnis Tertullians und des Augustinus, verglich der Referent insbesondere die Auslegungen Kyrills von Alexandrien zu Traum des Propheten Jona und zur Traumdeuter-Episode Daniels mit den jeweiligen Passagen bei Hieronymus. Dabei zeigt sich, dass die patristischen Kommentare die Passagen situativ und auf eigene Argumentationsziele gerichtet auslegen, aber kein systematisches Verständnis von Traum und Schlaf verfolgen.

ELKE HARTMANN (Darmstadt) machte die Zuhörerschaft mit dem Phänomen der *grassatio* im Rom der späten Republik und frühen Kaiserzeit bekannt. Darunter versteht man das nächtliche Umherstreifen von jungen Angehörigen der stadtrömischen Oberschicht, die in bandenartigen Zusammenschlüssen durch Einbrüche, Diebstahl, Körperverletzungen, Vergewaltigungen und Totschlag die Stadt unsicher machten. Die *grassationes* könnten einen (letztlich ziemlich problematischen) Gegenpol zum sozialkonformen, gehorsamen und untergeordneten Tag-Verhalten von jungen Aristokraten gebildet haben. Diese Grenzerprobung könnte eine Ventilfunktion im Sinne eines nächtlichen *rite de passage* gehabt haben. Dies könnte zudem die Passagen in Suetons Nero-Vita erklären, in denen der junge Kaiser mit seinen Gefährten des Nachts marodierend durch Rom zieht. Dies soll sicher Nero als schlechten Kaiser stilisieren, dadurch ihm unterstellt wird, dass er auch in einer Verantwortungsposition immer noch dem Verhalten eines jungen Oberschichtrömers anhängt.

Im Vortrag von PETER NADIG (Berlin) stand der Traum der Gattin des Pontius Pilatus im Fokus: Sie soll versucht haben, ihren Mann unter Verweis auf einen Traum davon abzuhalten, Jesus zu verurteilen. In der späteren Rezeption wird diese Geschichte immer mehr ausgeschmückt: so bekommt die im Matthäus-Evangelium (27,19) noch Namenlose in der Spätantike den Namen Procula, der Namensteil Claudia kommt erst im 17. Jahrhundert dazu. Der Referent konnte zudem zeigen, dass Warnträume von Frauen bekannter Männer in der Antike keineswegs selten waren (hier am Beispiel von Calpurnia, der Frau Caesars in der Nacht vor den Iden des März) und insofern auch im Falle der Procula vom Publikum unmittelbar in diese Tradition eingeordnet werden konnte.

Die Archäologin JUTTA DRESKEN-WEILAND (Regensburg) stellte, ausgehend von der Darstellung des vom Wal ausgespienen Propheten Jona, der nun in der Kürbislaube ruht, Überlegungen zur christlichen Ikonographie von Schlafenden an. Da geschlossene Augen allein in der Bildenden Kunst nicht auf Schlaf hindeuteten, analysierte sie ähnliche Ruhehaltungen aus nicht-biblischen Kontexten, die jedoch eine deutliche erotische Konnotation aufwiesen. Der Vergleich zeigt, dass die biblische Umdeutung der pagan-heroischen ›Muster‹ weiterhin einen Sinnüberschuss gegenüber der reinen Glaubensvermittlung aufweisen konnten.

NORBERT ZIMMERMANN (Rom) konnte in seinem Vortrag zu den Sieben Schläfern von Ephesos und zum Schlaf des Apostels Johannes zunächst zeigen, dass die Legende der Sieben Schläfer mit dem Bericht eines »Martyriums«, bei dem diese in der decischen Verfolgung bei lebendigem Leibe eingemauert werden, aus zahlreichen topischen Elementen zusammengesetzt ist und offensichtlich erst nach der Mitte des 5. Jh., wahrscheinlich in Ephesos selbst, »erfunden« wurde. Darauf lässt auch der archäologische Befund im Sieben-Schläfer-Zömeterium schließen, da die Kirche und die Verehrungsstätte der Sieben erst sekundär in ein wohl christliches Zömeterium des 3. Jh. eingebaut wurden. Statt zu sterben, sollen die Sieben von Gott in einen rund 200-jährigen Schlaf gerettet worden sein, aus dem sie unter Theodosius II. nur kurz erwachten, um die leibliche Auferstehung zu bezeugen. Dies fügt sich den Kontext von Ephesos, wo »Schlaf« immer wieder eine Rolle im religiösen Kontext spielt: Auch Johannes schläft in seinem Grab unter seiner Basilika nur. Jedes Jahr wirbelt er an seinem Fest mit seinem Atem das Manna, den heiligen Staub auf, den Pilger als heilstätige Reliquie mitnahmen. Die Inszenierung dieser beiden Wunder, die auf die Überwindung des Todesschlafes hinarbeiten und direkt auf die Auferstehung hinweisen, garantierten Ephesos wirtschaftliche Prosperität und kirchenpolitische Bedeutung.

FEDERICA CICCOLELLA (Austin/Texas/Roma) setzte sich mit einer Ekphrasis (Bildbeschreibung) des Prokop, der zur sogenannten Schule von Gaza gehört, auseinander, die eine ungewöhnliche Version des Mythos von Theseus und Phaedra darstellt. Ausgehend von einer Rekonstruktion Friedländers, zeigte sie, dass Prokop in einer Art *interpretatio Christiana* die Opposition von ehelicher Treue und Ehebruch inszeniert. Hypnos und Eros, Schlaf und die Liebe, besiegen als Komplizen gemeinsam den Theseus, um Phaedra und Hippolytus zueinander finden zu lassen. Dem Schlaf kommt hierbei die Verantwortung für die Zustellung des verhängnisvollen Briefes zu. Die christliche Umdeutung des paganen Mythos hat eine belehrende Funktion: jeder Christ, der sich dem Schlaf hingebe, lasse auch Sünde und Unordnung zu. Dies freilich bedeutet auch eine Neufassung des im paganen Mythos keineswegs nur negativ gefassten Schlafgotts.

STEFFEN DIEFENBACH (Konstanz) sprach über die vier Träume bzw. Visionen der Märtyrerin Perpetua in der *Passio Perpetuae*. In der Regel wendet sich die Forschung dem Text einerseits hinsichtlich des Stellenwerts von Träumen (die schwer von Visionen abzugrenzen sind) in der frühen Kirche zu, andererseits weil sie das wichtigste Zeugnis für die Jenseitsvorstellungen des zweiten Jh. n.Chr. im nordafrikanischen Raum sind. Diefenbach versuchte nun beide Forschungsbereiche zusammenzuführen, indem er die Träume als punktuelle Verbindung zwischen der Gegenwart im Kerker und der vergegenwärtigten Zukunft des Paradieses deutete. Durch die Träume/Visionen der Perpetua und deren Erzählung wird das zu erwartende Jenseits bereits im »Jetzt« erfahrbar gemacht wird. Die Erzählungen haben in der Gemeinde deshalb glaubensstabilisierende Funktion. Da das Martyrium mit der sicheren Hoffnung verbunden wird, dass den Betroffenen das ewige Heil zuteilwird, erübrigen sich Rettungsversuche seitens ihrer Mitchristen.

ANDREAS WECKWERTH (Mainz) stellte den Komplethymnus *Te lucis ante terminum* vor: im Zentrum seiner Analyse stand die im Hymnus explizit ausgedrückte Furcht vor der Befleckung und Sünde im Schlaf bzw. durch Träume. Nach allgemeinen Überlegungen zum Hymnus und dessen Textgeschichte zeichnet er den sich historisch wandelnden theoretisch-theologischen Umgang mit nächtlichen Pollutionen nach. Die negative Konnotation der Nacht ergäbe sich aus der Vorstellung, dass Dämonen durch Einflüsterungen den im Schlaf besonders wehrlosen Menschen beeinflussen könnten. Weckwerth stellte die Hypothese auf, dass der Hymnus im monastischen Kontext entstanden sei. Die zweite Strophe, die das Motiv der Angst vor der *pollutio* enthält, sei im Zuge der Liturgiereform nach dem Zweiten Vatikanischen Konzil aufgrund einer veränderten moraltheologischen Sichtweise und des Rückgangs der Plausibilität von dämonologischen Elementen durch zwei, einem anderen Abendhymnus entnommene Strophen ersetzt worden.

Anstelle der im Programm angekündigten JANICE BIEBAS-RICHTER (Dresden) sprach PATRICK SCHOLLMEYER (Mainz) über Schlafende in der paganen Kunst der Antike. Schlaf an sich symbolisiert hier meist keinen entspannten Ruhezustand, sondern vermittelt vielmehr die Gefahr der den Blicken und Zugriffen Dritter ausgesetzten Schlafenden: Tatsächlich werden häufig schlafende Frauen oder Knaben als potentielle Opfer von sexuellen Attacken dargestellt. Der Referent konnte zeigen, dass solche Darstellungen sich besonders häufig in Wandmalereien römischer Villen finden: Hier suggeriert der Anblick schöner Schlafender, die bildintern von berauschten Satyrn und Mänaden betrachtet werden, eine aphroditisch-dionysische und insofern eskapistische Glückswelt. Besonders deutlich konnten diese Inszenierungen am sog. »Barberinische Faun« gezeigt werden. Die sich in diesem Vortrag ergebenden Parallelen zu den Ausführungen von JUTTA DRESKEN-WEILAND zu den christlichen Jona-Darstellungen zeigten, wie wichtig der wissenschaftliche Austausch über Epochengrenzen hinweg ist.

PETER BRUNS (Bamberg) sprach über die Nachtwachen im syrischen Mönchtum: Dessen in hochpoetischen Texten formulierte Lehre von den Engeln unterscheidet sich grundsätzlich von der westlichen – die Engel sind nicht *custodes,* sondern schon der syrischen Bezeichnung nach einfach »Wachende«. Schläfrigkeit und damit auch der Schlafzustand werden in diesem Kontext deshalb als Zeichen für die Verwundbarkeit des Menschen gewertet, der die immerwachen Engel entgegenstehen. Daher bieten die Nachtwachen der Menschen das Rüstzeug für die Erlangung des Heiligen Geistes und die Angleichung an die wachenden Engel.

STEFAN HEID (Rom) sprach zur nächtlichen Verehrung der Märtyrergräber in Rom. Vigilien sind spätestens ab dem 5. Jahrhundert belegt. Ausführlich sprechen dazu Texte des Hieronymus und die Predigten von Papst Leo dem Großen, der die Bevölkerung Roms zur Teilnahme an den Quatembervigilien aufruft. Zuweilen wird die Nacht als Raum der Unzüchtigkeit und Ausschweifung markiert. Als Gegengewicht sollen die Vigilien an den Märtyrergräbern mit Hymnen, Psalmengesängen, Lobpreisungen, Lesungen und Messen dienen, die nach Messformularen für spezielle Märtyrer oder nach allgemeinen Formularen abgehalten wurden. Die Vigilien, an Märtyrerfesten und den Quatembertagen waren nicht einfach Abendmessen, sondern begannen mit Fasten und Messe am Vortag und endeten mit der *prima missa* am Haupttag.

Den letzten Tag der Tagung »Rom bei Nacht« verbrachten die Teilnehmer und Teilnehmerinnen größtenteils unterwegs auf einer Exkursion abseits von Rom, nicht jedoch von den Themen der Tagung. Zunächst konnte das Bergdorf Ceri mit seiner Kirche Madonna di Ceri besichtigt werden; diese bot mit ihren aus dem 12. Jahrhundert erhaltenen Wandfresken, die Motive aus dem Alten Testament abbilden, Szenen, in denen Schlaf und Traum wichtige Rollen spielten. Später führte der Archäologe VINCENZO BELLELLI durch die etruskische Nekropole bei Cerveteri: Die beeindruckenden Hügelgräber, errichtet etwa vom siebten bis zum dritten Jahrhundert v. Chr., stellen größtenteils verkleinerte Abbildungen etruskischer Wohnhäuser dar; auch hier konnte aufgrund der etruskischen Schlaf-Arrangements wieder ausgiebig über die Tagungsthematik diskutiert werden.

Die Tagung fand ein Ende mit einem öffentlichen Abendvortrag des Römischen Instituts der Görres-Gesellschaft. CHRISTINE WALDE (Mainz) skizzierte, was eine Kulturgeschichte des Schlafens in der Antike zu leisten hätte. Die Bewertungen des Schlafs oszillieren in der griechisch-römischen Antike zwischen physiologischer Notwendigkeit und Zeitverschwendung. Insofern steht in der Regel die Domestizierung des Schlafs in den antiken Zeugnissen im Vordergrund. Auch wenn die gesellschaftlichen Bedingungen von Schlaf (und Traum) sich markant von derjenigen der heutigen Zeit unterscheiden, lohnt es sich doch, sich mit diesem Fremdbild auseinanderzusetzen und in dieser Auseinandersetzung die totalitäre Domestizierung des Schlafs durch moderne Technologie und Pharmazie zu erkennen, die lediglich an der Optimierung des Menschen zur Gewinnsteigerung weniger interessiert ist. Insofern hat auch die Beschäftigung mit Schlaf und Traum eine hohe Aktualität, da sie fehlgehende Entwicklungen der modernen Gesellschaft kritisch beleuchten kann.

Insgesamt konnten die Beiträge aller Teilnehmerinnen und Teilnehmer zeigen, dass Schlaf und Traum im paganen wie im christlichen römischen Reich reiche und keineswegs ausgeschöpfte Forschungsgebiete sind. Die genaue Analyse, wie in unterschiedlichen Zeiten und Kontexten Schlaf und Traum bewertet und domestiziert wurden, kann zum besseren Verständnis der Antike und Spätantike beitragen. Die Vorträge aus der Archäologie, Klassischen Philologie, Theologie und Alten Geschichte näherten sich zwar den Phänomenen von sehr unterschiedlichen Perspektiven und Fragestellungen, ergänzten sich aber doch in vielen Punkten gegenseitig. Die lebhaften Diskussionen nach den Vorträgen und in den Pausen setzten ein deutliches Zeichen, dass interdisziplinäre Forschung auf diesem Gebiet zu einem erhöhten Erkenntnisfortschritt führt.

Tagungsteilnehmer

VERÖFFENTLICHUNG:

Die meisten Referate sind in der Römischen Quartalschrift 111 (2016) veröffentlicht. (siehe unten Kap. 6)

DIE PÄPSTE UND DIE EINHEIT DER LATEINISCHEN WELT

Das Renaissancepapsttum. Internationaler Kongress.

3.–5. Dezember 2015, Deutsches Historisches Institut (3.–4.12.) / Campo Santo Teutonico (5.12.)

Verantwortlich: Michael Matheus (Mainz)

In Zusammenarbeit mit dem RIGG und anderen Institutionen durchgeführte Tagung in Vorbereitung auf die große Papstausstellung 2017 in den Reiss-Engelhorn-Museen in Mannheim und im Vatikan.

DIE AM *CAMPO SANTO TEUTONICO* GEHALTENEN REFERATE:

Johannes Helmrath (Berlin): Konzilien und Konziliarismus.

Michael Matheus (Mainz): Kritische Papst- und Romwahrnehmung in der Renaissance.

Volker Leppin (Tübingen): Der päpstliche Primat im 15. und beginnenden 16. Jahrhundert.
Kurt Koch (Rom): Das Papstamt des Bischofs von Rom.

Es folgten ein Runder Tisch mit Rainer Berndt S.J., Volker Leppin, Christoph Strohm und Günther Wassilowsky sowie in der Kirche des *Campo Santo* ein Konzert des Barock Vokal (Mainz): »Musikpflege am päpstlichen Hof«.

PRESSEECHO:

http://de.radiovaticana.va/news/2015/12/07/seide_statt_wolle_eine_tagung_zum_papsttum_der_renaissance/1192606
http://www.rem-mann-heim.de/aktuelles/detailansicht/ ?tx_news_pi1%5Bnews%5D=49&tx_news_pi1%5Bcontroller%5D=News&tx_news_pi1%5Baction%5D=detail&cHash=e483f017c6b0ca8ca7faccfe9ea4021a

VERÖFFENTLICHUNG:

M. Matheus u. a. (Hg.), Die Päpste der Renaissance. Politik, Kunst und Musik = Die Päpste 2 (Regensburg 2017).

2016

Im Jahr 2016 wurden keine Tagungen durchgeführt.

2017

DER POLITISCHE AUFSTIEG DES PAPSTTUMS: MOBILISIERUNG, MEDIEN UND DIE MACHT DER MODERNEN PÄPSTE / POPES ON THE RISE! MOBILIZATION, MEDIA, AND POLITICAL POWEROF THE MODERN PAPACY

22.–26. März 2017, Campo Santo Teutonico
Verantwortlich: Mariano Barbato (Münster), Stefan Heid (Rom)

Die Tagung wurde vom Centrum für Religion und Moderne der Universität Münster und dem Römischen Institut der Görres-Gesellschaft organisiert und mit DFG-Geldern finanziert.

REFERATE:

Timothy Byrnes (Hamilton, NY): Sovereignty, Supranationalism, and Soft Power: The Holy See in International Relations

Federico Ruozzi (Modena/Bologna): From Lumière brothers to the Selfie. How the presence of the papacy changes in the Media Age

Chiara De Franco (Odense): The Papacy in the New Media Ecology

Charles Gallagher (Boston): An Inconvenient Pope: The Press, President Eisenhower, and Pope Pius XII's Clemency Requests for Julius and Ethel Rosenberg

Ryszard Zajączkowski (Lublin): John Paul II and a Polish tradition of pilgrimage

Frank Bösch (Potsdam): Der »Medienpapst" als Herausforderer des Sozialismus: Die erste Polenreise von Papst Johannes Paul II

Matthias Albert (Bielefeld): Beyond integration and differentiation? The Holy See and the Pope in the system of world politics.

Thomas Diez (Tübingen): Diplomacy, Papacy and the Transformation of International Society

Robert Joustra (Ancaster ON): Rerum Novarum and the Right to Work: Nineteenth Century Lessons for Twenty-First Century Labor

Luca Mavelli (Kent): Pope Francis and the Crisis of Neoliberal Capitalism

Petr Kratochvil (Prag): Papal Geopolitics: The World According to Urbi et Orbi

Jörg Friedrichs (Oxford): Limitations and opportunities for the Pope and the Catholic Church to gain acceptance in India and China

Melanie Barbato (Münster): Dialogue and Diplomacy: the Vatican's Involvement in Hindu-Christian Relations

Shoshana Ronen (Warschau): Modern Jewish Thought and Contemporary Popes: A Jewish Perspective of Modern Papacy

Rubén C. Lois González / Belén Mª Castro Fernández (Santiago de Compostela): Spectacle and Power: Sites and Spaces of Papal Visits in Spain

Adrian Hänni (Leiden/Zürich): The Political Papacy in the Age of Transnational Mass Mobilization: The Case of the Commission pour l'Eglise Persécutée

Jodok Troy (Stanford): Pope Francis and the papal notion of human rights

Stefan Samerski (Berlin/München): Die Popularisierung des Papstes – Pius XII. zwischen Tradition und Moderne

Thomas Brechenmacher (Potsdam): »Pacem in terris« (1963) und das Erbe Pius' XII.

Tassilo Wanner (München): Heilige Allianz? Die USA, der Heilige Stuhl und der Fall des Kommunismus

Francisco Javier Ramón Solans (Münster): Der Ultramontanismus und der Aufstieg des Papstes als transnationales und transatlantisches Phänomen 1819–1914. Das Beispiel Lateinamerikas

Olaf Blaschke (Münster): Der Aufstieg des Papsttums aus dem Antiklerikalismus. Die Dialektik von endogenen und exogenen Kräften der transnationalen Ultramontanisierung

Andreas Matena (Augsburg): »Hülfe für das bedrängte Polen!« Die päpstliche Aktivierung des Lateransalvators in der Neuzeit
Ulrich Nersinger (Aachen): Auf neuen Wegen – die Nutzung der »strade ferrate«: Eisenbahnen zur »peregrinatio ad Petri sedem«
Massimiliano Valente (Rom): Päpstliche Mobilisierungsfähigkeit während des Weltkrieges
Heinrich Walter (Rom): Der Papst als personale Mitte einer Pilgerbewegung im Kontext globaler Veränderungen
Peter Klimczak / Constanze Tschöpe / Mathias Wolff (Cottbus): Popestar
René Schlott (Potsdam): Gipfeltreffen am Grab. Die Politisierung des Papsttodes in der Moderne
Johannes Löffler (Münster): Das Zwitschern des Papstes
Alexander Filipovic (München): Digitales Papsttum? »Produsage« von Papstcontent im Schnittfeld von öffentlicher und privater Kommunikation
Mathias Belafi (Bonn): Päpstliche Politik durch die Ehre der Altäre? Politische Implikationen von Selig- und Heiligsprechungen
Volker Resing (Berlin): »Wie sind wir Papst?« Konflikte und mediale Zuschreibungen in der Wahrnehmung Roms und der Weltkirche in Deutschland
Mariano Barbato (Münster): Das Angelusgebet auf dem Petersplatz als weltpolitischer Appell
Workshop: Methoden der Medienanalyse päpstlicher Mobilisierung: Johannes Löffler (Münster), Peter Klimczak (Cottbus), David Schmiedel (Magdeburg), Isabella Tarsi (Rom), Günther Wirsching (Eichstätt), Matthias Wolff (Cottbus)

TAGUNGSVERLAUF:

Die Konferenz fand vom 22. bis zum 26. März 2017 am *Campo Santo Teutonico* auf Einladung des Römischen Instituts der Görres-Gesellschaft statt. Konzipiert und organisiert wurde sie am Centrum für Religion und Moderne der Westfälischen Wilhelms-Universität im Rahmen des DFG-Projekts »Legionen des Papstes. Eine Fallstudie sozialer und politischer Transformation« des Heisenberg-Stipendiaten PD Dr. Mariano Barbato. Aus den Mitteln der Deutschen Forschungsgemeinschaft wurde auch die Hauptfinanzierung der Tagung geleistet. Der *Circolo del Ministero degli Affari Esteri*, vertreten durch den Präsidenten der Venice International University, Botschafter Umberto Vattani, und die Deutsche Botschaft beim Heiligen Stuhl, vertreten durch die Botschafterin Annette Schavan, haben die Tagung unterstützt. Botschafterin Annette Schavan eröffnete die Konferenz nach Grußworten des Direktors am *Campo Santo Teutonico*, Dr. Hans-Peter Fischer, und des Bonner Geschäftsführers der Görres-Gesellschaft, Dr. Martin Barth, mit einem Vortrag zu den Papstreden vor der UN-Versammlung und dem Europäischen Parlament. Die Tagung brachte Teilnehmer aus Italien, Deutschland, USA, Kanada, Großbritannien, Polen, Dänemark, Holland, Spanien und Tschechien zusammen. Historiker, Politikwissenschaftler, Theologen, Medienwissenschaftler, Kulturwissenschaftler und Wissenschaftler anderer Disziplinen sowie Vertreter aus Diplomatie und Medien diskutierten die wachsende Bedeutung des modernen Papsttums in Öffentlichkeit und Politik. Sie beschäftigten sich mit dem angesichts von Säkularisierungserwartungen überraschenden Aufstiegs des modernen Papsttums in der globalen Politik seit dem späten 19. Jahrhundert. Im Mittelpunkt der Diskussion über den politischen Einfluss des Papsttums stand die Frage nach der Mobilisierungsfähigkeit von Massen, aber auch von Eliten, und nach der Rolle, die dabei die Medien im Wandel der Zeiten spielen.

Der Münsteraner Historiker OLAF BLASCHKE erinnerte an den politischen Tiefpunkt des Papsttums an der Wende zum 19. Jahrhundert. Papst Pius VI. war im August 1799 in Napoleonischer Gefangenschaft gestorben, und es dauerte bis zum März 1800, bis sein Nachfolger gewählt war. Nicht wenige sahen damals das Ende des Papsttums gekommen. Der Untergang des Kirchenstaats und die Erfolglosigkeit der Friedensbemühungen in den Weltkriegen stellten weitere Tiefpunkte dar. Gleichzeitig wurden diese Tiefpunkte aber auch zu Wendepunkten, in denen sich das Papsttum neu erfand. Kluge Diplomatie der Kurie, moralische und charismatische Autorität der Päpste beeindruckte die Politik. Mit einem besonderem Blick auf die Friedenspolitik der Päpste, die bei Pius XII. (1939–1958) nach dem Zweiten Weltkrieg schließlich bei Johannes XXIII. (1958–1963) und Johannes Paul II. (1978–2005) in der Entschärfung und in der Beendigung des Ostwestkonflikts Früchte trug, führten die Historiker FRANK BÖSCH, THOMAS BRECHENMACHER (beide Potsdam), STEFAN SAMERSKI (München) und MASSIMILIANO VALENTE (Rom) sowie CHARLES GALLAGHER (Boston) und ADRIAN HÄNNI (Leiden) in Stationen des politischen Aufstiegs der Päpste ein.

Der Politikwissenschaftler TIMOTHY BYRNES (Hamilton) beschrieb die sanfte Macht der Päpste in einer Reihe eindrucksvoller Beispiele. Die aktuelle Kapitalismuskritik (LUCA MAVELLI – Kent) hat eine lange Tradition (ROBERT JOUSTRA – Ancaster). Über die Entwicklung des päpstlichen Menschenrechtsverständnisses als einem wichtigen Diskursbeitrag zur internationalen Menschenrechtspolitik (JODOK TROY – Stanford) oder die schwierige Wiederaufnahme der diplomatischen Beziehungen der USA mit dem Heiligen Stuhl (TASSILO WANNER – München) wurden aktuelle Strukturen weltpolitischer und zwischenstaatlicher Einflussnahme der Päpste deutlich. Wie konnte es zum politischen Aufstieg des Papsttums kommen? Die beiden Politikwissenschaftler MATHIAS ALBERT (Bielefeld) und THOMAS DIEZ (Tübingen) legten aus der systemtheoretischen Perspektive der Politischen Soziologie der Internationalen Beziehungen bzw. aus dem Blickwinkel der Englischen Schule unterschiedliche Analyseansätze vor.

Den Schlüssel zum Verständnis diskutierten die Konferenzteilnehmer unter den Stichworten Mobilisierung und Medien. Die globale Mobilisierung setzte bereits im 19. Jahrhundert von Lateinamerika aus ein (FRANCISCO JAVIER RAMÓN SOLANS – Münster) und benötigte eine Infrastruktur, die durch den Bau der Eisenbahn noch im Kirchenstaat (vor 1870) sicher gestellt wurde (ULRICH NERSINGER – Aachen). Aus der politischen Dimension von Heiligsprechungen lässt sich päpstliche Mobilisierungsintention und -fähigkeit ablesen (MATHIAS BELAFI – Bonn). Einen Gradmesser der Mobilisierung von Massen und Eliten stellen Papstbegräbnisse dar (RENÉ SCHLOTT – Potsdam). Mit Beginn der päpstlichen Reisetätigkeit wurden auch außerhalb Roms katholische Länder und ihre Wallfahrtslandschaften zu Bühnen pontifikaler Mobilisierung, präsentiert an den Fallbeispielen Polen (RYSZARD ZAJĄCZKOWSKI – Lublin) und Spanien (RUBÉN C. LOIS GONZÁLEZ und BELÉN Mª CASTRO FERNÁNDEZ – Santiago de Compostela). Der Papst kann als Mitte einer Pilgerbewegung verstanden werden (HEINRICH WALTER – Rom). Ein besonderer Schwerpunkt in der päpstlichen Geopolitik (PETR KRATOCHVIL – Prag) nimmt der interreligiöse Dialog ein (JÖRG FRIEDRICHS – Oxford; MELANIE BARBATO – Münster; SHOSHANA RONEN – Warschau).

Die Massenmedien und heute die sozialen Medien wirken als ambivalenter Verstärker der Massenmobilisierung. Von den Anfängen päpstlicher Medienpolitik (FEDERICO RUOZZI – Modena/Bologna) bis zu den neuen Medien (CHIARA DE FRANCO – Odense; ALEXANDER FILIPOVIC – München; JOHANNES LÖFFLER – Münster) spannte sich der Bogen der Vorträge. Methodische Fragen der Medienanalyse wurden auf einem Workshop-Forum unter der Leitung von Johannes Löffler, Mitarbeiter am Centrum für Religion und Moderne, diskutiert. Ein besonderer Akzent war der Besuch des Museums in der ersten Sendestation von Radio Vatikan (Marconi-Sender) in den Vatikanischen Gärten (MARIO GALGANO – Rom). Das kaum bekannte Museum wurde kurz nach der Tagung im Rahmen der vatikanischen Medienreform zu einem Lagerraum umfunktioniert. Als öffentlichen Abendvortrag der Görres-Gesellschaft hielt der Chefredakteur der Herder-Korrespondenz Volker Resing einen Vortrag zur Wahrnehmung der Päpste in Deutschland. Der Präsident der Venice International University, Botschafter Umberto Vattani, und Federico Lombardi SJ, ehemaliger Pressesprecher des Heiligen Stuhls und Leiter der *Fondazione Vaticana Joseph Ratzinger / Benedetto XVI*, sprachen am Club des italienischen Außenministeriums über ihre Erfahrungen und Einschätzungen päpstlicher Diplomatie und Medienarbeit. Die Tagung schloss ein Vortrag zum sonntäglichen Angelus-Gebet als weltpolitischem Appell (MARIANO BARBATO – Münster).

PRESSEECHO:

Guido Horst, Paradox der Weltpolitik, in: Die Tagespost, 70. Jg., Nr. 36 vom 25.03.2017.

Guido Horst, Warum Politiker zu den Päpsten pilgern, in: Die Tagespost, 70. Jg., Nr. 38 vom 30.03.2017.

Ulrich Nersinger, Eine Tagung im Vatikan zur Bedeutung des Papsttums in der Moderne, in: www.kath.net, 28.03.2017.

Benjamin Leven, Die Meister der »Soft Power«, in: www.katholisch.de, 28.03.2017.

Ulrich Nersinger, Eine neue Dimension des politischen Aufstiegs des Papsttums, in: de.catholicnewsagency.com, 28.03.2017.

Tagungsteilnehmer

VERÖFFENTLICHUNG:

Einige Referate sind in der Römischen Quartalschrift 112 (2017) und 113 (2018) veröffentlicht, ferner in

M. Barbato / S. Heid (Hg.), Macht und Mobilisierung. Der politische Aufstieg des Papsttums seit dem Ausgang des 19. Jahrhunderts (Freiburg i.Br. u.a. 2020). (siehe unten Kap. 6)

PÄPSTLICHKEIT UND PATRIOTISMUS. DER CAMPO SANTO TEUTONICO: ORT DER DEUTSCHEN IN ROM ZWISCHEN RISORGIMENTO UND ERSTEM WELTKRIEG (1870–1918)

22.–26. November 2017, Campo Santo Teutonico

Verantwortlich: Stefan Heid (Rom), Karl-Joseph Hummel (Meckenheim)

Die Tagung fand anlässlich des 100. Todestags des Rektors Prälat Anton de Waal (1837–1917) statt. Sie wurde gemeinsam von der Erzbruderschaft zur Schmerzhaften Muttergottes am *Campo Santo* der Deutschen und Flamen, dem Päpstlichen Priesterkolleg und dem Römischen Institut der Görres-Gesellschaft durchgeführt.

KARL-JOSEPH HUMMEL, KONZEPTION:

Die Zeitgenossen der Jahre zwischen dem Ersten Vatikanischen Konzil (1870) und dem Ersten Weltkrieg (1914–1918) erlebten in einem bis dahin unbekannten Ausmaß Auseinandersetzungen über Grundsatzfragen. Einige dieser grundlegenden Anfragen an Glauben und Wissenschaft, Kirche und Politik, Religion und Gesellschaft werden auf dem November-Symposion am Beispiel des Mikrokosmos der Erzbruderschaft zur Schmerzhaften Muttergottes beim Friedhof der Deutschen und Flamen vorgestellt und diskutiert. Die prägende Persönlichkeit dieser vermutlich ältesten deutschen Nationalstiftung in Rom am Ende des langen 19. Jahrhunderts war über fast fünf Jahrzehnte – von 1870 bis 1917 – deren Rektor Anton de Waal (1837–1917). Die Erinnerung an seinen 100. Todestag gab den Impuls, bekannten archivalischen Beständen mit neuen Fragestellungen neue Antworten abzuverlangen und in verschiedenen Archiven neue Quellen aufzuspüren. Die Ergebnisse des Symposiums werden – wie 2015 – in einem Tagungsband dokumentiert.

Wollte man die Bedeutungsgeschichte der Erzbruderschaft und des Kollegs graphisch darstellen, müsste man am Anfang und am Ende des Rektorats von Anton de Waal einen absoluten Tiefpunkt einzeichnen. De Waal hatte 1870 ein ziemlich heruntergewirtschaftetes Pilgerhaus übernommen und hinterließ bei seinem Tod 1917 das Kolleg tatsächlich in einer höchst schwierigen Situation. Das Kolleg zählte seit dem Kriegseintritt Italiens nämlich nur noch ein einziges deutschsprachiges Mitglied, einen Schweizer Archäologen.

Diese Darstellung wäre freilich in hohem Maße irreführend. De Waal hatte in den Jahren seines Rektorats nicht nur ein hoch angesehenes Priesterkolleg, sondern auch ein Wissenschaftszentrum für studierende Geistliche und ein Zentrum für Seelsorge und Sozialarbeit aufgebaut. In seiner Amtszeit entstand ein Wissenschaftliches Institut für das Studium der christlichen Archäologie, de Waal baute eine Fachbibliothek auf, legte eine Kunstsammlung christlicher Altertümer an, gründete 1887 die »Römische Quartalschrift für christliche Altertumskunde und Kirchengeschichte«, regte caritative und soziale Tätigkeiten an. Der Rektor erweckte bereits bestehende Vereine wieder zu neuem Leben und gründete neue: einen Wohltätigkeitsverein, den Künstlerverein, den Gesellenverein, einen Leseverein, unterstützte den deutschen Flottenverein und übertrug den Grauen Schwestern von der Hl. Elisabeth aus Schlesien die Sorge um in Rom lebende deutsche Mädchen. Die 1877 zur Übernahme eines neuen Spitals nach Rom berufenen Kreuzschwestern waren die erste deutsche Ordensgemeinschaft in der Ewigen Stadt. Der *Campo Santo Teutonico* wurde zum Kristallisationspunkt der deutschen Gemeinde in Rom.

Die Unterstützung von Geistlichen aus dem Stiftungsvermögen der Erzbruderschaft, die in dem von Papst Pius IX. approbierten Statut von 1876 als wichtige Aufgabe formuliert war, galt damals konkret für Geistliche, die in den Kulturkampfauseinandersetzungen von der Verhaftung bedroht waren und deshalb nach Rom geschickt wurden. Nach Abbau der Kulturkampfbehinderungen ging die Zahl der deutschen Priester, die von ihren Bischöfen zu einem Studienaufenthalt in Rom beurlaubt wurden, verständlicherweise deutlich zurück. De Waal sah in einem Aufenthalt in Rom aber auch eine zusätzliche Qualifikationsmöglichkeit, die für die eigenen Karrierechancen und das Ansehen der Kirche in Deutschland kein Nachteil sein würde.

Für die historischen Wissenschaften hatten die Bemühungen de Waals besondere Bedeutung. Zunächst wurde dem Historiker Ludwig von Pastor, der im Priesterkolleg wohnte, seit 1879 gestattet, für seine Papstgeschichte vatikanische Archivalien einzusehen. Die Entscheidung Papst Leos XIII., das Vatikanische Geheimarchiv 1883 auch für andere kirchengeschichtliche Forschungen zu öffnen, war dann nicht unbeeinflusst von dem wissenschaftstheoretischen Anspruch der Görres-Gesellschaft, durch ihre Forschungen den Vorwurf zu entkräften, zwischen der Glaubenslehre der Kirche und den Ergebnissen autonomer Wissenschaften bestehe ein unüberbrückbarer Gegensatz. Leo XIII. begrüßte ausdrücklich das Vorhaben, »die Wissenschaften der Norm des katholischen Glaubens gemäß zu pflegen und einmütig feststehend auf dem Grunde der kirchlichen Lehre die Wahrheit gegen die verderblichen Irrtümer dieser Zeit nach Kräften zu verteidigen« (Breve, 4.12.1878).

1888 begann das Römische Institut der Görres-Gesellschaft – in Konkurrenz zu den beiden staatlichen Forschungseinrichtungen Preußens und Österreichs – seine Arbeit in Räumen des Priesterkollegs. Die Archivarbeit in Rom stand dabei immer unter erheblichem Zeitdruck, weil nicht auszuschließen war, dass oppositionelle Kräfte im Vatikan die erneute Schließung des Archivs erreichen könnten.

Der Mainzer Domdekan Heinrich hatte auf der ersten Generalversammlung der Görres-Gesellschaft in Frankfurt 1876 die Eröffnungsrede über das Thema Vergangenheit und die Aufgabe der katholischen Wissenschaft gehalten und dabei einen Wunsch als Tatsache formuliert: »Absolut fremd ist uns die Aufregung der Politik, fern bleibe uns auch leidenschaftliches Schulgezänk.« Tatsächlich blieb unabhängig von Konsens und Konflikt auf der römischen Ebene die wissenschaftsgeschichtlich bedeutende Auswertung vatikanischer Archive immer auch abhängig von nationalen Interessen in Berlin und Wien. Lediglich die Herausgabe der Akten des Tridentinischen Konzils wurde allein im Vatikan entschieden. Der Papst beauftragte damit die Görres-Gesellschaft.

Anton de Waal beteiligte sich in der Öffentlichkeit nicht an den Fragen der großen Politik. Die Politik setzte aber immer wieder neue Rahmenbedingungen für seine Arbeit. Von den zentralen politischen Rahmenbedingungen, die sich in dem Beobachtungszeitraum 1870–1917 verändern, seien an dieser Stelle lediglich fünf Beispiele ausgewählt und andeutungsweise vorgestellt. Erstens: Die Auseinandersetzung der Katholischen Kirche mit der Moderne gipfelte nach dem *Syllabus errorum* auf dem Ersten Vatikanischen Konzil in der Verkündigung des Unfehlbarkeitsdogmas, später im Antimodernisteneid und im Gewerkschaftsstreit. Zweitens:

Die Gründung des kleindeutschen, protestantischen Kaiserreichs bedeutete für die deutschen Katholiken eine neue Qualität in der Konkurrenz von nationaler Integration und Zuverlässigkeit auf der einen Seite und ultramontanen Verpflichtungen andererseits. Drittens: In Italien waren die Katholiken nach dem Sieg des *risorgimento* zu einer gespaltenen/doppelten Loyalität aufgerufen – gegenüber der neuen nationalstaatlichen Monarchie und gegenüber dem Papst, der seine politische Rolle mit dem Verlust des Kirchenstaates 1870 für Jahrzehnte eingebüßt hatte. Die »römische Frage«, der Einsatz für den »Gefangenen im Vatikan« und die Wiedergewinnung seiner politischen Souveränität wird bis 1929 ein Dauerthema bleiben.

Viertens: Am Anfang des 20. Jahrhunderts schaukelten sich die im Fall des preußisch-österreichischen oder des deutsch-französischen Krieges noch beherrschbar gewesenen militärischen Auseinandersetzungen zu der Katastrophe des Ersten Weltkriegs hoch. Der Krieg der Nationen gefährdete auch die Einheit der Katholischen Kirche. Von den damals 300 Millionen Katholiken waren 188 Millionen auf verschiedenen Seiten engagiert, 123 Millionen bei der Entente, 65 Millionen bei den Mittelmächten. Als in ganz Europa die Lichter ausgingen, waren die meisten Theologen – Protestanten wie Katholiken – jeweils für sich siegessicher, weil sie Gott auf ihrer Seite wussten. Der protestantische Hofprediger Ernst von Dryander (1843–1922) verkündete im August 1914 durchaus repräsentativ im Berliner Dom: »Wir ziehen in den Kampf für unsere Kultur gegen die Unkultur, für deutsche Gesittung wider die Barbarei, für die freie, deutsche, an Gott gebundene Persönlichkeit wider die Instinkte der ungeordneten Masse.« Friedrich Gogarten (1887–1967), ebenfalls protestantischer Theologe, war überzeugt: »Die Ewigkeit will deutsch werden.[...] Und Gott will sich in uns Deutschen offenbaren.« Die deutschen Bischöfe veröffentlichten noch zum 1. November 1918 einen Hirtenbrief mit dem Leitwort: *Gebt Gott, was Gottes ist, und dem Kaiser, was des Kaisers ist.*

Dort hieß es: »Wir werden stets bereit sein, wie den Altar so auch den Thron zu schützen.« Am 11. November 1918 unterschrieb der Zentrums-Politiker Matthias Erzberger, ein Katholik, den Waffenstillstand. Die vermutete Existenz einer moralischen Großmacht im Vatikan erlaubte es dem Zentrumspolitiker, der 1917 auch die gescheiterte Friedensoffensive Benedikt XV. unterstützt hatte, sich für den Papst und gegen den Kaiser zu entscheiden, der keine Parteien mehr kannte, sondern nur noch Deutsche.

Eine auch nur annähernd zutreffende Zahl, wie viele Reichsdeutsche, Österreicher und Deutschschweizer die deutsche Kolonie in Rom zählte, bis die Deutschen nach dem Kriegseintritt Italiens das Land verlassen mussten, lässt sich nicht ermitteln. Bei den deutschen Protestanten in Rom überwogen die Geschäftsleute.

Auf katholischer Seite gehörten die »Deutschen in Rom« vorwiegend zum Klerus. Neben dem diplomatischen Personal, Gelehrten, Künstlern und Geschäftsleuten gehörten zu dieser Gruppe aber auch Personen »in dienender Stellung«, Angestellte in Banken und Hotels, Gouvernanten, Kammerjungfern und Köchinnen.

REFERATE:

Stefan Heid (Rom): Ein Vogelflug über das lange Leben Anton de Waals
Martin Baumeister (Rom): Die Deutschen in Rom und der Erste Weltkrieg
Thomas Brechenmacher (Potsdam): Ultramontanismus in Rom. Anton De Waal und vier Päpste
Karl-Joseph Hummel (Meckenheim): Der deutsche Nationalkatholizismus in Rom
Hans-Georg Aschoff (Hannover): Der Politische Katholizismus zur Zeit Ludwig Windthorsts und seine Beziehungen zu Papst und Kurie
Rainald Becker (Augsburg): Deutsch, großdeutsch oder reichsdeutsch? Die nationale Positionierung des *Campo Santo Teutonico*
Jürgen Krüger (Karlsruhe): Eine Lutherkirche in Rom? Deutsch-evangelisch in Rom zwischen Reichsgründung 1871, Lutherjubiläum 1883 und Erstem Weltkrieg
Peter Rohrbacher (Wien): Deutsche Missionsinitiativen in Rom
Volker Lemke (Molsberg): Philipp Müller (1804–1870) – ein Pionier der Wissenschaft am *Campo Santo Teutonico* und ein vergessener Vorgänger Anton de Waals
Johannes Grohe (Rom): Die Bedeutung des Pilgerhospizes am *Campo Santo* als nationaler Anlaufstelle
Stefan Samerski (Berlin): Germania docet? Der Papsthistoriker Franz-Xaver Seppelt in Rom
Georg Kolb (Fremdingen): Anton de Waal als Dichter und Romancier
Johan Ickx (Rom): Der Anspruch der Belgier auf den deutschen *Campo Santo* bis zum Ersten Weltkrieg
Dominik Burkard (Würzburg): Der Schatten des Modernismus auf dem *Campo Santo*
Jean-Louis Quantin (Paris): Louis Duchesne, Rom und die deutsche Wissenschaft
Stefan Heid (Rom): Die politische Bedeutung der deutschen Pilgerzüge nach Rom unter Pius IX. und Leo XIII.
Hartmut Benz (Ruppichteroth): »Ewig an Rom!« Der deutsche Adel und seine Vernetzung am Vatikan
Gerd Vesper (Rom): Der Ruf nach einer deutschen Schule in Rom
Christiane Liermann (Menaggio): Vincenzo Gioberti als Stimme des katholischen Patriotismus im italienischen Risorgimento

Die Referate von *Reinhold Baumstark* (München) (Kollegiaten und Konviktoren – Einblicke in das Priesterkolleg im Umfeld Anton Baumstarks) und *Maurice van Stiphout* (Leuven) (Die Holländer am deutschen Kolleg im Konflikt mit dem nationalen Gedanken) fielen aus.

Verbunden mit der Tagung war eine von *Edith Schaffer* realisierte Ausstellung über Anton de Waal mit vier Vitrinen und einer Stellwand im Atrium, einer Vitrine beim de Waal-Grabmal in der Kirche und Stelen im Friedhof. Gezeigt wurden zahlreiche Fotografien und Schriften de Waals, die sein Wirken als Rektor und Forscher

Teilnehmer

illustrierten. Die Ausstellung wurde zum Tagungsbeginn eröffnet. Der Besuch der Eröffnungsveranstaltung war rege (80–100 Personen). Auch im weiteren Verlauf lauschten immer 30–40 Hörer den Vorträgen.

Ein Tagesausflug führte am Samstag die Teilnehmer unter fach-kundiger Leitung von *Dr. Elisabeth Bruckner* in den Barockpark von Ninfa und zur Zisterzienserabtei Fossanova. Das strahlende Herbstwetter sorgte für ein unvergessliches Erlebnis.

PRESSEECHO:

»Päpstlichkeit und Patriotismus« – Tagung im *Collegio Teutonico*: Deutsch-Römer zwischen Risorgimento und Kulturkampf, in: L'Osservatore Romano, Wochenausgabe in deutscher Sprache, 47. Jg., Nr. 46 vom 17.11.2017, S. 3.

Johannes Schidelko, Tagung im Vatikan: Deutsch-Römer zwischen Risorgimento und Kulturkampf »Päpstlichkeit und Patriotismus«, in: KNA / Domradio Köln, 22.11.2017.

Benjamin Leven, Tagung über Schlüsselfigur des deutschen Katholizismus in Rom, in: KNA / Domradio Köln, 25.11.2017.

Ludger Baten, Zufluchtsort Vatikan, in: Rheinische Post / Neuss-Grevenbroicher Zeitung vom 28.11.2017.

Benjamin Leven, Streit im deutschen Rom. Eine Tagung beleuchtet die wechselvolle Geschichte des *Campo Santo*, in: Die Tagespost, Nr. 143 vom 20.11.2017, S. 4.

N.N., Deutsch-Römer zwischen Risorgimento und Kulturkampf. »Päpstlichkeit und Patriotismus – Tagung im Collegio Teutonico, in: L'Osservatore Romano, Wochenausgabe in deutscher Sprache, 47. Jg., Nr. 46 vom 17.11.2017, S. 3.

VERÖFFENTLICHUNG:

S. Heid / K.-J. Hummel (Hg.), Päpstlichkeit und Patriotismus. Der *Campo Santo Teutonico*: Ort der Deutschen in Rom zwischen Risorgimento und Erstem Weltkrieg (1870–1918) (Freiburg i.Br. u. a. 2018). (siehe unten Kap. 6)

2018

LUDWIG VON PASTOR (1854–1928): UNIVERSITÄTSPROFESSOR, HISTORIKER DER PÄPSTE, DIREKTOR DES ÖSTERREICHISCHEN HISTORISCHEN INSTITUTS IN ROM UND DIPLOMAT

22.–23. Februar 2018, Campo Santo Teutonico / École Française de Rome
Verantwortlich: Andreas Sohn (Paris) und Jacques Verger (Paris)

Die Tagung wurde in Zusammenarbeit mit dem RIGG und der *École Française de Rome* durchgeführt. Es folgen nur die Vorträge, die am 22. Februar am *Campo Santo Teutonico* gehalten wurden:

REFERATE:

Thomas Brechenmacher (Potsdam): Ludwig (von) Pastor. Bemerkungen zur Biographie eines Papsthistorikers
Michaela Sohn-Kronthaler (Graz): Von der Promotion in Graz über die Habilitation auf den Lehrstuhl an der Universität Innsbruck: der Historiker Ludwig von Pastor in Österreich
Andreas Gottsmann (Rom): Ludwig von Pastor und das Österreichische Historische Institut. Geschichte, Politik und Diplomatie
Wolfgang Augustyn (München): Ludwig Pastor und die Künste
Sergio Pagano (Rom): Ludwig Pastor all'Archivio Segreto Vaticano (1879–1928)
Christine Maria Grafinger (Rom): Ludwig von Pastor und der Vatikan – Forschung und Nachlass
Jacques Verger (Paris): Pastor médiéviste

Tagungsteilnehmer

PRESSEECHO:

Ludwig von Pastor – Im Dienst der Geschichte, in: L'Osservatore Romano, Wochenausgabe in deutscher Sprache, 48. Jg., Nr. 7 vom 16.02.2018, S. 6.

Andreas Sohn, Ludwig von Pastor: ein Gelehrter von Weltrang. Zu einer internationalen Tagung im Römischen Institut der Görres-Gesellschaft, in: L'Osservatore Romano, Wochenausgabe in deutscher Sprache, 48. Jg., Nr. 10 vom 09.03.2018, S. 6.

Ferner gab es Beiträge von Dr. Benjamin Leven (KNA, Kathpress, Domradio Köln) und Gudrun Sailer (Vatican News).

VERÖFFENTLICHUNG:

A. Sohn / J. Verger (Hg.), Ludwig von Pastor (1854–1928). Universitätsprofessor, Historiker der Päpste, Direktor des Österreichischen Historischen Instituts in Rom und Diplomat / Professeur, historien des papes, directeur de l'Institut historique autrichien de Rome et diplomate (Regensburg 2020).

KONZIL UND MINDERHEIT / I CONCILI E LE MINORANZE

10.–14. Oktober 2018, Campo Santo Teutonico /
Pontificia Università della Santa Croce
Verantwortlich: Johannes Grohe (Rom), Thomas Prügl (Wien)

Die Tagung wurde von der Gesellschaft für Konziliengeschichtsforschung e. V. in Zusammenarbeit mit dem RIGG und der *Pontificia Università della Santa Croce* durchgeführt. Sie wurde von der Fritz Thyssen Stiftung und der Stiftung zur Förderung des Römischen Instituts der Görres-Gesellschaft finanziell unterstützt. Im Folgenden nur die Vorträge, die am 12. und 13. Oktober am *Campo Santo Teutonico* gehalten wurden:

REFERATE:

Ansgar Frenken (Ulm): Reform oder Papstwahl: Das Konstanzer Konzil (1414–1418) in der Zerreißprobe
Sebastián Provvidente (Buenos Aires): Jean Gerson e la sua partecipazione nella causa Jean Petit durante il Concilio di Costanza (1414–1418)
Alberto Cadili (Münster): Gli hussiti come (mancata) minoranza conciliare al Concilia di Basilea (1431–1438)
Nelson H. Minnich (Washington): The Minorities at Lateran V (1512–1517)
Matteo Al Kalak (Modena): Minoranza o maggioranza? I dibattiti sulla residenza *de iure divino* dei vescovi al Concilio di Trento (1545–1563)
Klaus Schatz (Frankfurt): *Non placet* oder *Placet iuxta modum*? Hintergründe, Intention und Folgen der Abstimmung der Minorität auf dem I. Vatikanischen Konzil am 13.7.1870
Petar Vrankić (Augsburg): Il vescovo Josip Juraj Strossmayer nella minoranza conciliare al Vaticano I (1869/1870)
Carlo Pioppi (Rom): La minoranza antiinfallibilista del Concilio Vaticano I nella storiografia specializzata
Walter Brandmüller (Rom): Was heißt und zu welchem Ende studiert man … Konziliengeschichte?
Alexandra von Teuffenbach (Rom): La voce della minoranza nei regolamenti dei Concili Vaticani
Agostino Marchetto (Rom): La minoranza al Vaticano II (1962–1965) secondo il »Diario« del suo Segretario Generale Pericle Felici
Gabriel Andriányi (Bonn): Die letzten zehn Diözesansynoden Ungarns (1993–1999) und die Minderheitenpastoral

TAGUNGSBERICHT:

Von Matthias Bürgel (H-Soz-Kult)

Der Titel dieses Symposium erfasste, so THOMAS PRÜGL (Wien) in der Einführung der Veranstalter, in seiner numerischen Ambivalenz sowohl die abstrakt-generelle Dimension als auch die auf eine bestimmte politische und soziale Realität verweisende konkrete Ausprägung der zugrundeliegenden Problemstellung: Beiden Verständnissen sei das Bewusstsein der Notwendigkeit von Gerechtigkeit gemein. Die Tagung zeigte so aus verschiedenen Blickwinkeln auf, inwiefern auf Konzilien unterlegene Positionen einerseits im Idealfall aus diesem Gerechtigkeitsempfinden heraus in einen möglichst breiten Konsens eingebunden werden konnten und wie andererseits im Laufe der Geschichte immer wieder auch Verstöße gegen ein solches im Umgang mit Minoritäten konstatiert werden müssen.

Das Symposion eröffnete KLAUS M. GIRARDET (Saarbrücken) mit einer Analyse der Konzilien von Saragossa (380) und Bordeaux (384), die gegen den als Manichäer verdächtigten Priszillian und seine Anhänger gerichtet waren. Dabei erwiesen sich die Begriffe von Mehrheit und Minderheit als solche nicht unproblematisch, insofern sie eine genaue Kenntnis hinsichtlich der Teilnehmerzahl sowie deren Zusammensetzung voraussetzten. So wären im Falle der Anwesenheit des vollständigen hispanischen Episkopats in Saragossa die Veranstalter des Konzils selbst in der der Unterzahl gewesen.

SANDRA LEUENBERGER-WENGER (Zürich) untersuchte die wechselnden Mehrheiten auf dem Konzil von Chalzedon, das – in Abkehr zum Konzil von Ephesus – zur Verabschiedung der Zwei-Naturen-Christologie führte. Als Grund dieses Umschwungs konnte unter anderem die Tatsache, dass es sich bei den verschiedenen Gruppierungen nicht um konstante Größen handelte, identifiziert werden; dies ermöglichte durchaus nicht opportunistische Meinungsumschwünge.

Unter Verwendung der von Christian Gnilka ausgebildeten Kategorien von *Krisis* und *Chrêsis* demonstrierte GIULIO MASPERO (Rom) den epistemologischen Nutzen, welchen die Dogmengeschichte aus einer von dem Konferenzthema ausgehenden Annäherung an die Verurteilung des Origenes und seiner Lehren auf dem II. Konzil von Konstantinopel (553) ziehen könne. So entpuppe sich die von Kaiser Justinian betriebene Anathematisierung als *Krisis* (Urteil) einer *Chrêsis* (Rezeption) über eine *Chrêsis*, da sich die Maßnahme präzise gegen den Gebrauch der Schriften des Origenes durch bestimmte monastische Kreise gerichtet habe. Es habe sich also um eine Verurteilung gehandelt, die in der produktiven Nutzung des Autors gründete. Sie traf eine zwar in der Tat häretische Minderheitenposition, führte aber zugleich in ihrem apodiktischen Gebrauch der *auctoritates* eine epistemologische Wende ein, die ein weiteres offenes Forschen unterband.

HEINZ OHME (Berlin) legte dar, dass die vom Konstantinopler Patriarchen Sergios verfasste und von Kaiser Herakleios unterzeichnete *Ekthesis*, welche den Monotheletismus verbindlich zu machen suchte, nicht als Resultat des Agierens einer machthabenden Mehrheit aufzufassen sei. Denn noch im Jahre 633 stimmte die Parteiung, die in der gängigen Forschungsmeinung als die in diesem Vorgang geschädigte Minderheit angesehen wird, einer synodalen Vereinbarung, zukünftig auf numerische Aussagen über das das Wirken Christi zu verzichten, zu. Die später verschwiegene gesamtkirchliche Synode von Zypern im Jahr 636 rief den Kaiser als Schiedsrichter an und approbierte die daraufhin erlassene *Ekthesis* einstimmig, inklusive der Voten von Papst Honorius und dem Jerusalemer Abt Sophronius, dessen Infragestellung des Beschlusses von 633 die Einberufung der Versammlung überhaupt veranlasst hatte. Erst durch Maximus den Bekenner wurden diese Fakten umgedeutet, da sie seiner erfolgreichen Kampagne (641–649) zur Anathematisierung der *Ekthesis*, des Sergios und des alexandrinischen Patriarchen Kyros entgegenstanden.

Am Beginn des zweiten Konferenztags stand der Beitrag von RICHARD PRICE (London) über als Majoritäten agierende Minderheiten auf dem III. (680–681) und IV. Konzil von Konstantinopel (869–870). Auf letzterem, bei dem der Patriarch Photius verurteilt wurde, berief man sich auf die Gültigkeit der Theorie der Pentarchie um den ökumenischen Charakters des Konzils zu belegen, da die Anzahl der unterzeichnenden Bischöfe äußerst gering war. Letzteres galt ebenfalls für das monotheletischen Tendenzen entgegentretende erstgenannte Konzil, das durch den Widerstand des Patriarchen Georgios von Konstantinopel gegen die finale, kaiserlich unterstützte Entscheidung charakterisiert wurde. Entsprechend sei anzunehmen, dass die eigentliche Mehrheit, darunter insbesondere das ostkirchliche Episkopat, den Konzilsdekreten nur unter Zwang zustimmte.

EVANGELOS CHRYSOS (Athen) erklärte die spärliche Teilnehmerzahl des Konstantinopolitanum IV mit der von den römischen Legaten als verpflichtend erklärte Unterzeichnung eines *libellus satisfactionis*, eines zuvor in Rom erstellten und die Konzilsentscheidungen vorwegnehmenden Dokumentes. Da die Mehrheit der Bischöfe ihre Unterschrift verweigerte und gar nicht erst nach Konstantinopel reiste, wurde die Zusammenkunft zu einem Konzil *der* Minderheit.

JOSEF RIST (Bochum) sprach über die Konsenssuche auf dem II. Konzil von Konstantinopel (553). Dieses mündete in einer Verurteilung der als nestorianisch erachteten *Drei Kapitel* und einem Bekenntnis zu Chalzedon. Trotz zahlreicher Konflikte lasse sich hinsichtlich dieser Verhandlungen eine allgemeine Bereitschaft konstatieren, sich dem finalen Synodalurteil zu unterwerfen. Die aus ihrer Rechtgläubigkeit resultierende Autorität der einzelnen Personen wurde nie in Frage gezogen, sodass eine Einheit gerade in dieser Zustimmung zur *recta fide* hergestellt werden konnte.

HANS-JÜRGEN BECKER (Regensburg) beleuchtete die Geschichte des Mehrheitsprinzips bei kirchlichen Wahlen sowie die gegenseitige Beeinflussung von weltlichem und kirchlichem Recht. Dabei wurde deutlich, dass die Anwendung des Majoritätsgedankens nicht immer zu einer allgemeinen Anerkennung von Voten führte. Schließlich könne eine Entscheidungsfindung auf Basis dieses Prinzips nur Erfolg haben, wenn sich ihm von Beginn an alle Beteiligten unterwerfen würden.

JOHANNES HELMRATH (Berlin) erörterte das Problem der intrinsisch autorisierten *sanior pars* am Fallbeispiel des Konzils von Basel. Dort fügte sich bezüglich der Ortswahl des nachfolgend abzuhaltenden Unionskonzils die gegen die oberrheinische Stadt stimmende Minorität nicht der gegenteiligen Mehrheitsentscheidung. Beide Gruppierungen veröffentlichten ihre eigenen Konzilsdekrete: Die ›Basler‹ Partei reklamierte ihre Autorität unter Verweis auf das Mehrheitsprinzip, während Papst Eugen IV. die Verlegung nach Ferrara bestimmte und diese Präferenz der Minderheitsmeinung mit explizitem Bezug auf das Konzept der *sanior pars* begründete. Tatsächlich konnte die siegreiche Seite darauf verweisen, dass nur so die Verhandlungen mit der Ostkirche zu einem guten Ende und zum Unionsdekret *Laetentur caeli* gebracht werden konnten.

JOHANNES GROHE (Rom) präsentierte die auf Konzilien promulgierten Bestimmungen hinsichtlich des Verhältnisses zwischen Juden und Christen auf der Iberischen Halbinsel im Spätmittelalter. Als Wendepunkt erwies sich das IV. Laterankonzil, welches das Prinzip der doppelten Protektion einführte. Dieses schrieb einerseits den Schutz der Juden vor Übergriffen der christlichen Bevölkerung vor, andererseits den der Christen und ihres Glaubens vor der beschworenen *Perfidia Iudaeorum*. Trotz der deutlichen Dominanz des letzteren Gedankens trat ersterer nie vollständig in den Hintergrund. Tatsächlich sollten die Päpste nach dem durch endzeitliche Erwartungen bedingten Versuch einer vollständigen Bekehrung und der folgenden großen Judendisputation von Tortosa (1413–1414) unter Benedikt XIII. wieder zu ihrer traditionellen Rolle als Protektoren der Juden zurückkehren. Entsprechend empfehle sich, zwecks Vermeidung einer ahistorischen Verwendung der jeweiligen Begriffe auch weiterhin zwischen *Antijudaismus* und *Antisemitismus* zu unterscheiden.

Der Nachmittag des zweiten Konferenztages erhellte verschiedene Einzelaspekte in Form von Kurzreferaten, die in drei überwiegend epochenspezifisch gegliederten Sektionen abgehalten wurden und sich vom Konzil von Nicäa bis zum II. Vatikanum erstreckten.

ANSGAR FRENKEN (Ulm) stellte die das Konzil von Konstanz belastenden Konflikte dar. Diese kreisten um die Modalität der Papstwahl und die dabei von den verschiedenen *nationes* einzunehmende Rolle. Erst ab Sommer 1417 zeichnete sich ein Kompromiss ab: Der römische König Sigismund, der versuchte, den Reformaufgaben des Konzils Vorrang vor der Papstwahl einzuräumen, geriet in die Defensive – verstärkt durch die lange Konzilsdauer. Hierdurch verschob sich das Gleichgewicht zwischen den Gruppen immer weiter und die Fronten verloren an Schärfe. Zu einer versöhnlichen Einigung kam es im Oktober desselben Jahres, als dem künftigen Papst die Lösung von 18 Reformanliegen angetragen wurde.

Ebenfalls mit dem Konzil von Konstanz beschäftigte sich SEBASTIÁN PROVVIDENTE (Buenos Aires) in seiner Analyse des Versuchs Jean Gersons, die neun Thesen Jean Petits bezüglich des legitimen Tyrannenmordes als häretisch verurteilen zu lassen. Trotz intensivster Bemühungen blieb dieses Unternehmen erfolglos und die Positionen Gersons gerieten unter den Vertretern der französischen Delegation in die Minderheit.

ALBERTO CADILI (Münster) erörterte die Rolle der Hussiten auf dem Konzil von Basel. Diese eindeutig heterodoxe Positionen vertretende Gruppierung kann aufgrund ihrer spezifischen Konfiguration nicht als wirkliche Konzilsminderheit betrachtet werden, da sie sich von Beginn an weigerte, die juristische Autorität der Versammlung anzuerkennen. Die Hussiten positionierten sich somit grundsätzlich außerhalb der für die Legitimität des Entscheidungsfindungsprozesses grundlegenden Doktrin, welche das Konzil als Richter-Instanz postulierte.

NELSON H. MINNICH (Washington D.C.) zeichnete auch das V. Laterankonzil als ein Konzil *der* Minderheit. Selbst eine Überzahl der anwesenden Bischöfe blieb ohne reale Gestaltungsmöglichkeiten gegenüber der regieführenden Parteiung des Papstes und ›seiner‹ Kardinäle. Da auch die Zusammensetzung der Konzilsväter nicht repräsentativ war, erscheinen die Mehrheitsmeinungen des Konzils im Blick auf die gesamte Christenheit als eine kaum mehr akzeptierte Minderheitsposition.

MATTEO AL KALAK (Modena / Reggio Emilia) diskutierte die Definition der Konzepte von Majorität und Minorität auf dem Konzil von Trient anhand der Kontroverse hinsichtlich der bischöflichen Residenzpflicht *de iure divino*. Das Abstimmungsergebnis (68 Für- und 35 Gegenstimmen sowie 35 Voten, die sich der päpstlichen Entscheidung unterwarfen), veranlasste die kurialen Gegner dieses Prinzips, Maßnahmen zur Mehrmehrheitsbeschaffung zu ergreifen. Neben Häresieanklagen und der Entsendung zusätzlicher, der Kurie loyaler Konzilsväter wurde so auch versucht, Befürworter der Residenzpflicht nicht an einer Abreise zu hindern, deren Kontrahenten aber unbedingt vor Ort zu behalten. Gleichzeitig wurde Egidio Foscarari, einer der prominentesten Verfechter der Residenzpflicht, am Verlassen des Konzils gehindert, um einen exzessiven Prestigeverlust zu vermeiden. Dies zeigt, dass das Gleichgewicht zwischen Mehr- und Minderheit auch eine symbolische und qualitativ konnotierte Dimension beinhaltete. In der letztlich erzielten Lösung der nicht *de iure divino* erklärten Residenzpflicht spiegele sich somit das komplexe Ringen juristisch nicht existenter, aber dennoch präsenter Majoritäten auf dem Tridentinum wider.

KLAUS SCHATZ S.J. (Frankfurt am Main / St. Georgen) beschrieb die Entwicklung der anti-infallibilistischen Position auf dem I. Vatikanischen Konzil. Dabei konnte sich die Minorität innerhalb dieser Minorität, welche für ein *placet iuxta modum* plädierte, nicht durchsetzen. So sollten beträchtliche 88 der 601 abgegebenen Stimmen auf *non placet* fallen. Dies führte entgegen den Erwartungen der Minderheit nicht zu einer größeren Verhandlungsbereitschaft seitens der Majorität, sondern zu einer Verhärtung der Positionen. Auch bei einem geschlossenen *placet iuxta modum* seien aber wohl nur geringe Modifikationen zu erwarten gewesen.

PETAR VRANKIĆ (Augsburg) beschäftigte sich mit der Rolle des Bischofs von Đakovo, Josip Juraj Strossmayer, innerhalb der letztgenannten Minorität. Ein Quellenstudium zeige, dass Strossmayers Widerstand gegen das Dogma nicht rein pastoraler oder politischer Natur gewesen sei und sich seine Position erheblich komplexer darstelle. So sei der die Konzilsopposition antreibende Bischof seitens der römischen

Kurie und der Jesuiten argwöhnisch beobachtet und zuweilen der Häresie verdächtigt worden, während seine Verteidiger dazu tendiert hätten, seine unangemessenen Anklagen gegenüber Pius IX. und der Kurie zu unterschätzen.

CARLO PIOPPI (Rom) bot einen Überblick über die historiographischen Darstellungen des I. Vatikanum unter besonderer Berücksichtigung der anti-infallibilistischen Minorität. Dabei offenbarte sich in der Gesamtheit der Untersuchungen das kontinuierliche Bewusstsein der Existenz dieser Minderheit und ihrer Beweggründe.

WALTER KARDINAL BRANDMÜLLER (Vatikanstadt) hielt einen öffentlichen Abendvortrag über das grundsätzliche Wesen von Konzilien und den Nutzen der Erforschung ihrer Historie. Ausgangspunkt war eine Begriffsklärung, die den sakramentalen Charakter eines Ökumenischen Konzils erhellte, das nur ein solches ist, sofern die Gesamtheit der Bischöfe einberufen wird, der Fragestellung eine gesamtkirchliche Ausrichtung innewohnt und die Versammlung unter dem Vorsitz des Papstes stattfindet oder von ihm approbiert wird. Im Unterschied dazu entbehrten Partikularkonzilien der lehramtlichen Unfehlbarkeit. Während in der Forschung folglich einerseits die ekklesiologische Dimension des eine vorrangig theologische Größe darstellenden Konzils bedacht werden müsse, sei andererseits eine historische Kontextualisierung unerlässlich. Denn in Konzilien werde stets das Überlieferte auf eine aktuelle Situation angewendet, sodass die Aussagen einzelner Dekrete oft erst vor einem konkreten geschichtlichen Hintergrund verständlich würden. Dies manifestiere sich beispielsweise in der ersten Konstitution des Vierten Laterankonzils, welche eine historisch-kritische Lektüre als Antwort auf die Häresie der namentlich unerwähnt bleibenden Katharer zu identifizieren wusste.

ALEXANDRA VON TEUFFENBACH (Rom) sprach zu den Votationsregularien des II. Vatikanischen Konzils. Diese basierten einerseits auf Johannes XXIII. und der Kurie, andererseits auf von den einzelnen Kommissionen selbst getroffenen Bestimmungen und wiesen eine entsprechend starke Flexibilität auf. Das bloße Mehrheitsprinzip war dabei nie ausschlaggebend; stattdessen wurden Problemlösungen generell auf der Argumentationsebene angegangen, wobei auch Minderheitsmeinungen ihren Platz fanden. Besonders hervorzuheben sei die Rolle des über die verschiedenen Positionen stets informierten Pauls VI., dem es gelang, durch seine *Nota explicativa praevia* zu der dogmatischen Konstitution *Lumen gentium* eine beinahe vollständige, Minorität und Majorität versöhnende Konzilseinheit herzustellen.

AGOSTINO MARCHETTO (Rom) dokumentierte die Minderheiten auf dem II. Vatikanum anhand des Tagebuches des Generalsekretärs Pericle Felici. Dieser vertrat eine dezidiert unparteiische Position, die weder der Mehrheit, noch den in diesem Fall als stark oszillierende Größen erscheinenden Minoritäten angehörte. In seiner Unterstützung der vermittelnden Arbeit Pauls VI. sei Felici dementsprechend als eine der wichtigsten Stützen der gelungenen Durchführung des Konzils zu betrachten.

Den Abschluss der Tagung bildete der Vortrag von GABRIEL ADRIÁNYI (Bonn / Budapest) zu den während der Jahre 1993–1999 in zehn ungarischen Diözesen abgehaltenen Synoden und der dort behandelten Frage der Minderheitenpastoral. Die

Tagungsteilnehmer

diesbezüglichen Initiativen wurden in den vergangenen Jahren fortgesetzt, wie sich in der ersten Bibelübersetzung in Sinti- und Romasprache oder der Gründung eines eigenen Seelsorgeinstituts für diese Pastoral zeige.

Der von den Tagungsbeiträgen chronologisch und thematisch weit geschlagene Bogen bestätigte nicht nur das allgemein historische Interesse, welches Konzilien in ihrer weltgeschichtlichen Bedeutung sowie in ihrer Modellfunktion für Versammlungen säkularer Institutionen zu eigen ist, sondern auch die Schlüsselrolle, die sie in Bezug auf die Herausbildung von durch ein Gerechtigkeitsempfinden geprägten Entscheidungsfindungsprozessen einnehmen. Der allgemein akzeptierte Konsens, der letztendlich das für ein Reüssieren des Konzils entscheidende Kriterium darstellt, kann sich nur einstellen, wenn der Position der Minorität zumindest Rechnung getragen wird. Zugleich ist freilich unabdingbar, dass die Minderheit selbst die Legitimität und Autorität der Zusammenkunft in ihrer jeweiligen Konfiguration und Dimension anerkennt.

PRESSEECHO:

Die Tagung fand Beachtung in online-Beiträgen von Gianluca Teseo (acistampa) und Dr. Benjamin Leven (KNA, Domradio Köln).

VERÖFFENTLICHUNG:

Die Referate sind veröffentlicht im *Annuarium Historiae Conciliorum* 49 (2018–2019).

DAS BUCH DER PÄPSTE: DER LIBER PONTIFICALIS – EIN SCHLÜSSEL-DOKUMENT EUROPÄISCHER GESCHICHTE

21.–24. November 2018, Campo Santo Teutonico

Verantwortlich: Klaus Herbers (Erlangen), Matthias Simperl (Augsburg)

Die Tagung wurde vom Lehrstuhl für Mittelalterliche Geschichte und Historische Hilfswissenschaften der Universität Erlangen zusammen mit dem RIGG organisiert und von der Göttinger Akademie der Wissenschaften finanziell unterstützt.

REFERATE:

Rosamond McKitterick (Cambridge): The early medieval manuscript dissemination of the *Liber pontificalis* and its possible implications

Andrea A. Verardi (Rom): Ricostruire dalle fondamenta: l'origine poligenetica del *Liber Pontificalis* romano e le sue implicazioni storiche ed ecclesiologiche

Matthias Simperl (Augsburg): *Quaestio grauissima et perplexa*: Zur Rekonstruktion der frühen Redaktionsgeschichte des *Liber Pontificalis*

András Handl (Leuven): *Hic constituit* … Bischöfliche Bestimmungen im präkonstantinischen Abschnitt des *Liber Pontificalis*

Eckhard Wirbelauer (Straßburg): Der *Liber Pontificalis* und die symmachianisch-laurentianischen *Documenta*

Stefan Heid (Rom): *Hic fecit ordinationes*. Die Weihestatistiken des *Liber Pontificalis* und die Kirchenorganisation Roms

Vera von Falkenhausen (Rom): Die Darstellung der griechischen Gemeinden in Rom im *Liber Pontificalis*

Lidia Capo (Rom): Il *Liber Pontificalis*, la Chiesa Romana e il rapporto con il potere pubblico

François Bougard, Bruno Bon (Paris): Le *Liber Pontificalis* et ses auteurs au IXe siècle: enquête stylométrique

Veronika Unger (Erlangen): Verwendung und Aufbewahrung des *Liber Pontificalis* im neunten Jahrhundert

Carola Jäggi (Zürich): Die Bedeutung des *Liber Pontificalis* für die frühchristliche Archäologie und die Kunstgeschichte

Michael Brandt (Hildesheim): *In angulo obscurissimo*. Das Gemmenkreuz der *Sancta Sanctorum* – ein Fallbeispiel

Michel Sot (Paris): Le *liber pontificalis* romain, est-il le prototype des gesta episcoporum?

Knut Görich (München): Papstgeschichtsschreibung im Zeichen des Schismas: Die Papstviten des Kardinals Boso

Thomas Kieslinger (Rom): Der *Liber Pontificalis* und der *Liber Censuum* als Fundgrube: Zur Rezeption von Papstviten in einer hochmittelalterlichen Papstliste

Heinrich Heidenreich (Frankfurt a. M.): *Ut Leoninum cursum reduceret*. Pandulphus und die Renaissance leoninischer Klauseltechnik in Urkunden Urbans II
Stefan Bauer (York): The Book of Pontiffs in the Renaissance: Platina, Panvinio and their Critics
Andreas Sohn (Paris): Louis Duchesne und der *Liber Pontificalis*
Klaus Herbers (Erlangen): Das Buch der Päpste: Der *Liber Pontificalis* – ein Schlüsseldokument europäischer Geschichte

In einer Mittagspause führte Dr. Chiara Cecalupo die Teilnehmer durch die Biblioteca Vallicelliana und zeigte Handschriften von Antonio Bosio und Giovanni Severano sowie interessante Dokumente zum *Liber Pontificalis*.
Am Samstag führte Stefan Heid die Teilnehmer am Lateran: *Sancta Sanctorum*, Triclinium, Baptisterium, Basilika und Kreuzgang.

TAGUNGSBERICHT:

Von Thomas Kieslinger (H-Soz-Kult)

Nur wenige Werke verdienen die Auszeichnung, ein »Schlüsseldokument der europäischen Geschichte« zu sein. Der *Liber pontificalis* gehört ohne jede Frage in diese Kategorie, wie eine römische Tagung mit dem Titel »Das Buch der Päpste: Der *Liber pontificalis* – ein Schlüsseldokument europäischer Geschichte« gezeigt hat. Veranstaltet wurde die international besetzte und polyglotte Tagung am *Campo Santo Teutonico* (Vatikanstadt) vom Lehrstuhl für Mittelalterliche Geschichte und Historische Hilfswissenschaften der Friedrich-Alexander-Universität Erlangen in Zusammenarbeit mit dem Lehrstuhl für Kirchengeschichte der Universität Augsburg und dem Römischen Institut der Görres-Gesellschaft.

Die sukzessiv gewachsene, offiziöse Sammlung römischer Bischofsgesta ist bekanntlich nicht nur eine, wenn nicht sogar die zentrale Quelle für die spätantike, früh- und hochmittelalterliche Papstgeschichte, sondern auch unverzichtbar für die Erschließung der Geschichte der Stadt Rom. Das Bischofsbuch gewährt darüber hinaus Einblicke in die römische Wahrnehmung und Beurteilung von Ereignissen und Entwicklungen im gesamten christlichen Europa. Mit der Tagung wurde eine umfassende Würdigung dieses über Jahrhunderte gewachsenen Werks als Ganzes angestrebt. Zugleich sollte die Bündelung und Weiterführung verschiedener epochaler, thematischer und methodischer Schwerpunktsetzungen eine vertiefende Erforschung des Werks und seiner historischen Bedeutung ermöglichen. Die Umsetzung dieses Ansinnens ist den Veranstaltern der Tagung gelungen. Besonders hervorzuheben sind die fruchtbaren Diskussionen nach den einzelnen Vorträgen, aber auch nach Abschluss des eigentlichen Tagesprogramms, die sich hoffentlich in den zu veröffentlichenden Beiträgen niederschlagen werden.

Nach der Eröffnung der Tagung durch KLAUS HERBERS (Erlangen), MATTHIAS SIMPERl (Augsburg) und dem Rektor des Römischen Instituts der Görres-Gesellschaft

STEFAN HEID (Rom), in deren Rahmen das Konzept der Tagung erläutert wurde, ging ROSAMOND MCKITTERICK (Cambridge) der Frage der frühen handschriftlichen Verbreitung des *Liber pontificalis* nach. Auffällig sei nämlich, dass die frühen Handschriften des *Liber pontificalis* – wenngleich doch ein in Rom komponierter Text – mehrheitlich aus den fränkischen Reichen des transalpinen Raums überliefert seien. Mit ihrer Fokussierung auf den Langtext des Papstbuches und seine Überlieferung stellte McKitterick vor allem das Wissen der Autoren bezüglich deren Beschreibung von Rom selbst und dem Papst(tum) auf den Prüfstand. Die Betrachtung der Konzeptualisierung von kirchlicher Autorität im Frühen Mittelalter anhand des *Liber pontificalis* beschloss ihren Vortag.

Die erste Sektion wurde am Folgetag mit einem Beitrag von ANDREA ANTONIO VERARDI (Rom) begonnen, der in jüngerer Zeit vorgeschlagen hatte, die verschiedenen überlieferten Fassungen des *Liber pontificalis* des sechsten Jahrhunderts als konkurrierende, mit unterschiedlichen (kirchen)politischen Optionen besetzte Texte zu interpretieren. Verardi suchte diese These unter Einbezug kanonistischen Quellenmaterials und einer ins Detail gehenden Analyse verschiedener Viten aus der ersten Hälfte des sechsten Jahrhunderts zu untermauern. Eine Antwort auf Verardis Thesen stellte in gewisser Hinsicht der folgende Beitrag von MATTHIAS SIMPERL (Augsburg) dar, der im Gegensatz zu Verardi die redaktionsgeschichtliche Priorität des überlieferten Langtextes plausibel zu machen suchte. Simperl regte außerdem an, einen ersten *Liber pontificalis* zu diskutieren, der höchstens Einträge zu römischen Bischöfen bis zum Ende des fünften Jahrhunderts umfasst habe.

ANDRÁS HANDL (Leuven) warf mit seinem Vortrag »›Hic constituit...‹ – Bischöfliche Bestimmungen im präkonstantinischen Abschnitt des *Liber pontificalis*« einen Blick auf die im ersten Teil des Papstbuchs charakterisierenden Formulierungen hinsichtlich kirchenrechtlicher Akte der römischen Bischöfe und analysierte insbesondere deren Inhalte und die Verteilung der Zuschreibung solcher rechtssetzender Handlungen. Eine Systematik sei nicht erkennbar.

Mit dem Kunstnamen *Documenta Symmachiana* und *Documenta Laurentiana* wird eine Gruppe von Texten bezeichnet, die ihren Ursprung einem mehrjährigen Schisma zwischen den römischen Bischöfen Symmachus und Laurentius verdanken: Sie waren Untersuchungsgegenstand von ECKHARD WIRBELAUER (Straßburg). Anhand philologisch-historischer Analysen stellte er eine Verbindung dieser Texte mit den frühen Versionen des *Liber pontificalis* her und zeigte Ansatzpunkte für ein besseres Verständnis der frühen Redaktionsgeschichte des Papstbuchs auf.

Möglichen Quellen des Werks war ebenso der Beitrag von STEFAN HEID gewidmet, der unter historischen und statistischen Gesichtspunkten die Angaben zur Zahl päpstlicher Weihehandlungen im *Liber pontificalis* untersuchte. Das Zahlenmaterial sei insgesamt verlässlich und decke sich auffallend gut mit anderen, davon unabhängigen Informationen über und Rückschlüssen auf die Personalentwicklung des stadtrömischen Klerus. Heid lieferte damit zugleich einen Beitrag zur Personalgeschichte und Amtsentwicklung der antiken und frühmittelalterlichen stadtrömischen Kirche.

VERA VON FALKENHAUSEN (Rom) eröffnete die zweite Sektion »Von der Urbs zum Orbis: Quelle und Erinnerungsträger« mit ihrem Vortrag zur Darstellung der griechischen Gemeinden in Rom im *Liber pontificalis*. Dabei situierte sie Notizen im *Liber pontificalis* über die Präsenz byzantinischer Kultur, Klöster und Gemeinschaften sowie nicht zuletzt der griechischen Sprache in Rom in einem breiteren historischen Kontext.

LIDIA CAPO (Rom) nahm ausgehend vom *Liber pontificalis* das Verhältnis der römischen Bischöfe zur öffentlichen Gewalt im Frühmittelalter in den Blick.

BRUNO BON (Paris), der auch im Namen des kurzfristig verhinderten FRANÇOIS BOUGARD (Paris) sprach, diskutierte die Brauchbarkeit stilometrischer Verfahren bei der Zuweisung von »Viten« des neunten Jahrhunderts an bestimmte Autoren und zeigte insbesondere die Grenzen einer solchen Herangehensweise auf.

VERONIKA UNGER (Erlangen) ordnete mit ihrem Beitrag zur »Verwendung und Aufbewahrung des *Liber pontificalis* im neunten Jahrhundert« die »Viten« des neunten Jahrhunderts in den großen Rahmen der päpstlichen Schriftlichkeit dieser Zeit ein. Die Frage danach, wie, wo und warum der *Liber pontificalis* aufbewahrt wurde, brachte sie mit den beiden Kernbegriffen »Kanzlei« und »Archiv« in Verbindung und schlug so die Brücke zu ihrer 2018 erschienenen Dissertation »Päpstliche Schriftlichkeit im 9. Jahrhundert – Archiv, Register, Kanzlei«.

Mit einem Beitrag aus der Archäologie und Kunstgeschichte, warf CAROLA JÄGGI (Zürich) einen Blick auf frühchristliche und -mittelalterliche Kirchenräume Roms sowie deren textiler Ausgestaltung und bot so einen differenzierten und weiterführenden Blick über die Forschungsgeschichte seit dem 19. Jahrhundert.

Eine weitere Analyse einer auch im *Liber pontificalis* erwähnten Realie bot MICHAEL BRANDT (Hildesheim) mit seinem Vortrag »in angulo obscurissimo: Das Gemmenkreuz der Sancta Sanctorum«, in dem er das zwar nicht von Sergius I. in Auftrag gegebene, aber von ihm in einen neunen Bedeutungszusammenhang gestellte *crux gemmata* behandelte. Besonderes Gewicht kam dabei der Erwähnung des Kreuzes in der *Descriptio Lateranensis Ecclesiae* zu, über die das Kreuz als jene *crux gemmata* zu identifizieren sei, die Hartmann Grisar 1905 im Altar der Sancta Sanctorum aufgefunden hat. Durch den Umstand, dass das Gemmenkreuz seit der Mitte des 20. Jahrhunderts nicht mehr greifbar, aber die Beschreibungen von Augenzeugen und die erhaltenen Fotoaufnahmen detailliert überliefert sind, konnte Brandt Aussagen über das ursprüngliche Erscheinungsbild treffen und damit einen Zusammenhang mit den Schriftquellen bezüglich eventueller Auftraggeber herstellen.

Die dritte Sektion »Kontext, Vergleich und Rezeption« eröffnete MICHEL SOT (Paris) mit einem Vortrag zur Fragestellung: »Le *liber pontificalis* romain, est-il le prototype des *gesta episcoporum*?« Sot griff damit eine Fragestellung erneut auf, der er während seiner wissenschaftlichen Laufbahn bereits mehrfach nachgegangen war und bewertete seine These im Licht neuerer Forschungsergebnisse. Einen weiteren Bezug zur Gattungsform der Gesta stellte KNUT GÖRICH (München) her. Unter dem Titel »Papstgeschichtsschreibung im Zeichen des Schismas« behandelte er die Papstviten Kardinal Bosos, mit denen dieser im 12. Jahrhundert an die Papstgeschichtenschreibung des

Liber pontificalis anknüpfte. Dem Motiv des Prüfungen und Verfolgungen erleidenden (rechtmäßigen) Papstes galt dabei das besondere Augenmerk Görichs.

Die Rezeption des im *Liber censuum* überlieferten Papstkataloges *De Nominibus et Temporibus Constitutionibus et Actibus Pontificum Romanorum* und die Einfügung von aus dem *Liber pontificalis* bekannten Konstitutionen in eine Papstliste des frühen 13. Jahrhunderts, war Gegenstand des Vortrages »Der *Liber pontificalis* und der *Liber censuum* als Fundgrube? Zur Rezeption von Papstviten in einer hochmittelalterlichen Papstliste« von THOMAS KIESLINGER (Rom). Er stellte heraus, dass die selektiv aus beiden Werken übernommenen und in eine zusammen mit dem *Decretum Gratiani* überlieferte Handschrift eingefügten Informationen, die Viten der Päpste vor allem hinsichtlich des Gebrauchs zusammen mit dem Dekret und nicht hinsichtlich der sonst für den *Liber pontificalis* charakteristischen Merkmale (Weihedaten etc.) genutzt wurden. Mit einer weiteren philologischen Betrachtung zum Thema »*Ut Leoninum cursum reduceret* – Pandulphus und die Renaissance leoninischer Klauseltechnik in Urkunden Urbans II.« ging HEINRICH HEIDENREICH (Frankfurt a. M.) nicht nur auf die Papstviten des Pandulphus ein, sondern erhellte zugleich die Anwendung des *cursus Leoninus* im päpstlichen Umfeld des Hochmittelalters.

STEFAN BAUER (York) bot einen Ausblick in das Zeitalter der Renaissance und untersuchte die Zusammenhänge zwischen dem *Liber pontificalis* und den *Vitae pontificum*, welche um 1475 vom Humanisten Bartolomeo Platina verfasst wurden. Unter dem Titel »The Book of Pontiffs in the Renaissance: Platina, Panvinio and their Critics«, widmete er sich aber ebenfalls der Betrachtung des Augustinerbruders Onofrio Panvinio (1430–1568) und dessen neuem Versuch eine Geschichte der Päpste zu schreiben. Die Wahrnehmung beider Werke an der römischen Kurie am Ende des 16. Jahrhunderts beschloss seinen Vortrag und die Sektion.

Eine Handschriften-Führung mit papstgeschichtlichem Fokus erhielten die Teilnehmer am Donnerstagmittag durch *Chiara Cecalupo* (Rom) in der *Biblioteca Vallicelliana*. *Stefan Heid* führte am Samstagvormittag außerdem im Laterankomplex (*Sancta Sanctorum*, Baptisterium, Basilika und Kreuzgang) und damit einem derjenigen Orte Roms, die für die Entstehung und Fortschreibung des *Liber pontificalis* von besonderer Bedeutung sind.

Den Abschluss der Tagung bildete ein öffentlicher Abendvortrag des Römischen Instituts der Görres-Gesellschaft, den in magistraler Weise KLAUS HERBERS hielt. Herbers verknüpfte die verschiedenen methodischen und inhaltlichen Zugänge zum Papstbuch zu einem einheitlichen Bild und legte so zugleich eine umfassende Gesamtwürdigung der Tagung und ihrer Ergebnisse vor. Auf die Veröffentlichung der Tagungsbeiträge darf man dementsprechend gespannt sein.

PRESSEECHO:

Interview von Christina Höfferer mit Klaus Herbers, *Liber pontificalis* – Das Radio Vatikan des Frühmittelalters, in: Vatican News, 27.11.2018.

Tagungsteilnehmer

VERÖFFENTLICHUNG:

K. Herbers / M. Simperl (Hg.), Das Buch der Päpste – Liber pontificalis. Ein Schlüsseldokument europäischer Geschichte (Freiburg i.Br. u. a. 2020). (siehe unten Kap. 6)

2019

STERBEN & TÖTEN FÜR GOTT? DAS MARTYRIUM IN SPÄTANTIKE UND FRÜHEM MITTELALTER

20.–23. Februar 2019, Campo Santo Teutonico

Verantwortlich: Peter Bruns (Bamberg) und Stefan Heid (Rom)

Die Tagungsorganisation lag bei der Forschungsstelle Christlicher Orient der Katholischen Universität Eichstätt-Ingolstadt (Peter Bruns) in Zusammenarbeit mit dem Lehrstuhl für Alte Kirchengeschichte und Patrologie (Andreas Weckwerth) sowie der Stiftungsprofessur Prinz Max von Sachsen des Bistums Eichstätt für Theologie des Christlichen Ostens (Thomas Kremer). Die Tagung wurde gefördert durch proFOR+ Forschungsförderung der Katholischen Universität Eichstätt-Ingolstadt.

REFERATE:

Ingo Schaaf (Konstanz): *neque enim veneramur nomine martirum eos qui sibi collum ligaverunt* (Aug. c. litt. Pet. II 49). Opfertod und Todessuche als Exempel in Antike und Christentum

Hans Reinhard Seeliger (Tübingen): *Ad illam vitam non ducit tortura sed causa* (Acta Sebastiani 28). Das Bild des Märtyrers in den römischen Märtyrerlegenden

Felix Grollmann (München): Rechtsvorstellungen und Kirchenhass. Zum Verhältnis der frühmittelalterlichen Martyrien zu den römerzeitlichen Christenverfolgungen

Felix Rohr (Bamberg): *Meriti clausula pax*. Zur Martyriumsidee bei Prudentius

Georg Röwekamp (Jerusalem): Der christliche Märtyrer als Kämpfer. Einige Beobachtungen aus der Kirchengeschichte des Heiligen Landes

Peter Bruns (Bamberg): Erlösung im Kampf oder durch Tod? Beobachtungen zu den syrischen Akten der persischen Märtyrer

Notker Baumann (Erfurt): Die christliche Deutung der »makkabäischen Märtyrer« im frühen Mittelalter

Wenzel Maximilian Widenka (Eichstätt): Seinen Namen heiligen, um das Volk zu retten. Das Konzept des *Qiddush haShem* und das Martyrium im Judentum

Thomas Kremer (Eichstätt): Zum Verständnis von Martyrium in mittelbyzantinischer Zeit in der Auseinandersetzung mit dem Islam

Mira Sievers (Frankfurt a. M.): Sie sind lebendig bei ihrem Herrn (Q 3:169). Koranische Grundlagen und theologische Deutungen des Märtyrertums im Islam

Serdar Kurnaz (Hamburg): Die Entstehung und Entwicklung der Begriffe jihâd und shahîd in koranexegetischer und juristischer Literatur von den Anfängen des Islams bis zum 11. Jahrhundert

Hureyre Kam (Frankfurt a. M.): Asketische Kriegsführung. Ibn al-Mubaraks Vorstellungen vom Jihad

Joachim Braun (Eichstätt): Vorösterliches Martyrium? Eine florilegische Sammlung zur Verehrung der »Unschuldigen Kinder« als Märtyrer bei westlichen wie östlichen Vätern

Josef Rist (Bochum): Der jugendliche Tarzisius. Märtyrer und spätantikes Idealbild eucharistischer Frömmigkeit

Katharina Reihl (Eichstätt): Überlegungen zum unblutigen Martyrium am Beispiel der Protomärtyrerin Thekla

Winfried Büttner (Bamberg): Hagiographische Notizen zur Theologie des Martyriums aus der Legende des frühchristlichen Blutzeugen Pantaleon

Roman Hankeln (Trondheim): Gewalt, Glorie, Gregorianik. Aspekte liturgisch-musikalischer Artikulation des Massenmartyriums im Sittener Mauritiusoffizium

Andreas Weckwerth (Eichstätt): Grundlinien einer Theologie des Martyriums im sogenannten Sacramentarium Veronense

Francesca Paola Massara (Rom): *Ego enim iam delibor et tempus resolutionis meae instat* … Martirio, testimonianza e non-violenza nell'iconografia paleocristiana

Tagungsteilnehmer

Dominik Baumgartner (München): Märtyrer als Schlüssel zum Jenseits. Bestattungen *ad sanctos* und ihre eschatologischen und frömmigkeitsgeschichtlichen Implikationen

Berthold Pelster (München): Terror, Flucht, Vertreibung. Christenverfolgung als globale Herausforderung

Am Samstag fand eine Besichtigung des Märtyrerzyklus im Venerable English College und des Campo de' Fiori unter der Leitung von Prof. Dr. Johannes Grohe bzw. Dr. Andrea Hindrichs statt.

PRESSEECHO:

Eichstätter Kurier, 07.02.2019 (online): »Fachtagung in Rom«.

VERÖFFENTLICHUNG:

P. Bruns / Th. Kremer / A. Weckwerth (Hg.), Sterben & Töten für Gott? Das Martyrium in Spätantike und frühem Mittelalter. Internationale Tagung in Rom vom 20. bis 23. Februar 2019 (Münster 2022). (siehe unten Kap. 6)

ZWISCHEN KARTHAGO, ROM UND HIPPO REGIUS: AUGUSTINUS IN DER NORDAFRIKANISCHEN UND EUROPÄISCHEN TRADITION

27.–30. März 2019, Campo Santo Teutonico

Verantwortlich: Anja Bettenworth (Köln), Claudia Gronemann (Mannheim)

Die Tagung fand im Rahmen eines DFG-Projekts der Universitäten Köln und Mannheim statt und wurde unterstützt von der Pax-Bank, der Fritz Thyssen Stiftung und dem Förderverein der Universität Köln.

REFERATE:

Konrad Vössing (Bonn): Warum kam Augustinus nach Hippo Regius (391)? Selbstaussagen, Hagiographie und moderne Deutung

Therese Fuhrer (München): Augustinus als Prediger in den nordafrikanischen Kirchen

Winrich Löhr (Heidelberg): Die *Confessiones* Augustins – ein autobiographisches Projekt in der Spätantike

Moritz Kuhn (Köln): Der afrikanische Augustinus in der *Vita Augustini* des Possidius

Elena Zocca (Rom): L'impatto della *Vita Augustini* e di Agostino sulla produzione letteraria di età vandalica. Temi martiriali e agiografici

Anna Esposito (Rom): Presenza degli Agostiniani nell'ambito urbanistico di Roma

Stefan Ardeleanu (Heidelberg) / ***Amar Nouara*** (Annaba): Hippo Regius – Bouna – Bône – Annaba et la biographie d'un lieu de mémoire. La cité d'Augustin entre réalité archéologique et réception moderne

Habib Kazdaghli (Tunis): La mémoire de Saint Augustin chez les hommes politiques tunisiens

Ahmed Cheniki (Annaba): La représentation de Saint Augustin dans les littératures d'Afrique du Nord durant la période postcoloniale

Khalid Zekri (Meknès): Lectures euro-maghrébines de Saint Augustin. De l'écriture savante à la cyber-écriture

Anja Bettenworth (Köln) / ***Claudia Gronemann*** (Mannheim): Der Heilige Augustinus im modernen Maghreb. Kulturelle Erinnerung und literarische Rezeption

Am Samstagvormittag fand eine gemeinsame Exkursion nach *Ostia Antica* unter der Führung von *Dr. Chiara Cecalupo* statt. Ferner wurde der Kinofilm »Augustine – fils de ses larmes« vorgeführt.

TAGUNGSBERICHT:

Von Jutta Weiser (H-Soz-Kult und Clio-online)

Ende März trafen im Römischen Institut der Görres-Gesellschaft am *Campo Santo*

Teutonico (Vatikan) Forscherinnen und Forscher verschiedener Disziplinen aus Deutschland, Italien, Marokko, Algerien und Tunesien zusammen, um sich dem Leben und Nachwirken des heiligen Augustinus und seinen Erinnerungsorten in Rom und Nordafrika anzunähern. Die thematische Fokussierung der Tagung ging aus dem interdisziplinären DFG-Projekt »Augustinus-Darstellungen als Formen spätantiker und postkolonialer Wissensproduktion« der Romanistin CLAUDIA GRONEMANN (Mannheim) und der Altphilologin ANJA BETTENWORTH (Köln) hervor. Im Fokus der Vorträge und Diskussionen standen die afrikanische Herkunft des Kirchenvaters und die damit zusammenhängende kulturelle Formung der biographischen Räume in der Spätantike, im Mittelalter und im heutigen Maghreb. Während der heilige Augustinus in der europäischen Tradition eine intensive Rezeption erfahren hat, ist die Erinnerung an ihn im heutigen Maghreb alles andere als selbstverständlich. Hierfür sind nicht nur religiöse Gründe anzuführen, sondern auch historische und kulturelle, die unter anderem mit der hegemonialen Aneignung der Figur des Augustinus durch das koloniale Regime verbunden sind.

Die Tagung wurde mit einem Grußwort des Gastgebers STEFAN HEID, Leiter des Römischen Instituts der Görres-Gesellschaft, eröffnet, der die innovative Thematik, die Vielfalt der vertretenen Disziplinen und den in mehreren Sprachen (Deutsch, Französisch und Italienisch) gepflegten Austausch hervorhob. Die Verknüpfung der Perspektiven der Archäologie, der Alten Geschichte und der Zeitgeschichte, der Kirchengeschichte sowie der Klassischen und der Romanischen Philologie sei für die Erschließung der biographischen Räume des Augustinus ebenso notwendig wie für die Analyse der traditionellen und der aktuellen Erinnerungsorte.

Im ersten Vortrag ging der Althistoriker KONRAD VÖSSING (Bonn) den Beweggründen für Augustins Übersiedelung nach Hippo Regius nach, wo er Priester und später Bischof wurde. Ausgehend von den Selbstaussagen in Sermo 355, in dem bereits zwei Beweggründe genannt werden – zum einen die Gründung eines Klosters, zum anderen der Besuch eines Freundes – zeigte Vössing die Diskrepanzen zwischen den Selbstaussagen, der zeitgenössischen Biographie des Possidius und den modernen Deutungen auf. Der Neuanfang des 36-Jährigen in Hippo Regius stelle offenkundig einen Bruch mit seinem bisherigen Leben in Thagaste dar, was jedoch von Augustin selbst ebenso wenig wie von seinen Biographen erwähnt werde. Augenscheinlich habe Augustin nach dem Tod seines Sohnes Adeodatus einen Ort für einen Neuanfang gesucht und in Hippo dann jenes geistliche Amt erhalten, das ihm die Kirche in Thagaste nicht angeboten hatte. Die Deutung des Possidius, derzufolge Augustin eines Sonntags ganz unerwartet durch das Volk zum Priesteramt gedrängt wurde und in Tränen ausbrach, als Bischof Valerius ihn dann sofort zum Priester weihte, sei zwar in das historische Gedächtnis eingegangen, aber durch seine eigenen Aussagen nicht gedeckt und faktisch unplausibel. Der Vortrag spürte den unterschiedlichen Auslegungsmöglichkeiten nach.

Daran anschließend analysierte die Altphilologin THERESE FUHRER (München) die 399 und 401 in Karthago gehaltenen augustinischen Predigten, die im Allgemeinen als Belege für den nordafrikanischen Ikonoklasmus im Kampf der Christen gegen die Heiden gelten. Fuhrer hingegen veranschaulichte, dass der Kirchenlehrer gerade nicht zum Bildersturm aufrief, sondern auf die innere Einstellung der Christen einzuwirken verstand mit dem Ziel, die Herausbildung einer eigenen kulturellen Identität der nordafrikanischen Katholiken zu ermöglichen – und zwar in Abgrenzung zu Karthagos Paganismus einerseits und zur christlichen Hauptstadt Rom andererseits. Augustinus habe demzufolge vielmehr, so Fuhrer, zu einem »inneren Ikonoklasmus« aufgerufen, insofern er nicht die Zerstörung von Statuen, sondern eine grundlegende Veränderung im Denken anstrebte.

Der Kirchenhistoriker WINRICH LÖHR (Heidelberg) stellte die autobiographischen Aspekte der *Confessiones* ins Zentrum seines Vortrags und arbeitete dabei insbesondere die psychologische Komponente heraus. Mit dem Bekenntnis der eigenen Schwächen ebenso wie mit der Preisgabe persönlicher und intimer Details – etwa seine Geschlechtsreife betreffend oder auch das heimliche Weintrinken seiner Mutter und die häusliche Gewalt durch seinen Vater Patricius – sei es dem Rhetoriker Augustinus gelungen, seinen Text publikumswirksam zu gestalten und Identifikationsangebote für den Leser zu schaffen. Diese Strategie erweise sich insbesondere in Bezug auf das Konversionsereignis als relevant, insofern dem »authentischen Sprechen« über die eigene Bekehrung Modellcharakter zugesprochen werden könne.

Der Altphilologe MORITZ KUHN (Köln) analysierte in seinem Vortrag die *Vita Augustini* (430) des Augustinus-Schülers Possidius von Calama unter dem Aspekt einer Verortung des Kirchenlehrers in Nordafrika. Possidius betone dabei sowohl die nordafrikanische Herkunft als auch das nachhaltige Wirken seines Weggefährten und Lehrers im christlichen Afrika, das durch den Kampf der katholischen Kirche gegen verschiedene Häresien, insbesondere den in Nordafrika stark verbreiteten Donatismus, geprägt gewesen sei. Durch seine Position als Bischof von Hippo avancierte Augustinus zu einer wichtigen Leitfigur der nordafrikanischen katholischen Kirche und deren kultureller und religiöser Identität.

Im Anschluss daran veranschaulichte die Kirchenhistorikerin ELENA ZOCCA (Rom) das deutliche Nachwirken der Biographie des Possidius – und insbesondere seines Märtyrer-Modells – in historischen und hagiographischen Schriften der Vandalenzeit. Dabei rückte sie mit Vittore de Vitas *Historia persecutionis Africanae Provinciae* zunächst das wichtigste zeitgenössische Zeugnis der Vandalen-Invasion in den Fokus, das dem augustinisch-possidianischen Modell wichtige Impulse verdankt. Weiterhin widmete sich Zocca der *Vita Fulgentii* des Ferrandus von Karthago (‚Pseudo-Ferrandus'), deren Affinitäten zur *Vita Augustini* bereits im Prolog deutlich würden, insofern auch Fulgentius an exponierter Stelle als »Africanae Ecclesiae doctor praedestinatus« eingeführt werde. Da seine Biographie darüber hinaus einige Parallelen zu derjenigen Augustins aufweise, werde ersichtlich, dass der Text des Possidius hier offenkundig Pate gestanden habe.

Über die hagiographische Darstellung des Augustinus hinaus widmete sich die Tagung daran anschließend im zweiten thematischen Block den augustinischen Erinnerungsorten und ihrer jeweiligen kulturellen Prägungen. Dazu analysierte zunächst die Mediävistin ANNA ESPOSITO (Rom) die mittelalterlichen Kirchenbauten des Augustinerordens innerhalb der römischen Stadtarchitektur. Die Augustiner-Eremiten ließen sich im 14. Jahrhundert zunächst im Kloster Santa Maria del Popolo nieder, das zwar noch innerhalb der römischen Stadtmauern, aber an ihrem äußersten Rand in der Nähe des Stadttors Porta Flaminia liegt. Mit der Umsiedlung einiger Mönche in das nahe der Piazza Navona gelegene Kloster von San Trifone ließe sich eine Bewegung von der Peripherie ins Zentrum beobachten.

Der Vortrag der Archäologen STEFAN ARDELEANU (Heidelberg) und AMAR NOUARA (Annaba) stellte die im 19. Jahrhundert einsetzende archäologische Spurensuche an Augustins Wirkungsort Hippo Regius und deren zeitlichen Wandel innerhalb der letzten 150 Jahre vor. Dabei wurden in einer doppelten Bewegung sowohl die Monumente im antiken Stadtareal als auch die koloniale und postkoloniale Prägung ihrer jeweiligen Kommemoration untersucht. Der Vortrag zeigte die Wechselwirkung zwischen der archäologischen Augustinus-Rezeption und der Valorisierung seiner Wirkungsstätten als *lieu de mémoire*.

Im Anschluss daran untersuchte der Zeithistoriker HABIB KAZDAGHLI (Tunis) die nach der tunesischen Unabhängigkeit 1956 einsetzende Antikenrezeption in Nordafrika und die damit einhergehende politische Indienstnahme des heiligen Augustinus. Diese habe sich als eine allmähliche Wiederaneignung von Figuren und Orten des kulturellen Gedächtnisses gestaltet, die während der Kolonialzeit durch die Orient-Okzident-Dichotomie verblasst seien. Kazdaghli zeigte diese Wiederaneignung exemplarisch am Personenkult des früheren tunesischen Staatspräsidenten Habib Bourguiba, der sich nicht mehr an kriegerischen Figuren wie Jugurtha orientierte, sondern als gemäßigten, volksverbundenen Machthaber in der Tradition des Augustinus inszenierte, mit dem er sich sogar gleichsetzte.

Der Beitrag von AHMED CHENIKI (Annaba), der aufgrund der aktuellen Lage im Land nur verlesen werden konnte, bot eine Bestandsaufnahme der Augustinus-Rezeption in der algerischen Literatur, im Theater und im Film der Gegenwart. Augustinus werde oftmals – so etwa bei Assia Djebar oder Abdelaziz Ferrah – im positiven Sinne als Berber und Zeitzeuge des spätantiken Nordafrika dargestellt, der als solcher eine entscheidende Rolle bei der historischen und kulturellen Identitätssuche Algeriens leiste. Andere Autoren, wie z. B. Mouloud Feraoun oder Jacques Derrida, adaptieren den autobiographischen Stil der *Confessiones*, der damit zu einem Schlüsseltext der modernen und postmodernen Selbstthematisierung avanciert sei.

Aus kulturwissenschaftlicher Perspektive analysierte KHALID ZEKRI (Meknès) die Rolle des Augustinus in der kolonialen und postkolonialen französischsprachigen Literatur: zum einen in der »écriture savante«, wobei Zekri dem kolonialen Blick auf den afrikanisch-lateinischen Augustinus bei Louis Bertrand die dekoloniale Lektüre des marokkanischen Autors Kebir Ammi gegenüberstellte; zum anderen die Strategien einer »cyber-écriture«, die auf eine Aneignung der Augustinus-Figur hinauslaufe. Eine ähnliche Aneignung sei schon bei Bertrand zu beobachten, der die Figur des Augustin für eine katholische und koloniale Propaganda instrumentalisiere, insofern er Algerien als Erweiterung der Kolonialmacht Frankreich begreife.

Die Erinnerungsorte des Augustinus fanden die Teilnehmer am gleichen Abend in kinematographischer Visualisierung wieder, als Habib Kazdaghli den aktuelle Augustinus-Film *Augustin: fils de ses larmes* (Algerien/Tunesien 2015) des ägyptischen Regisseurs Samir Seif präsentierte, der im Anschluss einem breiteren Publikum vorgeführt wurde. Nicht nur das Drehbuch, auch das Filmprojekt selbst geht zurück auf Imed Dabbour, einen ehemaligen Schüler Kazdaghlis.

Am letzten Konferenztag fand ein von Stefan Heid organisierter Ausflug nach Ostia Antica statt, der Ausgrabungsstätte in der antiken Hafenstadt, in der Augustins Mutter Monnica im Jahr 387 starb. Die Besichtigung bot den Teilnehmern einen Einblick in das alltägliche Leben im antiken Ostia, die Wohnverhältnisse, das römische Forum und das Theater.

Den Abschluss und Höhepunkt der Tagung bildete dann der öffentliche Festvortrag der beiden Organisatorinnen CLAUDIA GRONEMANN (Mannheim) und ANJA BETTENWORTH (Köln), der dem Publikum Einblicke in die moderne Augustinus-Rezeption in der maghrebinischen Literatur und damit in die Ergebnisse des gemeinsamen interdisziplinären Forschungsprojektes bot. Im Mittelpunkt stand dabei die veränderte Wahrnehmung des historischen Augustinus im Zuge der Kolonialisierung und der politischen Unabhängigkeit Nordafrikas. Wenn sich die heutige Literatur des Maghreb schwer tue mit der Wiedergewinnung des Nordafrikaners Augustin, so liege dies – wie die Romanistin Gronemann betonte – an der nachhaltigen Wirkmächtigkeit kolonialer Mythen, zu deren festem Bestand die Verortung Augustins in der *Afrique latine* gehöre, womit das antike Erbe eindeutig den Kolonisatoren zugeschrieben werde. In diesem Sinne werden etwa bei Louis Bertrand sowohl die nordafrikanischen Landschaften als auch die dortigen Ruinen und Inschriften zu »kolonialen Gedächtnisorten«. In dieser Perspektive ist der heilige Augustinus ein wichtiger Repräsentant der europäisch-lateinischen Kultur auf afrikanischem Gebiet, das allerdings nicht als fremd, sondern im Gegenteil als eigenes wahrgenommen wird. Als Beispiel für die postkoloniale Augustinus-Rezeption wurde darüber hinaus Abdelaziz Ferrahs Roman *Moi, Saint Augustin. Aurègh, fils de Aferfan de Thagaste* (2004) unter dem Gesichtspunkt des kulturellen Raumes analysiert.

Die Tagung konnte am Beispiel der textuellen Darstellung biographischer Orte und der Entstehung von Erinnerungsorten belegen, dass die mit Augustinus verbundenen Räume in religiöse und kulturelle Diskurse und dabei auch in jene des Eigenen und Fremden übersetzt werden. So ist im heutigen Maghreb eine Abgrenzung von kolonialen Mustern zu erkennen, die sich auch in den kulturellen Spannungen der im Umbruch befindlichen nordafrikanischen Gesellschaften zeigt und die es weiter zu erforschen gilt.

Tagungsteilnehmer

VERÖFFENTLICHUNG:

Die meisten Referate sind in der Römischen Quartalschrift 114 (2019) und 115 (2020) veröffentlicht. (siehe unten Kap. 6)

DAS MITTELMEER – RAUM KULTURELLER UND POLITISCHER GESCHICHTE(N), FANTASIEN UND REALITÄTEN

1.–4. Dezember 2019, Campo Santo Teutonico

Verantwortlich: Christian Hülshörster (Bonn), Valentina Torri (Rom)

Die Konferenz für DAAD-Lektorinnen und Lektoren aus den Mittelmeer-Anrainerstaaten fand in Kooperation mit dem RIGG statt.

REFERATE:

Wolf Lepenies (Berlin): Das Scheitern der Mittelmeerunion. Vorgeschichte und Folgen

Anja Zorob (Birzeit): Forschung und Bildung in den Euro-Mediterranen Beziehungen: Ein neuer Pfeiler interregionaler Kooperation und Integration?

Alexander Niedermeier (Kairo): Auf der Suche nach Sicherheit im Fünften Mediterranen Zeitalter: Ansätze, Herausforderungen und Chancen (trans-)mediterraner Terrorismusbekämpfung im Mittelmeerraum

Juliane Fehlig (Valencia): Spanische Mittelmeerinseln als literarischer Schauplatz der 1930er Jahre

Nils-Christian Terp (Paris): »Ein Meer, sie zu verbinden …«. Gabriel Audisios' Entwurf einer »Patrie MßediterranÉe« und das heutige Europa

Lea Weis (Poitiers): Identitätsbildung im postkolonialen Algerien am Beispiel ausgewählter Werke Boualem Sansals

Deniz Günes Yardimci (Istanbul): Vom Gastarbeiterkino zum Transnationalen Kino: Der Wandel von Kultur und Identität im deutschen Migrationsfilm

Elise Geyer (Marseille): Europäische Migrationspolitik im Mittelmeerraum. Geschichte, Dynamiken, Zukunftsperspektiven

Dani Kranz (Beer Sheva): Das deutsch-israelische Verhältnis, Israel als Land im Nahen Osten und die Regionalbeziehungen Israels

Julia Papushado (Haifa): Die verdrängte Geschichte Haifas

Moritz Schildge (Nancy): »Defining the Mediterranean« – verbindende Merkmale und Probleme der Mittelmeerregion aus geographischer Perspektive

Verena Richter (Paris): Das Mittelmeer als pluraler Erinnerungsraum im französischen Essayfilm

Philipp Decker / Suna G. Aydemir (Istanbul): Das Mittelmeer im Neo-Osmanismus

Jochen Thermann (Lyon): Marseille 1940 – Rekonstruktion einer Flüchtlingskrise aus den Dokumenten der Exilliteratur

Marilena Ahnen (Istanbul): Sprechen zwischen Skylla und Charybdis. Zum Umgang mit Mittelmeerstereotypen

Sina Menrad (Santiago de Compostela): Gesellschaftliche Tabus. Einheit oder Differenz in den Mittelmeeranrainerstaaten

Ruth Pappenhagen (Birzeit): Reisen verbindet? Reisen, Urlaub und Mobilität in DaF-Lehrwerken

Marco Triulzi (Rom): Das zuwandernde Mittelmeer. Italienischsprachige Kinder und ihre Eltern im deutschen Bildungssystem zwischen Heterogenität und geteilten Erwartungen

Ekkehard Haring (Athen): Daheim an fernen Gestaden. Poetische Aufbrüche nach Griechenland im Zeichen gesellschaftlichen Wandels

Arne Thomsen (Tunis): Tyros Karthago Troja Rom Phokaia Marseille. Mediterrane Migrationen der Antike

Carsten Vellguth (Kairo): Insignien ägyptischer Herrschaft im Mittelmeerraum: Obelisken

Carsten Walbiner (Osterjerusalem): »Gelehrt wie ein Maronit«. Christliche Studenten und Gelehrte aus dem Vorderen Orient im Westeuropa der frühen Neuzeit

Holger Radke (Algier): Der alte Mann am Mittelmeer. Was der »verspätete Arabische Frühling« in Algerien erreicht hat und wie es nun weitergeht

Christian Hülshörster (Bonn): Von »Mare Nostrum« zu »Operation Sophia«. Persönliche Erfahrungen mit der Seenotrettung von Flüchtlingen im Mittelmeer

2020

ZWISCHEN KRONEN UND NATIONEN. DIE ZENTRALEUROPÄISCHEN PRIESTERKOLLEGIEN IN ROM VOM RISORGIMENTO BIS ZUM ZWEITEN WELTKRIEG

22.–24. Januar 2020, Campo Santo Teutonico

Verantwortlich: Tamara Scheer (Wien / Rom), Florian Kührer-Wielach (München), Stefan Heid (Rom)

REFERATE:

Florian Kührer-Wielach (München): Confessio-Natio-Patria. (Post)imperialer Wandel zwischen Reaktion und Adaption

Stefan Heid (Rom): Deutsch ohne Grenzen. Die Nationenfrage am Priesterkolleg beim *Campo Santo Teutonico*

Andreas Gottsmann (Wien/Rom): Der Konflikt zwischen dem Priesterkolleg *Santa Maria dell'Anima* und der österreichisch-ungarischen Botschaft um die Aufgaben der Agentie

Markus Pillat (Rom): »daß die Kinder meiner katholischen Unterthanen der Erziehung und dem Unterrichte dieser ausländischen Anstalten nicht anvertraut werden mögen«: Das *Pontificium Collegium Germanicum et Hungaricum* in Rom zwischen internationalem Anspruch und nationalen Interessen im 19. und 20. Jahrhundert

Tamara Scheer (Wien / Rom): *Patria – Natio – Religio*: Die habsburgische Nationalitätenfrage am *Collegium Teutonicum di Santa Maria dell'Anima* (1859–1915)

Franz-Josef Kos (Kerpen): Das Deutsche Reich und die katholischen Institutionen in Rom, *Campo Santo* und *Anima*, vom Ende des 19. Jahrhunderts bis 1933

Jitka Jonova (Olomouc): Mons. Frantisek Zapletal und das böhmische und spätere tschechoslowakische Kolleg in Rom

Tomislav Mrkonjic (Rom): Das kroatische Priesterkolleg in Rom und seine Bedeutung für die kroatische Nation in der Zeit der Habsburgermonarchie

Ulyana Uska (Lwiw): Ukrainische Kollegiaten in Rom: Biographien als Spiegelbilder einer Epoche

Urban Fink (Oberdorf-Solothurn): Schweizer Germaniker und weitere Schweizer Romstudenten und ihr Wirken in der Kirche in der Schweiz des 19. und 20. Jahrhunderts. Eine biographische und strukturelle Spurensuche

Hartmut Benz (Ruppichteroth): Der *Campo Santo Teutonico* und die Nord-Amerikanische Mission

Stefan Samerski (München): Das Salvatorianer-Kolleg in Rom. Internationalität versus deutsches Regulativ

András Fejérdy (Budapest): »Ich bin ein Römischer Theologe«. Die Rolle der Römischen Studienjahre im Leben und theologischen Wirken des späteren Bischofs von Székesfehérvár, Ottokár Prohászka (1858–1927)

Katrin Boeckh (Regensburg/München): Russlanddeutsche am Germanicum: Alexander Frison (1875–1937)

Rok Stergar (Ljubljana): Ignac Žitnik: Ein Politiker zwischen Nationalismus, politischem Pragmatismus und Kaisertreue

Marija Wakounig (Wien): Lambert Ehrlich: Ein Wanderer zwischen den Welten

Tobias Weger (München): Von Oberschlesien und Böhmen über Rom in die rumänische Dobrudscha: Exemplarische Priesterbiographien

Karl-Joseph Hummel (Meckenheim): *Ecclesiae et Nationi*. Zu Theorie und Praxis der gespaltenen Seelsorgepolitik von Bischof Alois Hudal

TAGUNGSBERICHT:

Von Theresa Gillinger (H-Soz-Kult)

Im Rahmen der Tagung wurden mehrere zentraleuropäische Priesterkollegien und ihre Kollegiaten in Rom und dem Vatikan in den Blick genommen. Organisiert wurde die Tagung von FRANZ XAVER BRANDMAYR (Päpstliches Institut *Santa Maria dell'Anima*, Rom), STEFAN HEID (Römisches Institut der Görres-Gesellschaft), FLORIAN KÜHRER-WIELACH (Institut für deutsche Kultur und Geschichte Südosteuropas an der LMU München) und TAMARA SCHEER (Universität Wien). Ziel der Tagung war es, aktuelle historische Fragestellungen zu individueller und kollektiver Zugehörigkeit, Identifikation und Loyalität im zentral-, ostmittel- und südosteuropäischen Raum mit kirchengeschichtlichen Perspektiven zu verknüpfen. Mit einem interdisziplinären, institutionsgeschichtlichen wie akteursbezogenen Ansatz wurde das sich wandelnde Verhältnis von Staat und Kirche in einen größeren zeitlichen und geografischen Rahmen diskutiert. Im Untersuchungszeitraum, der sich, beginnend mit dem italienischen Einigungsprozesses ab den 1850er-Jahren bis zum Ausbruch des Zweiten Weltkriegs, über mehrere politische Zäsuren erstreckt, lässt sich ein Prozess der Neuordnung der europäischen Staaten feststellen, der mit dem Zerfall jahrhundertealter Reiche und der Entstehung neuer Staaten verbunden war.

Kührer-Wielach bettete in seinem einleitenden Beitrag »*Confessio – Natio – Patria*: (Post-)imperialer Wandel zwischen Reaktion und Adaption« die Tagung in einen theoretisch-methodischen Rahmen ein. Er stellte neun Faktoren vor, die er den Kategorien »Feld«, »Umfeld« und »Phänomene der Moderne« zuordnete. Im »Feld« verortete er institutionelle (Kollegien) und individuelle Akteure sowie Rom selbst als »Soziotop«. Die Kirche, das Imperiale und den Wandel nannte er als Faktoren des »Umfelds«. In Bezug auf den Wandel verwies er den Begriff der Adaption, den er als Alternative zur üblichen dualistischen Perspektive auf Kontinuitäten und Brüche vorstellte. Im Rahmen der Kategorie »Phänomene der Moderne« erläuterte er Zugänge zu Nation, Konfession und Ideologie.

Heids Beitrag »Deutsch ohne Grenzen: Die Nationenfrage am Priesterkolleg beim *Campo Santo Teutonico* (CST), 1875–1939« räumte dem Begriff der Kulturnation eine zentrale Stellung ein. Insbesondere behandelte er die Rolle des niederrheinischen Priesters Anton de Waal, von 1872 bis 1917 Rektor der Erzbruderschaft, bei der Transformation des CST zur treibenden Kraft deutscher Nationalinteressen in Rom. De Waal verstand sich stets als »preußischer Untertan« und versuchte, den deutschen Anspruch auf den CST kulturgeschichtlich zu legitimieren, indem er eine Kontinuität konstruierte, die die Gründung als deutsches »Nationaleigentum« bis auf Karl den Großen zurückführte. De Waal formte den CST neben der »Anima« zur zweiten »deutschen Nationalstiftung« aus, und verstand »deutsch« von seinem patriotischen Gefühl her als reichsdeutsch, in historischer Perspektive aber als großdeutsch.

ANDREAS GOTTSMANN (Wien/Rom) behandelte in seinem Beitrag den »Konflikt zwischen dem Priesterkolleg *Santa Maria dell'Anima* und der österreichisch-ungarischen Botschaft um die Aufgaben der Agentie«, das heißt die Wahrnehmung privater und staatlicher Rechtsgeschäfte beziehungsweise deren Vermittlung beim Heiligen Stuhl. Die bei der Botschaft am Heiligen Stuhl angesiedelte kaiserliche Agentie wurde zu einem Instrument des kaiserlich-österreichischen Staatskirchentums. Mit der Revolution 1848/49 wurden der staatlichen Agentie ihre rechtlichen Grundlagen entzogen. Sie verlor mit der Gewährung des freien Verkehrs der Bischöfe ihre Monopolstellung. In der *Anima* wurde jedoch versucht, privaten Agenten zuvorzukommen und sich die Aufgaben und damit Einkünfte zu sichern.

MARKUS PILLAT (Rom) widmete seinen Beitrag dem »*Pontificium Collegium Germanicum et Hungaricum* (CGH) in Rom zwischen internationalem Anspruch und nationalen Interessen im 19. und 20. Jahrhundert«. Das CGH appellierte »bereitwillig an Kronen und Nationen, um seine Funktion als Ausbildungsstätte für Priesterkandidaten ausüben zu können«, so Pillat. Es wurde vom Jesuitenorden mitbegründet und war von Beginn an von einem internationalen Geist geprägt, was national gesinnte Akteure dazu veranlasste, das CGH als »national unzuverlässig« anzusehen. Pillat zeigte auf, wie das CGH im 19. und 20. Jahrhundert aber zunehmend nationale Tendenzen entwickelte, obwohl die Übernationalität weiterhin als Schutz vor einer Einmischung von »Kronen und Nationen« dienlich war.

TAMARA SCHEER veranschaulichte in ihrem Vortrag »Die habsburgische Nationalitätenfrage am *Collegium Teutonicum di Santa Maria dell'Anima* (1859–1915)«, inwiefern sich die in der späten Habsburgermonarchie virulente Nationalitäten-Frage im Mikrokosmos der *Anima* in Rom widerspiegelte. Stets unter der Patronanz habsburgischer Herrscher war die *Anima* jahrhundertelang Anlaufstelle für Pilger/innen und Priester aus dem Heiligen Römischen Reich gewesen. Obwohl in der Innen- wie Außenkommunikation das Deutsche als Identitätszuschreibung dominierte, war die *Anima* sowohl was Geistliche, Gemeindemitglieder und Mitarbeiter/innen betraf ein »Abklatsch von Zentraleuropas Nationalitäten«.

FRANZ-JOSEF KOS (Kerpen) behandelte in seinem Vortrag das Verhältnis zwischen »Deutschem Reich und den katholischen Institutionen in Rom, *Campo Santo Teutonico* und *Anima*, vom Ende des 19. Jahrhunderts bis 1933«. Er veranschaulichte, dass sich das Interesse der deutschen Kulturpolitik an den beiden Institutionen erst in der zweiten Hälfte des 19. Jahrhunderts ausbildete, da sie sich in dieser Periode von vorwiegend wohltätigen Organisationen zu stärker wissenschaftlich ausgerichteten Institutionen und sogenannten nationalen Heimstätten entwickelten. Paradoxerweise erwies es sich für das Deutsche Reich als schwieriger, die Beziehungen zum *Campo Santo* zu intensivieren, was vor allem am Verhalten des Rektors Anton de Waal, lag, als jene zur *Anima*.

JITKA JONOVA (Olomouc) referierte über »Monsignore František Zapletal und das böhmische und spätere tschechoslowakische Kolleg in Rom«, zu dem Priester aus Böhmen Zugang hatten, unabhängig davon, ob sie deutscher oder tschechischer Nationalität waren. Um nationale Konflikte zu vermeiden, wurde als Umgangssprache das Italienische festgelegt. Nach der Entstehung der Tschechoslowakei als Folge des Ersten Weltkriegs wurde das Böhmische Kolleg unter dem Namen *Nepomucenum* zum tschechoslowakischen Kolleg erweitert.

TOMISLAV MRKONJIĆ (Rom) unterstrich in seinem Vortrag »Das kroatische Priesterkolleg in Rom und seine Bedeutung für die kroatische Nation in der Zeit der Habsburgermonarchie«, das von seiner Gründung im Jahre 1901 bis 1918 als Symbol der »kroatischen katholischen Nation« galt. Dennoch vermied man im Kolleg eine demonstrative Betonung des Kroatischen, da man den Widerstand der Habsburgermonarchie fürchtete angesichts der Tatsache, dass viele Kroaten im habsburgischen Staatsverband lebten, so der Referent.

ULYANA USKA (Lwiw) referierte über »Ukrainische Kollegiaten in Rom: Biographien als Spiegelbilder einer Epoche«. Dabei nahm sie nicht nur die Anfänge des Athanasiums, des ruthenischen/ukrainischen Kollegiums, das 1845 in *Collegium Graeco-Ruthenorum* umbenannt wurde, in den Blick, sondern auch die Rolle einzelner Geistlicher in späteren Krisenzeiten. Mykola Czarneckij und Josyf Slipjj wurden beide, wie viele andere Mitglieder der griechisch-katholischen Kirche, die vom Sowjetregime verboten und mit der orthodoxen Kirche zwangsvereinigt worden war, verfolgt und in sibirischen Lagern interniert.

URBAN FINK (Oberdorf-Solothurn) widmete sich in seinem Vortrag einer »biografischen und strukturellen Spurensuche«, indem er »Schweizer Germaniker und weitere Schweizer Romstudenten und ihr Wirken in der Kirche in der Schweiz des 19. und 20. Jahrhunderts« vorstellte. Aus der Schweiz kamen im 19. Jahrhundert ein Viertel der Germaniker im CGH, und wurden auch im *Campo Santo Teutonico* und der *Anima* aufgenommen. Sein Augenmerk legte Fink auf das spätere Wirken dieser Romstudenten in der Heimat oder anderen Teilen der Welt.

Die Weitläufigkeit der Beziehungs- und Wirkungsgeschichte des *Campo Santo* wurde auch im Beitrag von HARTMUT BENZ (Ruppichteroth) deutlich, der sich dem Thema »Der *Campo Santo Teutonico* und die Nord-Amerikanische Mission« widmete. Im Mittelpunkt stand der Brief-Nachlass Anton de Waals, in dem es primär um finanzielle Unterstützung, Bitten um Quartiermöglichkeiten, und Übersetzungen ins Englische ging. Das deutschsprachige Element war im US-Katholizismus sehr präsent, so Benz. De Waal propagierte die Idee des »Deutsch-Römischen« und schrieb im Sinne des »Nationalen als Kosmopolitischen« für viele deutschsprachige Zeitungen in den USA.

STEFAN SAMERSKI (München) referierte über das »Salvatorianer-Kolleg in Rom«, das er im Spannungsfeld »Internationalität versus deutsches Regulativ« verortete. Er betonte, dass das Erlernen von Fremdsprachen in der 1881 in Rom gegründeten Ordensgemeinschaft obligatorisch war, und unterstrich die Wichtigkeit römischer Sozialisierung und Internationalität für Salvatorianer Missionsinstitute in aller Welt. Dabei hob er hervor, dass um 1900 eine strenge »Assimilierung und Ambientierung« im römischen Umfeld und Kontext vorangetrieben wurde und erwähnte den Begriff des »Deutschrömers«.

Mit dem Zitat Ottokár Prohászkas (1858–1927) »Ich bin ein Römischer – Theologe« begann ANDRÁS FEJÉRDY (Budapest) sein Referat »Die Rolle der Römischen Studienjahre im Leben und theologischen Wirken des späteren Bischofs von Székesfehérvár, Ottokár Prohászka (1858–1927)«, von 1875 bis 1882 am CGH. Fejérdy argumentierte, dass sich Prohászka einerseits in die Spiritualität von Ignatius von Loyola vertiefen konnte, andererseits im Collegio Romano die für einen Dialog mit der modernen Welt offene »Römische Schule« kennenlernte und auch eine solide Ausbildung in der neothomistischen Philosophie erwarb. Vor diesem Erfahrungshorizont hatte er eine wichtige Rolle in der Entfaltung der katholischen Renaissance der Zwischenkriegszeit gespielt, die sich auch in Prohászkas antisemitischen Tendenzen widerspiegelte, wie in der anschließenden Diskussion thematisiert wurde.

Ein weiterer Akteur, der während seines Studiums der Theologie und Philosophie am CGH in Rom maßgeblich geprägt wurde, war Alexander Frison (1875–1937) den KATRIN BOECKH (Regensburg/München) in ihrem Beitrag »Russlanddeutsche am *Germanicum*« vorstellte. Frison, ein »Russlanddeutscher«, erhielt 1926 nach der Zerschlagung der katholischen Kirchenhierarchie in der Sowjetunion seine Bischofweihe ohne Wissen der Behörden. Er konnte bis zu seinem gewaltsamen Tod – er wurde nach einem geheimen Prozess wegen »antisowjetischer Tätigkeit« hingerichtet – über verborgene Netzwerke Kontakt mit dem Heiligen Stuhl halten.

Mit Ignac Žitnik, der während seiner Studienzeit in Rom an der *Anima* wirkte, wurde von ROK STERGAR (Ljubljana) »Ein Politiker zwischen Nationalismus, politischem Pragmatismus und Kaisertreue« vorgestellt. Am Beispiel Žitniks, der als Abgeordneter im österreichischen Reichsrat wirkte, erklärte er, dass die habsburgischen Nationalitäten nicht immer im Konflikt mit dem Habsburgerstaat standen, sondern eher miteinander um Einfluss rangen. Stergar merkte an, dass die Haltung slowenischer Nationalisten nicht außergewöhnlich war, denn für viele Nationalisten der Zeit galt die eigene Nation als der erste und wichtigste Wert. Demokratie und individuelle Menschenrechte waren zweitrangig.

MARIJA WAKOUNIGS (Wien) Vortrag, der verlesen wurde, stellte den slowenischen, römisch-katholischen Priester Lambert Ehrlich als einen »Wanderer zwischen Welten« vor. Sie argumentierte, dass sich Ehrlichs Leben nicht nur zwischen »Kronen und Nationen« bewegte, sondern auch zwischen verschiedenen Weltanschauungen. Im Zeitraum zwischen 1938 und 1941 driftete Ehrlich ins erzkonservative Lager ab. Nach dem Überfall Deutschlands auf Jugoslawien 1941 formulierte er sein politisches Programm, in dem er als Option die Selbstständigkeit Sloweniens innerhalb einer Zwischeneuropa-Föderation vorschlug. Zugleich kritisierte er die italienische Besatzungsmacht und deren Gewaltherrschaft. Ehrlich wurde 1942 Opfer eines kommunistisch-motivierten Attentats.

TOBIAS WEGER (München) stellte in seinem Vortrag »Von Oberschlesien und Böhmen über Rom in die rumänische Dobrudscha: Exemplarische Priesterbiographien« mehrere katholische Gemeinden vor, die von deutschsprachigen Siedlern gegründet worden waren. Weger zeigte anhand mehrerer Biografien auf, inwiefern man in den 1930er-Jahren nach und nach davon abkam, Seminaristen nach Rom zu senden, um zu vermeiden, »fremde Ideen zu importieren«. Außerdem sprach er die in den 1950er-Jahren stattfindenden Aussiedlungen Deutscher aus der Dobrudscha und darauffolgende kommunistische Schauprozesse und Verurteilungen an.

Den letzten Tagungsbeitrag widmete KARL-JOSEPH HUMMEL (Meckenheim) der »Theorie und Praxis der gespaltenen Seelsorgepolitik von Bischof Alois Hudal« zwischen *Ecclesiae et Nationi*. Hudal, der 1923 zum Rektor der *Anima* ernannt worden war, erkannte im Christentum einen Zersetzungsprozess, dem durch Krieg und Nationalismus im Dienst Gottes entgegengesteuert werden könne. In der Gedankenwelt des Nationalsozialismus sah Hudal einerseits eine linksradikale, religionsfeindliche Ideologie, identifizierte darin aber andererseits auch eine von ihm positiv bewertete, rechtskonservative Haltung. Hudals weitere Bemühungen zielten darauf ab, eine »Versöhnung« zwischen Nationalsozialismus und Christentum herbeizuführen.

Im Rahmen der Tagung fand eine Podiumsdiskussion am Päpstlichen Institut *Santa Maria dell'Anima* statt, die von Kührer-Wielach moderiert wurde. OLOF HEILO (Lund/Istanbul) richtete seinen Blick auf das vormoderne Byzanz und stellte das Narrativ eines homogenen Glaubens und die Vorstellung, dass der Kaiser das Christentum »kontrollierte«, in Frage. Er sprach über die enorme Spannweite an Perspektiven zwischen Theologie und politischer Realität und Spannungen zwischen Imperium und Kirche. PIETER M. JUDSON (Florenz) richtete den Fokus auf die späte

Tagungsteilnehmer

Habsburgermonarchie, die immer wieder versucht hätte pragmatische Lösungen für den so bunt zusammengesetzten Staat zu finden. Identifikationen wären, so Judson, selbst noch im 19. Jahrhundert mehr regional denn national gewesen, und die Religionszugehörigkeit spielte im Alltag häufig eine größere Rolle als jene zur Nation. Er betonte, dass sowohl Religion als auch Nationalismus zu Quellen sozialer Konflikte wurden, während der kaiserliche Staat mehr als ein Ort der Versöhnung gedeutet werden könnte. DOMINIK MARKL (Rom) verwies auf zwei kontrastierende Tendenzen der Bibel: Einerseits wird die Menschheit als Schöpfung des einen Gottes universalistisch konzipiert, andererseits gilt das Volk Israel als erwähltes Gottesvolk. Im Neuen Testament wird Glaube statt Ethnos zum entscheidenden Identitätskriterium. Menschen aller Völker können »eins in Christus« werden. Markl verwies auf Philip Gorski's Arbeiten zu den im 16. Jahrhundert entstehenden Protonationalismen, wonach sich Engländer, Niederländer etc. als das »eigentliche« Volk Gottes bezeichneten. An den Rektor der *Anima* Brandmayr richtete Kührer-Wielach die Frage: »Wie national ist die *Anima* heute?«. Brandmayr antwortete mit einem Schmunzeln, dass im Kolleg elf verschiedene »Nationen« unter einem Dach leben würden und sich die Anima daher nur als übernational begreifen könne. Er erzählte die Anekdote, dass er Lieder mitsingen könne, ohne den Text zu verstehen, da es der gemeinsame Raum und die Spiritualität wären, die die Bewohner/innen einen und prägen.

VERÖFFENTLICHUNG:

Die meisten Referate sind in der Römischen Quartalschrift 115 (2020) und 116 (2021) veröffentlicht. (siehe unten Kap. 6)

L'AMORE DIVINO E PROFANO – UNO SGUARDO DIVERSO SU RAFFAELLO / HIMMLISCHE UND IRDISCHE LIEBE – EIN ANDERER BLICK AUF RAFFAEL

26., 28. November 2020, online

Verantwortlich: Claudia Bertling Biaggini (Zürich), Yvonne zu Dohna-Schlobitten (Rom), Stefan Heid (Rom)

Partner sind die Französische Botschaft beim Heiligen Stuhl, die Schweizerische Botschaft beim Heiligen Stuhl, die *Accademia Raffaello*, das Goethe Institut in Rom und die *Università degli Studi di Roma »La Sapienza«*.
Schirmherrschaft: Deutsche Botschaft in Rom.
Die Veranstaltung fand im Rahmen der nationalen Festlichkeiten in Rom zu »Raffael 2020« statt.

REFERATE:

Giuseppe Bonfrate (Rom): *Veritatis Gaudium* e l'immaginazione
Albert Gerhards (Bonn): Raffaello educazione liturgico-estetica
Yvonne zu Dohna-Schlobitten (Rom): Guardini e Raffaello – Lo sguardo secondo l'opposizione polare
Anna Cerboni Baiardi (Urbino): La Trasfigurazione di Raffaello tra progettazione e divulgazione
Stefania Pasti (Rom): La Trasfigurazione e l'Apocalypsis Nova: verità e invenzione
Matthias Wivel (London): Sebastiano del Piombo's Raising of Lazarus
Marzia Faietti (Florenz): Raffaello – poeta mutolo
Claudia Bertling Biaggini (Zürich): La Stufetta Bibbiena – Amori degli dei
Claudia Cieri Via (Rom): Vita erotica nelle Metamorfosi di Ovidio
Costanza Barbieri (Rom): Raffaello e Sebastiano: Galatea, dell'amore e della bellezza
Claudio Strinati (Rom): Il Primato di Raffaello Sanzio

TAGUNGSBERICHT:

Von Joanna Łukaszuk-Ritter (CNA):

Mit der Tagung »Himmlische und irdische Liebe. Ein anderer Blick auf Raffael –

L'Amore divino e profano. Uno sguardo diverso su Raffaello« brachte das Römische Institut der Görres-Gesellschaft im Vatikan einen interessanten und wichtigen Beitrag zu den nationalen Festlichkeiten anlässlich des 500. Todestags von Raffaello Sanzio – »Raffael 2020«.

Das Online-Symposium, vom *Campo Santo Teutonico* im Vatikan aus koordiniert, fand am 26. und 28. November statt und wurde vom Direktor des Römischen Instituts der Görres-Gesellschaft im Vatikan Mons. Dr. Stefan Heid gemeinsam mit den deutschen Kunsthistorikerinnen Dr. Claudia Bertling Biaggini aus Zürich und Dr. Yvonne zu Dohna-Schlobitten von der Päpstlichen Universität Gregoriana in Rom organisiert.

Die für Anfang März geplante Veranstaltung musste covidbedingt auf Ende November verschoben werden. Sie wurde von drei auf zwei Tage komprimiert und in die virtuelle Welt des Internets verlegt. Die Tagung war ursprünglich auf mehrere Orte konzipiert – das deutsche Kolleg am *Campo Santo* im Vatikan als Hauptzentrum, das Refektorium des Konvents SS. Trinità dei Monti, das Pantheon, wo eine musikalische hl. Messe zu Ehren Raffaels auf dem Programm stand, und die Villa Farnesina. Alle diese Programmpunkte wurden abgesagt. Dennoch waren die Organisatoren dankbar, dass es Ihnen noch im Jubiläumsjahr des großen Künstlers aus Urbino möglich war, diese hochkarätig besetzte Tagung zu veranstalten.

Auf zwei thematische Blöcke aufgeteilt, widmete sich die Online-Tagung in italienischer Sprache der sakralen und profanen Kunst Raffaels sowie der spirituellen Praxis am päpstlichen Hof Julius' II. und seines Nachfolgers Leos X. Darüber hinaus sollte sie einen neuen Blick unter interdisziplinären Gesichtspunkt auf sein Schaffen eröffnen.

Die Himmlische Liebe – Raffaels religiöse Impulse

Am 6. April 1520 starb Raffaello Sanzio im Alter von 37 Jahren in Rom, »an demselben Festtage, an dem er geboren war, am Karfreitag [...] und wie sein Geist die Erde verschönte, ist zu glauben, dass seine Seele den Himmel schmückt«, schreibt Giorgio Vasari in »Le vite«. Raffaels Leichnam wurde vor seinem letzten Werk, der ›Transfiguration – Verklärung Christi‹, aufgebahrt, bevor er im Pantheon beigesetzt wurde. Dieses Meisterwerk wurde zum Leitmotiv des ersten Teils der Konferenz, an dem die Vermittlung Raffaels Glaubens im Zentrum stand. Die ›Transfiguration‹, bezeichnet als bildhafte Wiedergabe der Liebe Gottes zu den Menschen, stellt als letztes Werk ein gewisses spirituelles Vermächtnis des Künstlers dar und »sagt uns viel über seinen Glauben. So steht das Gemälde für die heilende Kraft des Erlösers und bildet unumstritten das größte Zeugnis für Raffaels Religiosität«, meint Claudia Bertling Biaggini und fügt hinzu, dass Raffael bereits zu Lebzeiten »das Prädikat des ›Göttlichen' – il divino Raffaello erteilt wurde.«

Das Bild schildert zwei Ereignisse aus dem Neuen Testament, die im Evangelium nach Matthäus (Mt. 17, 1–21) nacheinander erzählt werden. Raffael folgt dem Evangelientext und komponiert die Szenen auf zwei Ebenen – oben die Verklärung mit Christus in der Glorie aus Licht und Wolken zwischen den Propheten Moses und Elias, unten im Vordergrund die Begegnung der Apostel mit dem besessenen Kind, das durch ein Wunder von Christus bei seiner Rückkehr vom Berg Tabor geheilt wird.

Dieses »schönste, göttlichste und am meisten bewunderte Werk«, um Vasari erneut zu zitieren, wurde von verschieden Fachrichtungen aus betrachtet und einer gründlichen Analyse aus theologischer, historischer, ästhetischer, ikonographischer und kunsthistorischer Sicht in den Vorträgen der Referenten unterzogen. Mit dem Thema ›Verklärung Christi‹ unter dem spirituellen Aspekt der Apostolischen Konstitution *Veritatis Gaudium* befasste sich der Theologe Giuseppe Bonfrate (Päpstliche Universität Gregoriana Rom). Zur liturgischen Funktion und ästhetischen Wirkung von Altarbildern Dirk Bauts und Raffaello sprach der emeritierte Liturgiewissenschaftler Albert Gerhards (Universität Bonn). Die Dozentin Yvonne zu Dohna-Schlobitten (Päpstliche Universität Gregoriana Rom) betrachtete die Gegensätze zwischen Romano Guardini und Raffael. Danach folgten drei verschiedene Blickwinkel auf die ›Transfiguration Christi‹: Anna Cerboni Baiardi (Universität von Urbino) sprach zu »La Trasfigurazione di Raffaello tra progettazione e divulgazione« (Raffaels Verklärung zwischen Planung und Verbreitung), Stefania Pasti (Rom) befasste sich mit Raffaels »Transfiguration« und dem prophetischen Text der »Apocalypsis Nova« aus dem 15. Jahrhundert, der dem Franziskaner Amadeo da Silva Meneses zugeschrieben wird. In der Präsentation von Matthias Wivel, dem Kurator der Italienischen Malerei des 16. Jahrhunderts an der National Gallery London, wurde die ›Verklärung Christi‹ dem Werk von Sebastiano del Piombo »Auferweckung des Lazarus« gegenübergestellt. Diese zwei Bilder waren Konkurrenzwerke, die Kardinal Giulio de' Medici, der spätere Papst Clemens VII., für die Kathedrale Saint Justes von Narbonne in Frankreich den beiden Künstler in Auftrag gab. Die »Verklärung« blieb nach Raffaels Tod im Besitz des Kardinals, der es später der Kirche San Pietro in Montorio in Rom für den Hauptaltar stiftete. Das Gemälde gehörte zu den Werken, die, dem Traktat von Tolentino folgend, 1797 nach Paris verbracht wurden und nach der Freigabe 1817 in den Besitz der Pinakothek Pius' VII. (heute Vatikanische Museen) übergingen. Die »Auferweckung des Lazarus« dagegen befand sich in der Kathedrale von Narbonne bis zum 18. Jahrhundert, dann wurde das Gemälde entfernt und als eines der ersten in die Sammlung der National Gallery London aufgenommen. Zum Abschluss des sakralen Teils der Tagung kam der Direktor des Dommuseums in Florenz Mons. Dr. Timothy Verdon zu Wort. Im Zentrum seiner Reflexion »La Transfigurazione come Summa Fidei« stand das Credo Raffaels.

Irdische Liebe – der »stumme Poet«, Ovid und »bellezza«

Der zweite Teil des Symposiums konzentrierte sich auf das Profane im Schaffen Raffaels. An Beispielen von Motiven aus der griechisch-römischen Mythologie, profanen, erotischen und paganen Bildthemen, die in der *Villa Farnesina*, sowie in der *Stufetta Bibbiena* und der Stanzen des Apostolischen Palastes im Vatikan zu finden sind, sollte der ›stumme Poet‹ Raffael angesprochen werden. Ihm wurde der Beitrag »Raffaello – poeta mutolo« der Kunsthistorikerin Marzia Faietti (Florenz/Bologna) gewidmet. Der italienische Humanist Lodovico Dolce definiert im »Dialog über die Malerei« Raffael als ›poeta mutolo'. »Solch eine Definition, dem Poeten Pietro Aretino zugeschrieben, ruft den Aphorismus in Erinnerung, der von Plutarch in *De gloria Atheniensium* dem griechischen Dichter Simonides von Keos zugeschrieben wird, wonach die Malerei eine stumme Poesie sei, die Poesie eine sprechende Malerei«, erklärt die Referentin. In diesem Sinne war Raffael in Wort und Bild gleichermaßen gewandt, gewissermaßen als »Maler-Dichter«. Den Aspekt der Götterliebe nach Ovid am Beispiel der Werke von Raffael, Sebastiano del Piombo und Baldassare Peruzzi in der Agostino Chigis Villa in Trastevere (*Villa Farnesina*) stellte in ihrem Vortrag »Vita erotica nelle Metamorfosi di Ovidio« Claudia Cieri Via (Universität *La Sapienza*, Rom) vor. Über die Liebe und die »Bellezza« im berühmten Fresko »Triumph der Galatea« in der *Villa Farnesina* sprach Costanza Barbieri (*Università Europea di Roma*) in ihrem Referat »Raffaello e Sebastiano: Galatea, dell'amore e della bellezza«. Claudia Bertling Biaggini wiederum stellte in ihrem Beitrag »La Stufetta Bibbiena – Amori degli dei« (Die *Stufetta Bibbiena* – Liebe der Götter) interessante konstruktive Vorschläge für die Rekonstruktion zur Identifizierung fehlender Elemente des mythologischen Freskenzyklus in der wenig bekannten *Stufetta Bibbiena* vor. Die *Stufetta* von Kardinal Bernardo Dovizi da Bibbiena ist ein sehr kleiner Raum im dritten Stock des Apostolischen Palastes, der an die Loggia angrenzt und ursprünglich als privates Badezimmer diente. Im Auftrag des Kardinals dekorierte Raffael den Raum 1516 mit acht erotischen Szenen nach Ovid.

Die profane und pagane Kunst zeigt bei Raffael »eine Rezeption der antiken Götterwelt, bei der die moralische Vorstellung der Mythen auf das christliche Weltbild der Fresken Raffaels Einfluss nehmen«, meint Claudia Bertling Biaggini und ergänzt, dass »die Liebesabenteuer der antiken Götter sich unter Raffael geradezu zum Paradethema entwickelten.«

Im abschließenden Vortrag »Il Primato di Raffaello Sanzio« sprach Prof. Claudio Strinati, der renommierte Renaissance-Experte, wichtige Facetten des Schaffens Raffaels an. Er gab Einblicke in die Funktion und Organisation seiner Werkstatt, aus der viele bedeutende Nachfolger hervorgegangen sind, und sprach religiöse Impulse des großen Künstlers aus Urbino an.

Das Symposium eröffnete den anderen Blick auf Raffaels Schaffen, nämlich in einem interdisziplinären Zugang der ausgewiesenen Experten. Die Referenten haben aufgezeigt, dass Raffaels Kunst durchaus transdisziplinär ist, denn sie ist nicht Ausdruck *einer* Disziplin (sei es theologisch, philosophisch, architektonisch oder psychologisch), sondern seine Kunst ist eher der »Disziplin des Lebens«, besser noch der »Disziplin der Liebe« verpflichtet, um es mit den Worten von Yvonne zu Dohna-Schlobitten zu umschreiben. Raffael agiert und schafft ganz aus seinen persönlichen Erfahrungen und Vorstellungen heraus, und so entsteht bei ihm eine geniale Mischung aus Psychologie und Theologie. Wie Michelangelo oder Leonardo da Vinci versuchte auch Raffael, die Wissenschaft mit dem christlichen Glauben zu vereinen, indem er spielerisch religiöse, literarische, mythologische sowie naturwissenschaftliche Themen zu einem Ganzen verwob, so Yvonne zu Dohna-Schlobitten. Weltliches, Geistliches und auch Politisches fänden so Eingang in das Schaffen Raffaels.

PRESSEECHO:

Joanna Łukaszuk-Ritter (Catholic News Agancy, 11.12.2020): Römisches Institut der Görres-Gesellschaft ehrt Raffael mit einem Online-Symposium.
Mario Galgano (Vatican News, 30.11.2020): Vatikan: Raffael-Jahr mit Tagung im *Campo Santo Teutonico* beendet.
Mario Galgano (Vatican News, 05.04.2020; 19.04.2020; 26.04.2020): Radioakademie: Raffael – Maler der Verklärung (3 Teile).

VERÖFFENTLICHUNG:

Y. zu Dohna-Schlobitten / C. Bertling-Biaggini (Hg.), Himmlische und irdische Liebe. Ein anderer Blick auf Raffael (Regensburg 2022).

2021

KULT DES VOLKES. DER VOLKSGEDANKE IN DEN LITURGISCHEN BEWEGUNGEN UND REFORMEN. EINE ÖKUMENISCHE REVISION

24.–27. November 2021, Campo Santo Teutonico
Verantwortlich: Markus Schmidt (Bethel), Stefan Heid (Rom)

REFERATE:

Sven Conrad (Bettbrunn): »Cultus publicus« als Grundidee des christlichen Gottesdienstes
Dieter Böhler (Frankfurt a. M.): Volk Gottes vom Altar her. Die Konstituierung des Volkes Israel als Kultgemeinschaft
Harm Klueting (Köln): Zwischen Herders Volksbegriff und dem »populus Dei«. Der Einfluss der Romantik auf den Volksgedanken in der katholischen liturgischen Erneuerung des 20. Jahrhunderts
Andreas Bieringer (Frankfurt a. M.): Katholische Gesangbuchgeschichte im Kontext nationaler Entwicklungen
Dominik Burkard (Würzburg): Die Ideologien des Volkes und die Liturgie im katholischen Modernismus
Konrad Klek (Erlangen): Volk und Volkstümlichkeit in der älteren evangelischen Liturgischen Bewegung
Michael Meyer-Blanck (Bonn): »Volk« bei Wilhelm Stählin und in der jüngeren evangelischen Liturgischen Bewegung

Martin Wallraff (München / Rom): Friedrich Heiler, die »Hochkirche« und die völkische Bewegung

Sandra Bornemann-Quecke (Darmstadt): Kult und Volk. Konzepte von Gemeinschaft im Theater der Moderne

Stefan Heid (Rom): Blieb die katholische Liturgische Bewegung des 20. Jahrhunderts auf Abstand zum völkischen Zeitgeist?

Stefan K. Langenbahn (Maria Laach): »Das Schönste aber war wohl das Volk«. Volk und Elite in der Frühzeit der Liturgischen Bewegung am Beispiel der Antipoden Romano Guardini und Ildefons Herwegen

Markus Schmidt (Bethel): Kult und Gemeinschaft bei Otto Bartning. Bartnings Kirchenbau der Zwischenkriegszeit

Uwe Michael Lang (London): Wahrnehmung der Entfremdung des Volkes von der Liturgie im Mittelalter

Cornelia Brinkmann (Hannover): »Führer, Volk und Vaterland«. Evangelisches Kirchenlied im Nationalsozialismus

Johannes Nebel (Bregenz): Die Stellung des Volkes im Ordo Missae des Missale Pauls VI. in vergleichendem Blickwinkel

Helmut Hoping (Freiburg i.Br.): »Ein Volk von Priestern«. Allgemeines und besonderes Priestertum in der katholischen Liturgischen Bewegung

Dorothea Haspelmath-Finatti (Wien): Wer ist das Volk der Gnade? Beiträge aus der internationalen Liturgischen Theologie zum Verhältnis von Ortsgemeinde und gottesdienstlicher Versammlung

Alexander Deeg (Leipzig): Das Volk und die Völker im Evangelischen Gottesdienstbuch von 1999/2020

Benjamin Leven (Würzburg): Keine Liturgiereform ohne Mikrofon. Liturgie und Massenmedien

Domenico Palermo (Teramo): La »deutsche Jugendbewegung« e l'idea romantica di popolo. Il movimento precursore culturale ed ideologico dell'ambientalismus contemporaneo

Peter Zimmerling (Leipzig): Eine »liturgische Befreiungsbewegung«? Die Bedeutung des Volk-Gottes-Gedankens in (pfingstlich-)charismatischen Bewegungen

TAGUNGSBERICHT

Von Kevin Hosmann

Der Volksgedanke in den liturgischen Bewegungen und Reformen vor allem des 19. Jahrhunderts stand im Mittelpunkt der vom 24. bis 27. November 2021 am *Campo Santo Teutonico* durchgeführten ökumenischen Revision. Die vom Römischen Institut der Görres-Gesellschaft (RIGG) und der Fachhochschule der Diakonie (Bethel) in Kooperation mit dem Centro Melantone und der Liturgischen Konferenz der EKD organisierte Tagung trug den Titel »Kult des Volkes«. Hierbei sollten der

Begriff des Volkes, Volksliturgie und Volksidee(n) auch vor dem Hintergrund der präfaschistischen, nationalsozialistischen und der Nachkriegszeit im Mittelpunkt der Vorträge und Diskussionen stehen. Wie korrespondiert der Volksgedanke mit ekklesiologisch-theologischen Konzepten? Wie greifen gesellschaftliche und liturgische Positionierungen ineinander? An diesen Fragen wurde nach einer Einleitung durch die Organisatoren Stefan Heid (RIGG, Rom) und Markus Schmidt (Fachhochschule für Diakonie, Bethel) gearbeitet.

SVEN CONRAD (Bettbrunn) widmete sich dem Begriff des »Cultus publicus« als Grundidee des christlichen Gottesdienstes und zeigte auf, wie sich die christliche Eucharistiefeier in den Kontext des öffentlichen Kultes der römisch-heidnischen Antike »inkarniert« und so als öffentlicher Kult, der aber kein Staatskult gewesen sei, eine kosmische Dimension erhalten habe.

Dieter Böhler (Frankfurt) betrachtete das Volk Gottes aus alttestamentlicher Perspektive als jenes, das am Sinai als liturgisches Volk um den Altar konstituiert worden sei. Sei die Schöpfung im Heiligen Raum vollendet worden (vgl. den Abschluss des Baus am Heiligen Zelt), und zielte sie auf die Heilige Zeit (7. Tag!), so sei die Schöpfung dann vollendet, wenn Gott mit seiner Herrlichkeit in ihr wohnte.

Aus Köln zugeschaltet war HARM KLUETING, der die Semantik des Volksbegriffs bis in das spätere 18. Jahrhundert vor und bei Johann Gottfried Herder (1744–1803), in der Romantik sowie in den Anfängen des politischen Katholizismus und in der (katholischen) Liturgischen Bewegung nachzeichnete.

Mit einem Zitat des Schweizer Publizisten, Schriftstellers und Fernsehmoderatoren Iso Camartin (geb. 1944) begann ANDREAS BIERINGER (Frankfurt) seinen Vortrag zur katholischen Gesang- und Gebetbuchgeschichte zwischen Erstem Weltkrieg und Zweitem Vatikanum. Die sog. »Messandachten«, die während des Vollzuges der Messe gebetet werden konnten, haben im Laufe der Zeit einige Veränderungen durchlaufen und den Gläubigen die Möglichkeit geboten, das Messgeschehen innerlich mitzuvollziehen. Nach Johannes Wagner (1908–1999) sei aus diesen Andachten die für das Konzil beispielgebende »Gemeinschaftsmesse« organisch herausgewachsen.

Mit den Ideologien des Volkes und mit der Liturgie im katholischen Modernismus befasste sich Dominik Burkard (Würzburg), der aufzeigen konnte, dass die Verbindung von Volk und Liturgie im ersten Drittel des 20. Jahrhunderts eher selten war. Für den breiten Strom der »Liturgischen Bewegung« habe es keine semantische oder ideologische Verbindung von Volk und Liturgie gegeben. Ungeachtet dessen habe es einzelne Vertreter der Bewegung gegeben, die früh eine Nähe zu gewissen nationalistischen Vorstellungen erkennen ließen.

KONRAD Klek (Erlangen) stellte die Protagonisten der »älteren [evangelischen] liturgischen Bewegung«, Friedrich Spitta (1852–1924) und Julius Smend (1857–1930), in den Mittelpunkt seiner Ausführungen. Beide haben für mehr Volkstümlichkeit evangelischer Gottesdienste plädiert. Der Katholizismus sei in dieser Frage überlegen gewesen, was Spitta bei der Erfahrung einer katholischen Prozession besonders deutlich geworden sei. Spitta habe seinen Teil für mehr Volkstümlichkeit im evangelischen Kultus etwa durch seine »Drei kirchlichen Festspiele für Weihnachten, Ostern und Pfingsten« (1889) beigetragen.

Ebenfalls digital zugeschaltet war MICHAEL MEYER-BLANCK (Bonn). Seine Überlegungen zum Volksbegriff bei Wilhelm Stählin (1883–1975) und in der jüngeren evangelischen liturgischen Bewegung beschäftigten sich vor allem mit der Berneuchener Bewegung und deren Kirchenreformschrift, dem »Berneuchener Buch« (1926). »Volk« sei hier keine liturgische Kategorie, tauche am ehesten in ethischen Passagen auf. Als Gegenfolie zum Individualismus sei das Völkische hingegen zu finden und habe Anteil an völkischer Stimmung gehabt, allerdings mit »theologischem Kompass«. Die Gruppe der »Berneuchener« insgesamt sei gerade noch einer völligen Sakralisierung des Volkstums entgangen.

MARTIN WALLRAFF (München/Rom) untersuchte den 1919 »formal evangelisch gewordenen« Religionswissenschaftler und Theologen Friedrich Heiler (1892–1967) und die »Hochkirche« im Zusammenhang mit der völkischen Bewegung. Der Begriff »Volk« sei von Haus aus keine Schlüsselvokabel in Heilers Werk, der 1933 den Führereid abgelehnt und auf den Vorsitz der Hochkirchlichen Vereinigung verzichtet hatte, aber weiter Schriftleiter der Zeitschrift »Hochkirche« blieb. Heilers Versuch, den Begriff als theologische Vokabel zu retten habe dazu beigetragen, dass die hochkirchliche Bewegung Bestand haben und überleben konnte.

SANDRA BORNEMANN-QUECKE (Darmstadt) stellte Konzepte von Gemeinschaft im Theater der Moderne vor. Im Wechselspiel von Theater, bildender Kunst und Religion würde das Heilige nicht als religiöse Bedeutungszuweisung, sondern als ästhetische Wirkungskategorie in einem dynamischen Aushandlungsprozess zwischen Religion und Kunst verstanden.

Gastgeber STEFAN HEID (Rom) blickte detaillierter auf die Beziehung von katholischer Liturgischer Bewegung des 20. Jahrhunderts und dem völkischen Zeitgeist. Besonders das Netzwerk nationalsozialistischer Priester, das seit 1938 im Deutschen Reich agierte, lohne eine Betrachtung. Die Annahme, der »Wortzauber der lateinischen Riten« widerspreche der »klaren deutschen Art« habe u. a. zum Bestreben einer völkischen Liturgiereform geführt, die Überschneidungen zur Agenda der Liturgischen Bewegung gehabt habe, ohne in dieser aufzugehen. Insgesamt sei es zu keiner »erblichen Belastung« der Liturgischen Bewegung gekommen, »Kniefälle« einzelner habe es aber gegeben. Ein »Sündenfall« sei die Streichung »jüdischer« Texte (alttestamentlicher Namen) aus der deutschen Übersetzung der maßgeblichen lateinischen Gebete des Rituale Germanicum durch eine bischöfliche Liturgiereform, an der Vertreter der Liturgischen Bewegung maßgeblich beteiligt gewesen seien.

STEFAN K. LANGENBAHN (Maria Laach) führte am Beispiel der Antipoden Romano Guardini (1885–1968) und Ildefons Herwegen (1874–1946) in die Begriffe Volk und Elite in der Frühzeit der Liturgischen Bewegung ein. Guardini sei an einer Hebung des Niveaus der Volksandacht interessiert und Herwegens erster Ansprechpartner in liturgischen Dingen gewesen. Herwegen habe jedoch bald, anders als Guardini, das

Ideal der frühen Kirche, des Monastischen und monastischer Liturgie zu überhöhen begonnen. Schon 1919 sei es daher zu einer ersten Krise der Liturgischen Bewegung gekommen, die bis heute nicht wahrgenommen werde, »weil es Guardini fernlag zu polarisieren«.

Der vor allem nach dem Zweiten Weltkrieg durch seine »Notkirchen« berühmt gewordene Architekt Otto Bartning (1883–1959) habe sich schon in der Zwischenkriegszeit um eine theologische Definition des evangelischen Sakralbaus bemüht, so Organisator MARKUS SCHMIDT (Bethel). In dieser Definition sei die Gemeinde (als Äquivalent zu »Volk Gottes«) das Formalprinzip der sakralen Architektur – und zwar auch dann, wenn diese im Gebäude nicht anwesend ist. Die Raum und Zeit überschreitende Gemeinschaft, der Kult des Volkes aus allen Völkern, brauche einen Ort. Die wichtigste Aufgabe der Kirchenbaukunst sei es nach Bartning, die von der Gemeinde herrührende Sakralität im Kirchengebäude dauerhaft sichtbar zu machen.

UWE MICHAEL LANG (London) eröffnete mit der historischen Forschung der letzten Jahrzehnte neue Perspektiven auf das Christentum im Spätmittelalter. Demnach habe es im Spätmittelalter nicht nur Symptome des Zerfalls, sondern auch Elemente von Vitalität und Erneuerung gegeben. Messen an den Seitenaltären z. B. seien auch darum so beliebt gewesen, weil Gläubige so das Geschehen aus der Nähe haben miterleben können. Obwohl auf Latein, seien Schlüsselsätze der Messliturgie auch für Laien verständlich gewesen. Die zunehmende Verehrung der Eucharistie, ausgedrückt etwa durch das Knien während des Hochgebets oder in der Elevation der Gaben zur Anbetung sei nur ein Indiz dafür, dass das Bild der Teilnahme des Volkes am Gottesdienst komplexer sei als lange angenommen.

Am Beispiel des ab dem 17. Jahrhundert vergessenen Reformationsliedes »Wach auf, wach auf, du deutsches Land« von Johann Walter (1496–1570) zeigte CORNELIA BRINKMANN (Hannover) auf, dass die Wiederentdeckung mittelalterlicher und frühneuzeitlicher Lieder im Geist der Zeit ein Bindeglied zwischen zahlreichen Gliederungen und Einrichtungen der evangelischen Kirche und der national-völkisch ausgerichteten Finkensteiner Singbewegung gewesen sei. Das Singen sei als Keimzelle für die Wiederherstellung und Erneuerung der deutschen Volksgemeinschaft gedacht gewesen. Interessant ist, dass das Lied bei der Aufnahme in den Wochenliedplan dem 10. Sonntag nach Trinitatis (»Judensonntag«, heute: »Israelsonntag: Kirche und Israel« bzw. »Gedenktag der Zerstörung Jerusalems«) zugeordnet worden und bis 1980 dort verblieben sei. Aus der Rubrik »Führer, Volk und Vaterland« sei in den Gesangbüchern nach 1945 schlicht »Für Volk und Vaterland geworden«.

Die Stellung des Volkes im Ordo Missae des Missale Pauls VI. (1969) im Vergleich von Liturgiereform und Liturgiekonstitution Sacrosanctum Concilium wurde von Johannes Nebel (Bregenz) betrachtet. Die Liturgie sei grundsätzlich vom Volk her gedacht, während zuvor vor allem das Handeln des Priesters im Blick gewesen sei. Das Volk solle die Liturgie geistig nachvollziehen und tätig mitvollziehen (vgl. SC 14: participatio plena et actuosa). Der Gestaltungsschwerpunkt der Liturgie liege im dialogischen Geschehen zwischen Vorsteher und Gemeinde, wobei sich eine pneumatische Christuspräsenz auch im Raum der feiernden Gemeinde ereigne.

Das besondere Priestertum hatte auch HELMUT HOPING (Freiburg i.Br.) im Blick. Er verglich es mit dem sog. Allgemeinen Priestertum bzw. dem Priestertum der Gläubigen in der katholischen Liturgischen Bewegung. Letzteres sei in der ersten Hälfte des 20. Jahrhunderts innerhalb der Bewegung nur vereinzelt thematisiert worden, in der Dogmatik hingegen breiter. Pius Parsch (1884–1954) habe im Priestertum der Gläubigen auch die Grundlage für eine stärkere aktive Teilnahme der Laien an der Liturgie der Kirche gesehen, allerdings im Rahmen einer volksnationalen deutschen Liturgie. Papst Pius XII. (1876–1958) habe in seiner Enzyklika »Mediator Dei« (1947) zwar die Gläubigen als am Priestertum Christi Partizipierende gewürdigt, zugleich aber die Vorstellung verworfen, der Unterschied zwischen Priestern und Laien sei nur in einer Beauftragung zu sehen. Dies habe das Zweite Vatikanische Konzil bekräftigt, in dem es feststellte, dass sich das Priestertum des Dienstamtes dem Wesen nach vom Priestertum der Gläubigen unterscheide (vgl. LG 10).

Die Wiener Liturgiewissenschaftlerin DOROTHEA HASPELMATH-FINATTI trug Perspektiven aus der internationalen liturgischen Theologie zum Verhältnis von Ortsgemeinde und gottesdienstlicher Versammlung bei. Wichtig sei etwa der Dialog mit den Human- und Naturwissenschaften zu den Beziehungen zwischen Gehirn, Körper, Gemeinschaft und Umwelt. Als Beispiel diente das liturgische Singen: als vielfach verwobenes ästhetisches Handeln ermögliche es Transzendenzerlebnisse, fördere Gesundheit und spontanes prosoziales Handeln. Das sei auch, ganz aktuell, bei virtuellen Gottesdiensten möglich, weil die assembly, die (in diesem Fall digital) versammelte Gemeinde mit Leib und Geist an gemeinsamen gottesdienstlichen Vollzügen teilnehme, die heilsam und heiligend wirken können. Spiegelneuronen sorgten hier dafür, dass Gedanken annähernd so stark wirkten wie ein reales (körperliches) Geschehen.

Den Reigen der hybriden Vorträge schloss ALEXANDER DEEG (Leipzig), der zunächst den Begriff des »Volkes Gottes« im Kontext des Evangelischen Gottesdienstbuches (1999/2020) und dessen Entstehungsgeschichte einordnete. Untrennbar und bleibend sei dieser Begriff mit dem Gottesvolk Israel verbunden, weshalb sich die Frage nach dem Verhältnis der christlichen Kirche als »Volk Gottes aus den Völkern« zur bleibenden Erwählung des Volkes Israels stelle. In einer Analyse zeige sich, dass die Begriffe »Volk« (106x) und »Völker« (121x) im Evangelischen Gottesdienstbuch vor allem im Zusammenhang mit biblischen Zitaten verwendet und reflektiert gebraucht würden. Dies sei auch eine Frucht des christlich-jüdischen Dialogs der 1970er bis 1990er Jahre, die im Vortrag nachgezeichnet wurden. Angesichts gegenwärtiger Herausforderungen einer »neurechten« politischen und theologischen Inanspruchnahme des Volksbegriffes sei es wichtig, auch künftig verantwortungsvoll in der liturgischen Sprache damit umzugehen, etwa in der Anknüpfung an biblische Sprache. Hier können Agenden einen Beitrag zur Qualitätssicherung liturgischer Sprache im Gottesdienst leisten.

Tagungsteilnehmer

Einen äußerst kurzweiligen Vortrag hielt BENJAMIN LEVEN (Würzburg), der sich mit der Rolle der elektrischen Stimmverstärkung im Rahmen der katholischen Liturgie beschäftigte. Deren enorme liturgiepraktische Bedeutung sei bis heute nicht angemessen wahrgenommen worden. Der Medientheoretiker Marshall McLuhan (1911–1980) habe sich Mitte der 1970er Jahre relativ solitär mit dem Einfluss, den die Einführung des Mikrofons auf die Entwicklung der katholischen Liturgie hatte, beschäftigt. Unter anderem habe er konstatiert, dass der Gebrauch des Mikrophons eigentlich die Volkssprache voraussetze und die lateinische Sprache eher zum »Murmeln und Raunen« gedacht sei – etwas, das ein Mikrofon gerade abstellen solle. Leven schloss mit der Beobachtung, dass die »teils grotesken Fehlentwicklungen im Bereich der liturgischen Kultur« auch aus dem unreflektierten Umgang mit technischen Innovationen resultierten.

Zu einer auch sprachlich internationalen Tagung machte die Revision der italienische Vortrag von DOMENICO PALERMO (Teramo). Seine Ausführungen zur deutschen Jugendbewegung und der romantischen Idee des Volkes verknüpften die Geschichte der vor 120 Jahren entstandenen Bewegung mit den Besonderheiten, die heute ebenso etwa Umweltbewegungen kennzeichneten. Die Analyse der Entwicklung, der Krise, des ideologischen Abdriftens und des Endes der Jugendbewegung könne deutlich machen, worin die Wurzeln der gegenwärtigen Krise des Menschen lägen: in einer ungelösten Konfrontation des Menschen mit seiner Unreife und der komplexen Technologie, die sich ständig weiterentwickle.

Das Programm endete mit einem öffentlichen Abendvortrag zur Bedeutung des Volk-Gottes-Gedankens in pfingstlich-charismatischen Bewegungen von PETER ZIMMERLING (Leipzig), der zunächst die theologischen Voraussetzungen pfingstlich-charismatischer Gottesdienstkultur herausarbeitete. Hier seien besonders die Wiederentdeckung der charismatischen Dimension des Christseins und die Umsetzung des allgemeinen Priestertums genannt. Hinzu kämen hinsichtlich des charismatischen Gottesdienstverständnisses die epikletische Orientierung, die partizipatorische Ausrichtung und die Integration von Emotionalität und Sinnlichkeit im Sinne einer ganzheitlichen Lobpreispraxis. Schließlich haben die charismatischen Bewegungen der Gegenwart einen wichtigen Beitrag zur Entfaltung der Charismen im Kontext des Gemeindeaufbaus, des Gottesdienstes und der Anbetung Gottes geleistet, der jedoch systematisch-theologisch und praktisch-theologisch immer wieder zu prüfen sei.

Die breite Expertise der Vortragenden und die stimmige Komposition des Programmes sorgten dafür, dass das Ziel der Tagung erreicht werden konnte. Die Revision war im besten Sinne ökumenisch und zeichnete ein Bild des Tagungsobjektes, an dem weitergearbeitet werden kann. Es ist daher erfreulich, dass ein Band mit teils ausführlicheren Fassungen der Tagungsbeiträge in Planung ist.

PRESSEECHO:

Liturgische Bewegung: verlorene Unschuld? (Interview von Stefan von Kempis mit Stefan Heid), in: Vatican News (Radio Vaticana), 25.11.2021.

»Absolut zeitgeistig«. Eine römische Tagung über den Kult des Volkes beleuchtete den Volksgedanken in den liturgischen Bewegungen und Reformen bei Katholiken und Lutheranern. Stefan Heid, Leiter des Römischen Instituts der Görres-Gesellschaft, weist auf konfessionelle Gemeinsamkeiten hin (Interview), in: Die Tagespost, 74. Jg., Nr. 48 vom 2.12.2021, S. 16.

VERÖFFENTLICHUNG:

S. Heid / M. Schmidt (Hg.), Kult des Volkes. Der Volksgedanke in den liturgischen Bewegungen und Reformen. Eine ökumenische Revision (Darmstadt 2022). (siehe unten Kap. 6)

450 JAHRE SEESCHLACHT VON LEPANTO – ROM UND DAS HEILIGE RÖMISCHE REICH

Wissenschaftliches Symposium in der Österreichischen Botschaft Rom, 3. Dezember 2021 (in Präsenz und Zoom)

Veranstalter: Stefan Heid (RIGG), Oberst Mag. Nikolaus Rottenberger (österreichischer Verteidigungsattaché), Priv.-Doz. Dr. Tamara Scheer (Universität Wien / Päpstliches Institut Santa Maria dell'Anima). Es moderierte Tamara Scheer.

REFERATE:

Claudia Reichl-Ham (Wien): »Dann lasst uns kämpfen!«. Die Schlacht von Lepanto 1571 und ihre Folgen

Harald Heppner (Graz): Episode oder Wendepunkt? Lepanto aus der Langzeitperspektive des langen 16. Jahrhunderts

Andreas Raub (München): Katharsis im Mittelmeer: Wunsch und Wirklichkeit in Giorgio Vasaris (1511–1574) Fresko im römischen Vatikanpalast

Sarah M. Lorenz (Augsburg / Rom): Die Galeeren des Papstes? Provenienz und Einsatz der päpstlichen Schiffe bei Lepanto

6. VERÖFFENTLICHUNGEN

RÖMISCHE QUARTALSCHRIFT

Die 1887 am *Campo Santo Teutonico* vom Rektor Anton de Waal gegründete Zeitschrift »Römische Quartalschrift für Christliche Altertumskunde und Kirchengeschichte« (RQ) wird seit 1953 gemeinsam »herausgegeben im Auftrag des Päpstlichen Priesterkollegs am *Campo Santo Teutonico* in Rom und des Römischen Instituts der Görres-Gesellschaft«.

Sie erscheint im Verlag Herder jährlich in zwei Doppelheften (im Mai und September) – print und digital (www.herder.de/rq/).

ISSN 0035–7812

HERAUSGEBER[10]:

Prof. Dr. Theofried Baumeister (Mainz): 1997 bis 2013
Prof. Dr. Dominik Burkard (Würzburg): seit 2012
Dr. Hans-Peter Fischer (Rom): seit 2012
Prof. Dr. Erwin Gatz (Rom): 1976 bis 2010/11
Prof. Dr. Stefan Heid (Rom), verantwortlich

WISSENSCHAFTLICHER BEIRAT[11]:

Prof. Dr. Wolfgang Bergsdorf (Bonn): 2010 bis 2015
Prof. Dr. Dr. Jörg Bölling (Hildesheim): seit 2019
Prof. Dr. Thomas Brechenmacher (Potsdam): seit 2010
Prof. Dr. Dominik Burkard (Würzburg): 2006 bis 2011
Prof. Dr. Jutta Dresken-Weiland (Regensburg): seit 2004

10 In Fettdruck die derzeitigen Herausgeber.

11 In Fettdruck die derzeitigen Beiratsmitglieder.

Prof. Dr. Michael Durst (Freiburg i.Ü.): seit 2013
Prof. Dr. Pius Engelbert OSB (Rom): 1993 bis 2013
Prof. Dr. Bernd Engler (Tübingen): seit 2016
Dr. Hans-Peter Fischer (Rom): 2012
Prof. Dr. Britta Kägler (Passau): seit 2018
Prof. Dr. Paul Mikat (†): 1976 bis 2011/12
Prof. Dr. Rudolf Schieffer (München): 1993 bis 2018/19
Prof. Dr. Andreas Sohn (Paris): seit 2013
Prof. Dr. Günther Wassilowsky (Linz, Innsbruck, Frankfurt a. M.): 2011 bis 2019

Redaktion: Stefan Heid
Redaktionsassistenz: Prof. Dr. Jutta Dresken-Weiland

RANKINGS:

LITARS (Louvain Index of Theology and Religious Studies for Journals and Series, 2020): Kategorie IJ-1 = »the absolute top-class series«.
ERIH Initial List »Religious Studies and Theology« (2007) der European Science Foundation: Höchststufe A (ERIH-PLUS).
Agenzia Nazionale di Valutazione del Sistema Universitario e della Ricerca: Höchstklasse A.

REGISTERBAND:

Jutta Dresken-Weiland, Römische Quartalschrift für christliche Altertumskunde und Kirchengeschichte: Register zu Band 51 (1956) – 100 (2005), Rom 2011.

55 Jahre nach dem Erscheinen des Registers für die Bände 1 (1887) bis 50 (1955) liegt hiermit ein weiteres Register der RQ vor. Es wurde auf Veranlassung von Herrn Prof. Dr. Erwin Gatz angefertigt. Das Register folgt in seiner Systematik dem ersten Band (Verzeichnis der Verfasser, der rezensierten Bücher, Register für Christliche Altertumskunde, Register für Kirchengeschichte). Die chronologische Einteilung des Registers für Kirchengeschichte wurde in Bezug auf die Einteilung »Von 1870 bis zum Zweiten Vatikanischen Konzil« und »Vom Zweiten Vatikanischen Konzil bis heute« modifiziert. Hinzugefügt wurde ein Register für Kunstgeschichte, unterschieden in »Künstler«, »Sachen und Orte«.

RÖMISCHE QUARTALSCHRIFT 106, 1–2 (2011):

AUFSÄTZE:

Erwin Gatz †, Professor Pater Dr. Ambrosius Eszer O.P. (Nachruf)
Stefan Heid, Tagungsbericht Prosopographie Christliche Archäologie II.
Hiltrud Merten, Christliche Epigraphik und Archäologie in Trier seit ihren Anfängen.
Sebastian Ristow, Geschichte der Christlichen Archäologie im Rheinland.
Francisca Feraudi-Gruénais, Bibliographie von Désirée Raoul-Rochette.
Stefan Laube, Die Vertretung der Christlichen Archäologie an der Berliner Friedrich-Wilhelms-Universität und ihre »Christlich-archäologische Kunstsammlung«.
Alejandro Mario Dieguez, Carlo Respighi, der Vatikan und die Christliche Archäologie in Rom.
Jürgen Petersohn, Hat Gregor XII. seine Tiara verpfändet?
Erwin Gatz †, Meine wissenschaftlichen Arbeiten als Rektor des *Campo Santo Teutonico* (1975–2010).

REZENSIONEN:

Jutta Dresken-Weiland: Rez. Jeffrey Spier, Late Antique and Early Christian Gems (Wiesbaden 2007).
Tobias Daniels: Rez. Michael Matheus (Hg.), S. Maria dell'Anima. Zur Geschichte einer »deutschen« Stiftung in Rom (Berlin / New York 2010).
Erwin Gatz †: Rez. Karl Josef Rivinius, Im Spannungsfeld von Mission und Politik. Johann Baptist Anzer (1851–1903) – Bischof in Süd-Shandong (Nettetal 2010).

RÖMISCHE QUARTALSCHRIFT 106, 3–4 (2011):

AUFSÄTZE:

N.N., Nachruf auf dem Totenzettel von Erwin Gatz.
Klaus Ganzer, Rückblick auf das wissenschaftliche Œuvre von Erwin Gatz.
Jörg Bölling, Die zwei Körper des Apostelfürsten. Der heilige Petrus im Rom des Reformpapsttums.
Ingo Herklotz, Wie Jean Mabillon dem römischen Index entging. Reliquienkult und Christliche Archäologie um 1700.
Liudmila G. Khrushkova, Geschichte der Christlichen Archäologie in Russland vom 18. bis ins 20. Jahrhundert (1. Folge)
Emilia Hrabovec, Die russische Emigration in der Tschechoslowakei zwischen den beiden Weltkriegen und die katholische Kirche.

Hans H. Schwedt, »Römische Bücherverbote«. Anmerkungen zu einer Edition
Jutta Dresken Weiland, Römische Quartalschrift für christliche Altertumskunde und Kirchengeschichte: Register zu Band 51 (1956) – 100 (2005), Rom 2011.

RÖMISCHE QUARTALSCHRIFT 107, 1–2 (2012):

AUFSÄTZE:

Daniel Carlo Pangerl, Von der Kraft der Argumente. Die Strategien des römischen Stadtpräfekten Symmachus und des Bischofs Ambrosius von Mailand beim Streit um den Victoriaaltar im Jahre 384.
Hans Rudolf Sennhauser, Zur Geschichte der Christlichen Archäologie in der Schweiz (1. Folge).
Francisca Feraudi-Gruénais, Epigraphik und Christliche Archäologie im Rom des 19. Jahrhunderts.
Ljudmila G. Khrushkova, Geschichte der Christlichen Archäologie in Russland vom 18. bis ins 20. Jahrhundert (2. Folge).

REZENSIONEN:

Marc Van Uytfanghe: Timothy D. Barnes, Early Christian Hagiography and Roman History (Tübingen 2012).
Theofried Baumeister: Jutta Dresken-Weiland, Bild, Grab und Wort. Untersuchungen zu Jenseitsvorstellungen von Christen des 3. und 4. Jahrhunderts (Regensburg 2010).
Niclas-Gerrit Weiss: Beat Brenk, The Apse, the Image and the Icon. An Historical Perspective of the Apse as a Space for Images (Wiesbaden 2010).
Jutta Dresken-Weiland: Salona IV. Inscriptions de Salone chrétienne IVe–VIIe siècles 1–2 (Rome / Split 2010).
Hugo Brandenburg: Ottavio Bucarelli / Martín M. Morales (Hg.), PAULO APOSTOLO MARTYRI. L'apostolo San Paolo nella storia, nell'arte e nell'archeologia (Roma 2011).

RÖMISCHE QUARTALSCHRIFT 107, 3–4 (2012):

AUFSÄTZE:

Massimiliano Ghilardi, Maler und Reliquienjäger. Giovanni Angelo Santini »Toccafondo« und die Katakomben Roms im frühen 17. Jahrhundert.

Hans Rudolf Sennhauser, Zur Geschichte der Christlichen Archäologie in der Schweiz (2. Folge).
Ljudmila G. Khrushkova, Geschichte der Christlichen Archäologie in Russland vom 18. bis ins 20. Jahrhundert (3. Folge).
Alexander Zäh / Helmut Buschhausen / Christian Maranci, Josef Strzygowski als Initiator der christlich-kunsthistorischen Orientforschung und Visionär der Kunstwissenschaft.

REZENSIONEN:

Stefan Heid: Kunibert Behring, Die Ära Konstantins. Kulturelle Kontexte – historische Dimensionen. Eine Synopse (Oberhausen 2012).
Jutta Dresken-Weiland: Reiner Sörries, Christliche Archäologie compact. Ein topographischer Überblick. Europa – Asien – Afrika (Wiesbaden 2011).
Jörg Bölling: Marius Linnenborn, Der Gesang der Kinder in der Liturgie. Eine liturgiewissenschaftliche Untersuchung zur Geschichte des Chorgesangs (Regensburg 2010).
Britta Kägler: Martin Wallraff u. a., Rombilder im deutschsprachigen Protestantismus. Begegnungen mit der Stadt im »langen 19. Jahrhundert« (Tübingen 2011).

RÖMISCHE QUARTALSCHRIFT 108, 1–2 (2013):

AUFSÄTZE:

Hartmut Benz: Tagung zum Untergang des Kirchenstaates und zu Solidaritätsaktionen aus dem Rheinland und aus Westfalen (1860–1870)
Markus Raasch: Der rheinisch-westfälische Adel und der Papst. Zur Vorgeschichte der deutschen Zentrumspartei
Ernst Heinen: Kölner Katholizismus und Papsttreue pro patrimonio Petri (1859–1868)
Felix Schumacher: Der preußische Diplomat und Publizist Alfred von Reumont (1808–1887) und sein Engagement für Papst und Kirchenstaat
Titus Heydenreich: Engelbert-Otto Freiherr von Brackel-Welda. Ein Westfale in päpstlichen Diensten im Spiegel seiner Korrespondenz
Katrin Boeckh: Strategien der Religionsverfolgung in der Sowjetunion im Licht vatikanischer Berichterstattung. Das Beispiel der Katholiken (1971–1939)
Emilia Hrabovec: Der Heilige Stuhl und die russlanddeutschen katholischen Priester zwischen Revolution und Repression (1918–1939)

REZENSION:

Thomas Brechenmacher: Thomas Marschler, Karl Eschweiler (1886–1936). Theologische Erkenntnislehre und nationalsozialistische Ideologie (Regensburg 2011)

RÖMISCHE QUARTALSCHRIFT 108, 3–4 (2013):

AUFSÄTZE:

Matthias Skeb, Der »Gottmensch« (hgÃ@H•<Zk). Zur Bedeutung eines religionsgeschichtlichen Deutemusters für das Verständnis christlicher Leitfiguren der Spätantike.

Klaus M. Girardet, Verfolgt – geduldet – anerkannt. Die Situation der Christen in diokletianisch-konstantinischer Zeit (303 bis 313).

Petr Kubín, Sind die ersten Mönche nach Böhmen aus dem Kloster St. Bonifatius und Alexius auf dem Aventin gekommen?

Tobias Daniels, Vita communis in der Fremde, Mobilität und Wissenstransfer: Deutsche Handwerker und ihre Statuten in Italien vom 14. bis zum 17. Jahrhundert.

Isa-Maria Betz, Paul Maria Baumgarten im Umfeld der christlichen Kunst und ihrer Förderer.

Ljudmila G. Khrushkova, Geschichte der Christlichen Archäologie in Russland vom 18. bis ins 20. Jahrhundert (4. Folge).

REZENSIONEN:

Jutta Dresken-Weiland: Marie-Christine Comte, Les reliquiares du Proche-Orient et de Chypre à la période protobyzantine (IVe–VIIIe siècle). Formes, emplacements, fonctions et culte (Turnhout 2012).

Urs Peschlow: Eugenio Russo, Sulla cronologia del S. Giovanni e di altri monumenti paleocristiani di Efeso (Wien 2011).

Britta Kägler: Anja A. Tietz, Der frühneuzeitliche Gottesacker. Entstehung und Entwicklung unter besonderer Berücksichtigung des Architekturtypus *Camposanto* in Mitteldeutschland (Halle 2012).

Stefan Heid: Giuseppe Antonio Guazzelli / Raimondo Michetti / Francesco Scorza Barcellona (Hg.), Cesare Baronio tra santità e scrittura storica (Roma 2012).

Christine Maria Grafinger: Andreina Rita,Biblioteche e requisizioni librarie a Roma in età napoleonica. Cronologia e fonti romane (Città del Vaticano 2012).

Peter Hofmann: Caronello Giancarlo (Hg.), Erik Peterson. Die theologische Präsenz eines Outsiders (Berlin 2012).

RÖMISCHE QUARTALSCHRIFT 109, 1–2 (2014):

AUFSÄTZE:

Thomas Brechenmacher, Römische Kurie und »Rassendebatte« in der Zwischenkriegszeit: Stand und Perspektiven der Forschung.

John Connelly, Katholische Kirche und Rassenfrage in der Zwischenkriegszeit.

Monika Löscher, Katholische Eugenik in Deutschland und in Österreich im Kontext der päpstlichen Eheenzyklika *Casti connubii*.

Oliver Arnhold, Haltungen im deutschen Protestantismus zur NS-Rassenlehre.

Uwe Kaminsky, Joseph Mayer: Eugenik, Notstand, Euthanasie.

Aaron Gillette, Agostino Gemelli and the Latin Eugenics Movement.

Valerio De Cesaris, Pius XI., die Kurie und die antisemitische Wende des Faschismus.

Thomas Brechenmacher, Die »unterschlagene Enzyklika« *Societatis Unio* und Pius XII.

Ljudmila G. Khrushkova, Geschichte der Christlichen Archäologie in Russland vom 18. bis ins 20. Jahrhundert (5. Folge).

REZENSIONEN:

Max Küchler: Martin Fuß, Die Konstruktion der Heiligen Stadt Jerusalem. Der Umgang mit Jerusalem im Judentum, Christentum und Islam (Stuttgart 2012)

Stefan Heid: Klaus Martin Girardet, Konstantin. Rede an die Versammlung der Heiligen (Freiburg i.Br. 2013).

Alois Schmid: Martin Hille, Providentia Dei. Reich und Kirche. Weltbild und Stimmungsprofil altgläubiger Chronisten 1517–1618 (Göttingen 2010).

RÖMISCHE QUARTALSCHRIFT 109, 3–4 (2014):

AUFSÄTZE:

Karl-Joseph Hummel, Eugenio Pacelli und Alois Hudal. Anmerkungen zu einem schwierigen Konkurrenzverhältnis in den Jahren 1930 bis 1938.

Peter Rohrbacher, Die Enzyklika »Mit brennender Sorge«: Zollschan, Pacelli und die Steyler Missionare.

Lucia Pozzi, L'enciclica Casti Connubii, l'eugenetica e la sterilizzazione forzata. L'eugenetica e il cattolicesimo.

Hans-Walter Schmuhl, Hermann Muckermann. Ein Akteur im Spannungsfeld von Wissenschaft, Öffentlichkeit und Politik.

Thomas Marschler, Karl Eschweiler, die Kurie und das »Gesetz zur Verhütung erbkranken Nachwuchses«.

Gabriele Rigano, »Spiritualmente semiti«. Pio XI e l'antisemitismo in un discorso del settembre 1938.

RÖMISCHE QUARTALSCHRIFT 110, 1–2 (2015):

AUFSÄTZE:

Paul Sebastian Moos, Die antiken Inschriften im Innenhof der Kirche Santa Maria dell'Anima in Rom.

Hartmut Kühn, Italienische Pilgerzeichen des Mittelalters – eine Problemanzeige.

Lothar Lambacher, Archäometrie und Pilgerzeichen – Probleme und Perspektiven eines interdisziplinären Forschungsfeldes.

Jochen Vogl, Bestimmung der Blei-Isotopenzusammensetzung von mittelalterlichen Pilgerzeichen.

Massimiliano Ghilardi, Von den Miniaturen zu den Katakomben. Sante Avanzini, Maler aus Siena.

Burkhard Roberg, »… Combatter coi tribunali dell'impero …«. Zum Konflikt um Jurisdiktion und Rechtsprechung zwischen römischer Kurie und Reich in der Frühen Neuzeit.

Paolo Valvo, Pius XI., die Römische Kurie und die Juden in den letzten Jahren des Pontifikats. Eine Überlegung zur »Einsamkeit des Papstes« und zur »Einsamkeit der Historiker«.

Ljudmila G. Khrushkova, Geschichte der Christlichen Archäologie in Russland vom 18. bis ins 20. Jahrhundert.

REZENSIONEN:

Jutta Dresken-Weiland: Martin Kovacs, Kaiser, Senatoren und Gelehrte. Untersuchungen zum spätantiken männlichen Privatporträt (Wiesbaden 2014).

Rainald Becker: Franz Brendle, Der Erzkanzler im Religionskrieg. Kurfürst Anselm Casimir von Mainz, die geistlichen Fürsten und das Reich 1629 bis 1647 (Münster 2011).

Petar Vrankic: Massimiliano Valente, Diplomazia pontificia e Regno dei Serbi, Croati e Sloveni (1918–1929) (Split 2012).

Alessandro Bellino: David Kertzer, Il patto col diavolo. Mussolini e papa Pio XI. Le relazioni segrete fra il Vaticano e l'Italia fascista (Mailand 2014).

RÖMISCHE QUARTALSCHRIFT 110, 3–4 (2015):

AUFSÄTZE:

Carlo dell'Osso, Viele Christentümer? Ein Einspruch.
Galit Noga-Banai, »Dominus legem dat«. Von der Tempelbeute zur römischen Bildinvention.
Andreas Weckwerth, Primat und Kollegialität. Der römische Bischof und seine Synoden im 1. Jahrtausend.
Burkhard Roberg, »... Combatter coi tribunali dell'impero ...«. Zum Konflikt um Jurisdiktion und Rechtsprechung zwischen römischer Kurie und Reich in der Frühen Neuzeit (Teil III).
Hartmut Benz, Felix Freiherr von Loë-Terporten, Comes romanus. Von der Papsttreue des rheinischen Adels.
Philippe Chenaux, Die Gesellschaft Jesu und die Rassendebatte in den 1920er 1930er Jahren.

REZENSIONEN:

Niclas-Gerrit Weiss: Fabrizio Bisconti / Olof Brandt (Hg.), Lezioni di Archeologia Cristiana (Città del Vaticano 2014).
Rajko Bratož: Alina Soroceanu, Niceta von Remesiana. Seelsorge und Kirchenpolitik im spätantiken unteren Donauraum (Münster 2013).
Pius Engelbert: Arnold Angenendt, Offertorium. Das mittelalterliche Messopfer (Münster 2014).
Reimund Haas: Hans-Joachim Kracht, Lexikon der Kardinäle 1058–2010 in acht Bänden 1–2 (Köln 2012–2013).
Andreas Wollbold: Stefan Heid (Hg.), Operation am lebenden Objekt. Roms Liturgiereformen von Trient bis zum Vaticanum II (Berlin 2014).
Markus Graulich: Arnd Uhle (Hg.), Kirchenfinanzen in der Diskussion. Aktuelle Fragen der Kirchenfinanzierung und der kirchlichen Vermögensverwaltung (Berlin 2015).

RÖMISCHE QUARTALSCHRIFT 111, 1–2 (2016):

AUFSÄTZE:

Christine Walde / Stefan Heid, Rom bei Nacht. Eine Kulturgeschichte von Traum und Schlaf im spätrömischen Reich. Internationale Tagung der Johannes Gutenberg-Universität Mainz und des Römischen Instituts der Görres-Gesellschaft.
Fabio Stok, Schlaf und Schlafstörung in der Medizin des Celsus.

Sabrina Grimaudo, Zwischen Interpretation und wissenschaftlicher Polemik. Traum und Traumbild im Werk des Arztes Galen.

Peter Bruns, Im Dienste der Engel. Die Nachtwachen im syrischen Mönchtum.

Andreas Weckwerth, »Ne polluantur corpora«. Die Furcht vor ritueller Befleckung im Komplethymnus »Te lucis ante terminum«.

Federica Ciccolella, Träumen von Maiuma. Wirklichkeit und Einbildung in den Briefen des Prokop von Gaza.

Dominik Burkard, Die »Rassenproblematik« als Thema der »Congregatio Sancti Officii« zwischen 1920 und 1945.

REZENSIONEN:

Jutta Dresken-Weiland: Pamela Bonnekoh, Die figürlichen Malereien in Thessaloniki vom Ende des 4. bis zum 7. Jahrhundert (Oberhausen 2013).

Wolfgang Rosen: Marcel Albert, Die Benediktinerabtei Siegburg in der Berichterstattung der Kölner Nuntien (1585–1794) (Siegburg 2014).

RÖMISCHE QUARTALSCHRIFT 111, 3–4 (2016):

AUFSÄTZE:

Christine Walde: Roma antica bei Nacht. Auf dem Weg zu einer Kulturgeschichte des Schlafs (und Traums)

Anja Wolkenhauer: Vorüberlegungen für eine Zeitgeschichte von Nacht und Schlaf in Rom

Jochen Althoff: Das Buch über die Träume (perì enhypníon) des Synesios von Kyrene

Jutta Dresken-Weiland: Schlafende und Träumende in der frühchristlichen Kunst

Stefan Heid: Apud beatum Petrum vigilemus. Die nächtliche Verehrung der Märtyrergräber in Rom

Jan-Markus Kötter: Prosper von Aquitanien und Papst Leo der Große. Der Primat des Papstes im Spiegel einer zeitgenössischen Chronik

Matthias Simperl Ein gallischer *Liber Pontificalis*? Bemerkungen zur Text- und Überlieferungsgeschichte des sogenannten *Catalogus Felicianus*

REZENSIONEN:

Georg Kolb: Regesta Pontificum Romanorum ab condita ecclesia ad annum post Christum natum MCXCVIII. Edidit Philippus Jaffé. Editionem tertiam emendatam et auctam iubente Academia Gottingensi sub auspiciis Nicolai Herbers (Tomus

Primus a S. Petro usque ad a. DCIV) curavit Marcus Schütz cooperantibus Victoria Trenkle, Iudith Werner (Göttingen 2016).

Isabelle Mossong: Eberhard J. Nikitsch, Das Heilige Römische Reich an der Piazza Navona. Santa Maria dell'Anima in Rom im Spiegel ihrer Inschriften aus Spätmittelalter und Früher Neuzeit (Regensburg 2014).

Florian Schwarz: Joseph de Guibert SJ, *Documenta ecclesiastica christianae perfectionis studium spectantia* – Dokumente des Lehramtes zum geistlichen Leben. Lateinisch-Deutsch. Herausgegeben von Stephan Haering und Andreas Wollbold (Freiburg i.Br. u.a. 2012).

Olof Brandt: Achim Arbeiter / Dieter Korol (Hg.), Der Kuppelbau von Centcelles. Neue Forschungen zu einem enigmatischen Denkmal von Weltrang (Berlin 2015).

RÖMISCHE QUARTALSCHRIFT 112, 1–2 (2017):

AUFSÄTZE:

Mariano Barbato: Der politische Aufstieg des Papsttums. Mobilisierung, Medien und die Macht der modernen Päpste

Olaf Blaschke: Der Aufstieg des Papsttums aus dem Antiklerikalismus

Massimiliano Valente: Päpstliche Mobilisierungsfähigkeit während der beiden Weltkriege

Frank Bösch: Der »Medienpapst« als Herausforderer des Sozialismus. Die erste Polenreise von Papst Johannes Paul II.

Carlo dell'Osso: Der Schlaf der Propheten in den Bibelkommentaren der Kirchenväter

Stefan Heid: Funktion und Ausrichtung des Ambo in der byzantinischen und römischen Tradition

Alessandro Bellino: Der Nationalsozialismus. Ein unveröffentlichtes Gutachten von P. Gustav Gundlach SJ

REZENSIONEN:

Clemens Brodkorb: Michael Matheus / Stefan Heid (Hg.), Orte der Zuflucht und personeller Netzwerke. Der *Campo Santo Teutonico* und der Vatikan 1933–1955 (Freiburg i.Br. u.a. 2015).

Stefan Heid: Marco Buonocore (Hg.), Gaetano Marini (1742–1815) protagonista della cultura Europea (Città del Vaticano 2015).

Heinz Sproll: Jörg Rüpke, Pantheon. Geschichte der antiken Religionen (München 2016).

Ingo Herklotz: Mario D'Onofrio (Hg.), La committenza artistica dei papi a Roma nel Medioevo (Roma 2016).

RÖMISCHE QUARTALSCHRIFT 112, 3–4 (2017):

AUFSÄTZE:

Stefan Heid: Die päpstliche Liturgie in Sankt Paul vor den Mauern bis zu Gregor dem Großen

Andreas Matena: Das Osterbild des Papstes: Päpstliches Bild und päpstliche Liturgie revisited

Chiara Cecalupo: Giovanni Andrea Rossi: ein unbekannter Katakombenforscher am Ende des 16. Jahrhunderts

Stefan Samerski: »Je déplore de nouveau les actes de ma vie, qui l'ont contristée«: Zur Aussöhnung Talleyrands mit der Kirche

Stefan Gatzhammer: Kardinal Franz Ehrle SJ und die Römische Frage

Thomas Brechenmacher: Johannes XXIII., Pacem in Terris und das Erbe Pius' XII.

Hartmut Benz: Päpstliche Kammerherren »di spada e cappa« im 19. und 20. Jahrhundert

REZENSIONEN:

Beat Brenk: Matteo Braconi, Il mosaico del catino absidale di S. Pudenziana. La storia, i restauri, le interpretazioni.

Georg Kolb: Marco Maiorino (Bearb.), Diplomatica Pontificia. Tavole. Silloge di scritture dei registri papali da Innocenzo III ad Alessandro VI (1198–1503). A cura di Marco Maiorino da un progetto di Sergio Pagano (Littera Antiqua 17, Subsidia Studiorum 5)

Stefan Heid: Predrag Bukovec (Hg.), Christlicher Orient im Porträt. Wissenschaftsgeschichte des Christlichen Orients, Kongressakten der 1. Tagung der RVO (4. Dezember 2010, Tübingen), zwei Teilbände (Religionen im Vorderen Orient 2–3)

Hartmut Benz: Geheimkämmerer am Hofe des Vatikan. Die Erinnerungen des Francis Augustus MacNutt, aus dem Amerikanischen von Pascale Mayer

Matthias Ambros: Wilfried Jousten, Ein Priester kämpft in Rom um sein Recht. Der Amtsverlust von Pfarrer Josef Thomas im Bistum Eupen-Malmedy

RÖMISCHE QUARTALSCHRIFT 113, 1–2 (2018):

AUFSÄTZE:

Jenny Körber: »Die spihlende Hand Gottes«: Das Leben der Schauspieler, Gaukler und Komödianten als Grundlage für den meditativ gestützten Tugenderwerb

Andreas Raub: Ferdinand Pettrich (1798–1872): Spätklassizistische Zeichnungen zur Genesis

Martin Kolozs / Peter Van Meijl: Pater Jordan in Rom (1878–1915): Im Spannungsfeld zwischen Ursprung, Wandel und Anpassung
Isa-Maria Betz: Paul Maria Baumgarten über die caritative Arbeit seiner Mutter Lina Baumgarten
Helmut Moll: Die Enzyklika Pius' XI. »Mit brennender Sorge« (14. März 1937) im Spiegel der Glaubenszeugen der NS-Zeit

RÖMISCHE QUARTALSCHRIFT 113, 3–4 (2018):

AUFSÄTZE:

Christian Gnilka: Simon magus und die römische Petrustradition
Klaus Martin Girardet: Kaiser Gratian – letzter Träger von Amt und Titel eines *pontifex maximus* in der Geschichte des antiken Rom
Christopher Kast: Essen im Konklave. Ernährungs- und Konsumgewohnheiten an der Kurie Johannes' XXIII. (1410–1419)
Maik Schmerbauch: Hubert Jedin – Leiter der »Arierabteilung« und Archivar im Erzbistum Breslau 1936 bis 1939
Rainer Decker: Bischof Alois Hudal und die Judenrazzia in Rom am 16. Oktober 1943
Stefan Samerski: Die Popularisierung des Papstes – Pius XII. in medialer Modernität. Schlaglichter auf weltpolitische Krisenzeiten

REZENSIONEN:

Stephan Hecht: Maren Niehoff, Philo of Alexandria. An intellectual Biography
Carola Jäggi: Annemarie Kaufmann-Heinimann / Max Martin, Die Apostelkanne und das Tafelsilber im Hortfund von 1628
Ignacio García Lascurain Bernstorff: Agostino Paravicini Bagliani, Il bestiario del papa
Alessandro Bellino: Roberto Regoli / Paolo Valvo, Tra Pio X e Benedetto XV
Olaf Blaschke: Werner Neuhaus, August Pieper und der Nationalsozialismus
Hannelore Putz: Joachim Kuropka, Galen. Wege und Irrwege der Forschung
Massimiliano Valente: Michael Matheus, Germania in Italia

RÖMISCHE QUARTALSCHRIFT 114, 1–2 (2019):

AUFSÄTZE:

Klaus Herbers: Rudolf Schieffer (* 31. Januar 1947, † 14. September 2018)
Stefan Heid: Gab es in Rom eine Gemeinde der Quartodezimaner?
Ingo Schaaf: Opfertod und Todessuche als Exempel in Antike und Christentum

Domenico Benoci: *Defensores fidei*. Die Rolle der *scholae peregrinorum* in den epigraphischen und urkundlichen Quellen

Arnold Esch: Von Venedig ins Heilige Land und nach Ägypten. Pilgerbereichte als historische Quelle

Daniel Edwin Dominik Müller: »*Magna Charta* of All Claims oft he Papacy«? The Impact of the *Constitutum Constantini* on the Argument in Favour of the Papal Primacy (c. 800–1076/77)

Ulrich Karpen: Hans Peters, die Görres-Gesellschaft und der Kreisauer Kreis

Bernhard Hülsebusch: Eine vergessene Inschrift von Theodor Heuss für Papst Pius XII. Wie kam es zur deutschen »Dankspende« in der römischen Kirche Sant'Eugenio?

REZENSION:

Isabelle Mossong: Lukas Clemens / Hiltrud Merten / Christoph Schäfer, Frühchristliche Grabinschriften im Westen des Römischen Reiches.

RÖMISCHE QUARTALSCHRIFT 114, 3–4 (2019):

AUFSÄTZE:

Anja Bettenworth / Claudia Gronemann: Zwischen Karthago, Rom und Hippo Regius – Augustinus in der nordafrikanischen und der europäischen Tradition

Winrich Löhr: Die *Confessiones* Augustins – ein autobiographisches Projekt in der Spätantike

Konrad Vössing: Augustins Priesterweihe in Hippo Regius (391 n .Chr.) – Selbstaussagen, Hagiographie und moderne Deutung

Therese Fuhrer: *Genium Carthaginis* – Augustin als Prediger in Karthago

Moritz Kuhn: Augustinus als Repräsentant Nordafrikas in der *Vita Augustini* des Possidius

Hugo Brandenburg: Die kaiserliche Basilika San Paolo fuori le mura in Rom. Anmerkungen zu einem kürzlich erschienenen Buch

Rudolf Schieffer (†): Ein Papst im Widerstreit: Paschalis II. († 21. Januar 1118)

REZENSIONEN:

Maik Schmerbauch: Berndt, Rainer (Hg.), Der Papst und das Buch im Spätmittelalter (1350–1500)

Federica Meloni: Al Kalak, Matteo, Il riformatore dimenticato. Egidio Foscarari tra Inquisizione, concilio e governo pastorale (1512–1564) / Egidio Foscarari – Giovanni Morone, Carteggio durante l'ultima fase del concilio di Trento (1561–1563)

Florian Geidner: Bellino, Alessandro, Il Vaticano e Hitler. Santa Sede, Chiesa tedesca e nazismo (1922–1939)

RÖMISCHE QUARTALSCHRIFT 115, 1–2 (2020):

AUFSÄTZE:

Elena Zocca: L'impatto della Vita Augustini (e di Agostino) sulla produzione letteraria di età vandalica: temi martiriali e agiografici
Anna Esposito: Presenza degli agostiniani nell'ambito urbanistico e sociale di Roma (secoli XIII–XV)
Stefan Ardeleanu: Hippo Regius – Buna – Bone. Ein Erinnerungsort im Spiegel der kolonialzeitlichen Augustinusrezeption
Habib Kazdaghli: La mémoire de Saint Augustin dans la Tunisie contemporaine
Jutta Weiser: Augustinus als Symbolfigur der Afrique Latine bei Louis Bertrand
Ahmed Cheniki: La représentation de Saint Augustin dans les littératures d'Afrique du Nord durant la période postcoloniale
Andreas Pflock: Zur Datierungsfrage des Ersten Clemensbriefs. Eine exemplarische Evaluation anhand der Argumente bei Lightfoot und Edmundson
Manfred Spata: Der Kirchenhistoriker Joseph Wittig und Rom 1904/06

REZENSION:

Michael Rohrschneider: Bayern im Umbruch. Die Korrespondenz der Salzburger Vertreter in München mit Fürsterzbischof Hieronymus von Colloredo und Hofkanzler Franz Anton von Kürsinger zu Beginn der Bayerischen Erbfolgekrise (Dezember 1777 – April 1778)

RÖMISCHE QUARTALSCHRIFT 115, 3–4 (2020):

AUFSÄTZE:

Tamara Scheer: Zwischen Kronen und Nationen. Die zentraleuropäischen katholischen Priesterkollegien in Rom zwischen Risorgimento und Zweitem Weltkrieg
Markus Pillat: Das *Pontificium Collegium Germanicum et Hungaricum* zwischen internationalem Anspruch und nationalen Interessen im 19./20. Jahrhundert
Stefan Samerski: Das Mutterhaus der Salvatorianer in Rom – Internationalität versus deutsches Regulativ
Marija Wakounig: Der slowenische Priester Lambert Ehrlich: Wanderer zwischen den Welten

Katrin Boeckh: Alexander Frison (1875–1937), ein russlanddeutscher Germaniker unter Stalin

Rok Stergar: »Aber durch die gemeinsame einheitliche Kommandosprache wurde noch kein Mann entnationalisiert …«

Manuel Alejandro Rodriguez de la Peña: Konstantin der Große und christliche Weisheit

Anja Bettenworth: Raumkonzepte und Antikenrezeption in Abdelaziz Ferrahs Roman »Moi, Saint Augustin«

Dominik Burkard: Die Berufung Josef Höfers zum geistlichen Botschaftsrat der deutschen Botschaft beim Heiligen Stuhl (1951–1954)

REZENSION:

Hartmut Benz: Dominique Henneresse, Ordres et décorations du Saint-Siège. Ordres équestres, Marques d'honneur, Médailles de récompense, Insignes de fonction

RÖMISCHE QUARTALSCHRIFT 116, 1–2 (2021):

AUFSÄTZE:

Hubertus R. Drobner: Augustins Predigten: Dokumente prallen Lebens. Animation zu frischer Lektüre

Claudia Gronemann: Literarische Erkundungen dies- und jenseits von Algerien. Der Heilige Augustinus als transkulturelle Erinnerungsfigur bei Kebir Ammi

Jörg Voigt: Die Romreise einer Lüneburger Gesandtschaft an die Kurie Papst Nikolaus' V. 1453/54 im Spiegel der Spesen

Simona Negruzzo: Arte e carità nel magistero del cardinale Gabriele Paleotti, arcivescovo di Bologna

Roberta Ruotolo: Kardinal Domenico Ginnasi und das Kirchlein San Sebastiano in Ostia

Jitka Jonová: Mons. František Zapletal und die Gründung des Böhmischen Kollegs später Tschechoslowakischen Kollegs in Rom

Ulyana Uska: Das *Collegium Ruthenorum dei SS. Sergio e Bacco* in Rom unter dem Protektorat der Habsburger

Franz-Josef Kos: Deutschland und das *Collegium Germanicum et Hungaricum* in Rom vom langen 19. Jahrhundert bis 1935 – Teil 1

REZENSIONEN:

Ingo Herklotz: Stefan Bauer, The Invention of Papal History. Onofrio Panvinio between Renaissance and Catholic Reform

Marco Aimone: Egon Wamers (Hg.), Der Tassilo-Liutpirc-Kelch im Stift Kremsmünster
Andreas Rehberg: Klaus Herbers / Matthias Simperl (Hg.), Das Buch der Päpste – *Liber pontificalis*. Ein Schlüsseldokument europäischer Geschichte
Hannelore Putz: Andrea Zedler / Jörg Zedler (Hg.), Giro d'Italia. Die Reiseberichte des bayerischen Kurprinzen Karl Albrecht (1715/16)
Ignacio García Lascurain Bernstorff: Michaela Sohn-Kronthaler / Jacques Verger (Hg.), Europa und Moderne. Festschrift für Andreas Sohn zum 60. Geburtstag

RÖMISCHE QUARTALSCHRIFT 116, 3–4 (2021):

AUFSÄTZE:

Horst Schneider: Mischwesen im Physiologus. Das Echidna-Kapitel in den griechischen Fassungen des Physiologus
András Handl: Heiligt der Zweck alle Mittel? Legitimationen von Gewalt bei Gregor von Tours
Petr Kubín, Klöster statt Kreuzzug. Die Rombesuche des böhmischen Prämonstratensers Hroznata († 1217)
Filip Malesevic: Florentiner Maler im Dienst kurialer Gelehrsamkeit. Die Ghirlandino-Werkstatt in der Biblioteca Apostolica Vaticana Sixtus' IV.
Stefan Heid: Deutsch ohne Grenzen. Die nationale Frage im Priesterkolleg beim *Campo Santo Teutonico* bis zum Ersten Weltkrieg
Hartmut Benz: Prälat Rudolf von Gerlach: Gewogen – und für zu leicht befunden (Teil 1)

REZENSIONEN:

Felix Rohr: Christian Gnilka, Prudentius, *Contra orationem Symmachi*
Maik Schmerbauch: Josef Dolle, Papsturkunden in Niedersachsen und Bremen bis 1198
Ignacio García Lascurain Bernstorff: Mathias Mütel, Mit den Kirchenvätern gegen Martin Luther? Die Debatten um Tradition und *auctoritas patrum* auf dem Konzil von Trient
Róbert Oláh: Rotraud Becker / Péter Tusor, »Negozio del S.r Card. Pasman«. Péter Pázmány's Imperial Embassage to Rome in 1632

SUPPLEMENTBÄNDE DER RÖMISCHEN QUARTALSCHRIFT

62. BAND: DIE ANFÄNGE DER RÖMISCHEN INQUISITION

Herman H. Schwedt, Die Anfänge der römischen Inquisition. Kardinäle und Konsultoren 1542 bis 1600 (Freiburg i.Br. u. a.: Verlag Herder 2013), 293 Seiten, 88,– €.

INHALT:

Die römische Inquisition steht für eine neue Ära des Papsttums und des Katholizismus. Für spätere römische Behörden sollte die erste, im Jahre 1542 gegründete Kongregation, genannt auch *Sanctum Officium*, Vorbild werden. Deren Mitwirkende, die meist auch der Index-Kongregation (gegründet 1571) angehörten, stellt der Band aufgrund neuer Quellen in über dreihundert Personenprofilen vor. Sie illustrieren den harten Kern der römischen Gegenreformation bis 1600.

REZENSIONEN:

G. L. D'Errico, in: Giornale di Storia. Network (Giornale di Filosofia) 14 (2014) (online).
V. Lavenia, in: Archivio Storico Italiano 172 (2014) 577–579.
M. Al Kalak, in: Bruniana & Campanelliana 20 (2014) 339.
I. Herklotz, in: Quellen und Forschungen aus italienischen Archiven und Bibliotheken 94 (2014) 507–509.
D. Santarelli, in: Quaderni eretici / Cahiers hérétiques 2 (2014) 348–350.
G. Dall'Olio, in: Storia e Politica 7 (2015) 191–196.

63. BAND: ORTE DER ZUFLUCHT UND PERSONELLER NETZWERKE

Michael Matheus / Stefan Heid (Hg.), Orte der Zuflucht und personeller Netzwerke. Der *Campo Santo Teutonico* und der Vatikan 1933–1955 (Freiburg i.Br. u.a.: Verlag Herder 2015), 592 Seiten, zahlr. Abbildungen, 58,– €.

Dasselbe Buch wird in anderer Aufmachung von der Wissenschaftlichen Buchgesellschaft Darmstadt vertrieben (44,– €).

Der Band vereint die Referate, die auf der Tagung »Orte der Zuflucht und personeller Netzwerke. Der *Campo Santo Teutonico* und der Vatikan 1933–1955« am *Campo Santo Teutonico* gehalten wurden (21.–23. März 2013). Anlass war die 125-Jahrfeier der Gründung des Römischen Instituts der Görres-Gesellschaft (1888).

INHALT:

Michael Matheus, Einführung

I. Zuflucht in Italien und im Vatikan:

Christof Dipper, Flüchtlinge, Juden, Auslandsdeutsche – die Spannbreite des Exils im faschistischen Italien.

Günther Wassilowsky, Exil eines Geschichtsschreibers – Hubert Jedins römische Jahre.

Ludwig Schmugge, Der Kirchenrechtler Stephan Kuttner zwischen Deutschland und Rom bis zur Emigration in die USA (1930–1940).

Annette Vogt, Anneliese Maier (1905–1971) zwischen der Bibliotheca Hertziana und dem *Campo Santo Teutonico*.

Paul Zanker, Hermine Speier (1898–1989) – eine Archäologin im Vatikan.

Johan Ickx / Stefan Heid, Der *Campo Santo Teutonico*, das deutsche Priesterkolleg und die Erzbruderschaft zur Schmerzhaften Mutter Gottes während des Zweiten Weltkriegs.

II. Diplomaten und Politiker im Vatikan:

Gregor Wand, Taktvolles Stillsitzen auf verlassenem Posten? Der deutsche Botschafter beim Heiligen Stuhl Diego von Bergen (1920–1943).

Anselm Doering-Manteuffel, Flucht oder Dienst? Ernst von Weizsäcker 1943–1945.

Karl-Joseph Hummel, Widerstand im Wartestand 1943–1946? Ernst von Weizsäcker als Botschafter beim Heiligen Stuhl.

Rudolf Morsey, Ludwig Kaas – sicher, aber heimatlos in Rom und im Vatikan (1933–1952).

III. Wissenschaft zwischen Kontinuität und Neuanfang:

Stefan Heid, Prägende Zeiten – das Römische Institut der Görres-Gesellschaft 1925–1955.

Michael Matheus, Vatikan, *Campo Santo* und der Kampf um die deutschen wissenschaftlichen Institute in Italien 1945–1953.

Paolo Vian, Die Brüder Giovanni und Angelo Mercati und die deutschsprachige Wissenschaftswelt.

Sergio Pagano, Hermann Hoberg – Offizial und späterer Vizepräfekt des Vatikanischen Geheimarchivs (1950–1977).

Arnold Nesselrath, Der Generaldirektor der Vatikanischen Museen Dioclecio Redig De Campos (1905–1989).

Klaus Schatz, Persönliche Erinnerungen an den Kirchenhistoriker Friedrich Kempf (1908–2002).

Dominik Burkard, »... ein ebenso rabiater Kirchenmann wie Nationalist ...«? Der Kirchenhistoriker Karl August Fink (1904–1983) und Rom.

Norbert M. Borengässer, Mitglieder des Schülerkreises Franz Joseph Dölgers (1879–1940) in Rom.

REZENSIONEN:

U. Buhlmann, Menschen im Widerspruch. In schweren Zeiten tritt Gutes und Schlechtes beim Einzelnen hervor: Als der Vatikan und das deutsche Kolleg bei St. Peter zum Zufluchtsort wurden, in: Die Tagespost, Nr. 137 vom 17.11.2015, S. 7.

P. Griesser, Die Heilige Pforte und der Sündenfall. Das Bistum Basel finanzierte ein Portal des Petersdoms – ein Steigbügelhalter Hitlers vermittelte, in: Basler Zeitung, vom 08.12.2015, S. 1–3.

A. R. Batlogg, in: Stimmen der Zeit 140 (2015) 862–864.

E. J. Greipl, in: Zeitschrift für bayerische Landesgeschichte 78 (2015) 545–548.

J. Ernesti, in: Theologische Revue 112 (2016) 43–45.

O. Blaschke, in: Theologie.Geschichte 11 (2016) (online).

C. Brodkorb, in: Römische Quartalschrift 112 (2017) 117–127.

64. BAND: DIE RÖMISCHE INQUISITION

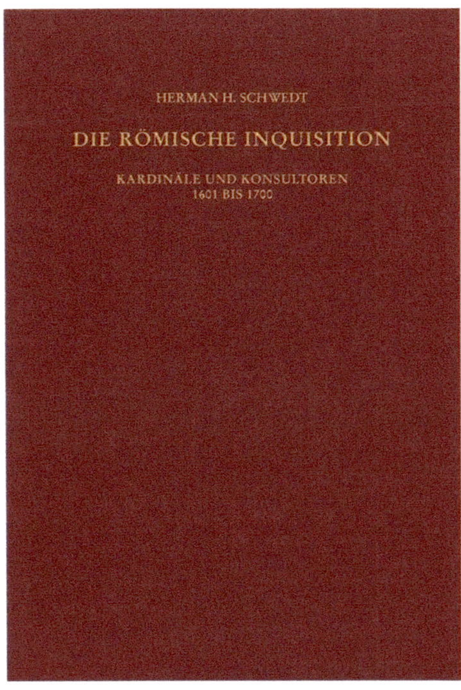

Herman H. Schwedt, Die römische Inquisition. Kardinäle und Konsultoren 1601 bis 1700 (Freiburg i.Br. u.a.: Verlag Herder 2017), 701 Seiten, 120,– €.

INHALT:

Dieser Band schließt sich an die Personenbeschreibung der Kardinäle und Konsultoren des *Sanctum Officium* für das 16. Jahrhundert an, die 2013 unter dem Titel »Die Anfänge der römischen Inquisition« als Supplementband der Römischen Quartalschrift erschien. Er stellt rund 470 Personen vor, die als Mitglieder der Kardinalskongregation, als deren Beamte oder Berater im Zeitraum von 100 Jahren zum römischen *Sanctum Officium* gehörten. Unter ihnen findet man Söhne vornehmer Fürsten und namhafte Schriftsteller, aber auch unbekannte Gutachter und Schreiber, die hier nicht nach Rang oder Bedeutung vorgestellt werden, sondern in gleichmacherischer alphabetischer Reihenfolge.

REZENSIONEN:

P. Fontana, in: Ricerche teologiche 27 (2017) 403–405.

K. Schreiber, in: Informationsmittel, in: www.informationsmittel-fuer-bibliotheken (2018) (online).

J.-L. Quantin, in: Revue d'Histoire Ecclésiasteique 113 (2018) 423–426.

L. Spruit, in: Bruniana & Campanellian 24 (2018) 294–296.

V. Lavenia, Centro e periferia dell'Inquisizione nelle ricerche prosopografiche [Sammelrezension], in: A. Cifres (Hg.), L'Inquisizione romana e i suoi archivi, a vent'anni dall'apertura dell'Archivio della Congregazione per la dottrina della Fede. Atti del convegno Roma, 15–17 maggio 2018 (Roma 2019) 359–371.

65. BAND: PÄPSTLICHKEIT UND PATRIOTISMUS

Stefan Heid / Karl-Joseph Hummel (Hg.), Päpstlichkeit und Patriotismus. Der *Campo Santo Teutonico*: Ort der Deutschen in Rom zwischen Risorgimento und Erstem Weltkrieg (1870–1918) (Freiburg i.Br. u.a.: Verlag Herder 2018), 816 Seiten, 70,– €.

Der Band vereint unter anderem die Referate, die auf der Tagung »Päpstlichkeit und Patriotismus. Der *Campo Santo Teutonico*: Ort der Deutschen in Rom zwischen Risorgimento und Erstem Weltkrieg (1870–1918)« am *Campo Santo Teutonico* gehalten wurden (22.–25. November 2017). Anlass war der 100. Jahrestag des Todes des Gründungsrektors des Priesterkollegs am *Campo Santo Teutonico* Anton de Waal am 23. Februar 2017.

INHALT:

Hans-Georg Aschoff, Der Politische Katholizismus zur Zeit Ludwig Windthorsts und seine Beziehungen zu Papst und Kurie.
Hartmut Benz, »Ewig an Rom!« Der deutsche Adel und seine Vernetzung im Vatikan.

III. Kultur & Wissenschaft
Gerd Vesper, Die katholischen deutschen Schulen in Rom vor dem Ersten Weltkrieg.
Jean-Louis Quantin, Louis Duchesne (1843–1922), Rom und die deutsche Wissenschaft.
Dominik Burkard, Der Schatten des »Modernismus« auf dem *Campo Santo Teutonico*?
Stefan Samerski, Franz Xaver Seppelt in Rom. Papsthistoriographie zwischen Modernismuskrise und *Vaticanum* II.
Georg Kolb, Zur Römischen Frage im literarischen Werk Anton de Waals, mit Anhang: Der literarische Nachlass Anton de Waals.
Georg Kolb, Neros Grab oder Das Gnadenbild von *Santa Maria del Popolo*. Schauspiel von Anton de Waal. Aus dem Nachlass herausgegeben und mit einer Einführung.

IV. Kolleg & Hospiz
Volker Lemke, Philipp Müller (1804–1870) – ein Pionier der Wissenschaft und ein vergessener Vorgänger Anton de Waals.
Johannes Grohe, Der *Campo Santo Teutonico* und die katholischen Pilger- und Krankenhospize als nationale Anlaufstellen.
Maurice van Stiphout, Patrizier und »geschmuggelte Holländer« am *Campo Santo Teutonico.* Römische Archivalien und biographische Skizzen.
Peter Rohrbacher, Deutsche Missionsinitiativen am *Campo Santo Teutonico*: Die Missionsbenediktiner in Deutsch-Ostafrika und die Nordischen Missionen.

V. Krieg & Frieden
Martin Baumeister, Deutschrömer, Reichsdeutsche, Auslandsdeutsche. Die deutsche Kolonie in Rom von 1870 bis in den Ersten Weltkrieg.
Stefan Heid, Anton de Waal als Zeitzeuge der Kriegsjahre in fünf Dokumenten.

BUCHVORSTELLUNG:

durch Paul Josef Cordes und Verlag Herder am 9. Dezember 2018 am *Campo Santo Teutonico*.

REZENSIONEN:

P. J. Cordes, »Päpstlichkeit und Patriotismus«, in: L'Osservatore Romano, Wochenausgabe in deutscher Sprache, 48. Jg., Nr. 51/52 vom 21.12.2018, S. 6.

Interview von Gudrun Sailer mit Stefan Heid, Vatikan: Der deutsche Friedhof vor 100 Jahren, in: Vatican News (Radio Vatikan), 08.12.2018.

J. Schidelko, Der *Campo Santo* zwischen Risorgimento, Kulturkampf und Weltkrieg, 29.12.2018 auf Domradio.de (Köln).

U. Buhlmann, Horchposten in Rom. Wie Forschung und Politik das Leben im *Campo Santo* zur Zeit des Risorgimento prägten, in: Die Tagespost, 72. Jg., Nr. 2 vom 10.01.2019, S. 14.

H. Klueting, in: Historische Zeitschrift 312 (2021) 238–240.

66. BAND: LIBER CONFRATERNITATIS

Pia Mecklenfeld, *Liber Confraternitatis Beatae Mariae de Anima Teutonicorum de Urbe*. Forschungen zum Bruderschaftsbuch von *Santa Maria dell'Anima* (Freiburg i.Br. u.a.: Verlag Herder 2019), 416 Seiten, 70,– €.

INHALT:

Die nahe der *Piazza Navona* in Rom gelegene Kirche *Santa Maria dell'Anima* ist als »deutsche Nationalkirche« bekannt. An der im 14. Jahrhundert gegründeten Stiftung entstand im ausgehenden Mittelalter eine Bruderschaft, die neben derjenigen des *Campo Santo Teutonico* zu den bedeutendsten deutschen Einrichtungen im Rom der Renaissance zählt. Die wichtigste Informationsquelle für die Entwicklung der *Anima* im 15. und 16. Jahrhundert bildet ein Pergament-Kodex – der *Liber Confraternitatis Beatae Mariae De Anima Teutonicorum De Urbe*. In diesem Bruderschaftsbuch sind seit der ersten Anlage bis in die Neuzeit Wohltäter und Mitglieder der Anima-Bruderschaft namentlich verzeichnet. Die vorliegende Studie bietet systematische Befunde zur Geschichte des Bruderschaftsbuchs und rekonstruiert dessen Funktion im 15. Jahrhundert.

67. BAND: DAS BUCH DER PÄPSTE

Klaus Herbers / Matthias Simperl (Hg.), Das Buch der Päpste – *Liber pontificalis*. Ein Schlüsseldokument europäischer Geschichte (Freiburg i.Br. u.a.: Verlag Herder 2020), 496 Seiten, 80,– €.

Der Band vereint die Referate, die auf der Tagung »Das Buch der Päpste – *Liber pontificalis*. Ein Schlüsseldokument europäischer Geschichte« am *Campo Santo Teutonico* gehalten wurden (21.–24. November 2018).

INHALT:

Klaus Herbers, Das Buch der Päpste: Der *Liber pontificalis* – Ein Schlüsseldokument europäischer Geschichte.

I. Genese und Funktion(en) früher Textschichten

Andrea Antonio Verardi, Ricostruire dalle fondamenta: L'origine poligenetica del *Liber pontificalis* romano e le sue implicazioni storiche ed ecclesiologiche.

Matthias Simperl, Beobachtungen und Überlegungen zur frühen Redaktionsgeschichte des *Liber pontificalis*.

András Handl, Globale Strategie oder Belange lokaler Verwaltung? Anmerkungen zu den bischöflichen Dekreten im vorkonstantinischen Abschnitt des *Liber pontificalis*.

Eckhard Wirbelauer, Der *Liber pontificalis* und die symmachianisch-laurentianischen *Documenta*.

Paolo Liverani, Bemerkungen zum libellus der konstantinischen Schenkungen im *Liber pontificalis*.

Stefan Heid, *Hic fecit ordinationes*. Der Nutzen der Weihestatistiken des *Liber pontificalis* für die Kirchengeschichte Roms.

II. Von der *Urbs* zum *Orbis* – Quelle und Erinnerungsträger

Rosamond McKitterick, Die frühmittelalterliche Verbreitung des *Liber pontificalis*. Bestandsaufnahme und mögliche Implikationen.

Lidia Capo, Il *Liber pontificalis*, la Chiesa Romana e il rapporto con il potere pubblico.

Vera von Falkenhausen, Die Darstellung der griechischen Gemeinde in Rom im *Liber pontificalis* (7.–9. Jahrhundert).

Bruno Bon / François Bougard, Le *Liber pontificalis* et ses auteurs au IXe siècle. Enquête stylométrique.

Veronika Unger, Der *Liber pontificalis* in Kanzlei und Archiv der Päpste. Zur Abfassung, Verwendung und Aufbewahrung des *Liber pontificalis* im neunten Jahrhundert.

Carola Jäggi, Textilien und andere Preziosen. Der *Liber pontificalis* als Quelle für den frühchristlichen und -mittelalterlichen Kirchenbau Roms – eine Forschungsbilanz.

Michael Brandt, *Crucem diuersis ac praetiosis lapidibus perornatam inspexit*. Das Gemmenkreuz der Kapelle *Sancta Sanctorum* – ein Fallbeispiel.

III. Kontext, Vergleich und Rezeption

Michel Sot, Le *Liber pontificalis* est-il le prototype des *gesta episcoporum*?

Knut Görich / Stephan Pongratz, Papstgeschichtsschreibung im Zeichen des Schismas: Die Papstviten des Kardinals Boso.

Thomas Kieslinger, Der *Liber pontificalis* und der *Liber censuum* in einer hochmittelalterlichen Papstliste.

Stefan Bauer, Der *Liber pontificalis* in der Renaissance.

IV. Forschungsgeschichte und Editionen

Andreas Sohn, Louis Duchesne und der *Liber pontificalis.*

Matthias Simperl, Eine Hinführung zum Umgang mit den Editionen des *Liber pontificalis.*

REZENSIONEN:

A. Rehberg, in: Römische Quartalschrift 116 (2021) 142–145.

S. Müller, Mittelalterliche Handschriften legen Zeugnis ab, in: Heinrichsblatt, Erzbistum Bamberg, Nr. 3 vom 17.01.2021, 12–13.

H. J. Bürger, Nützlich, spannend, lehrreich: Das »Buch der Päpste«, in: Catholic News Agency, 10.03.2021 (online).

J. Groß, in: lehrerbibliothek.de (online).

C. Märtl, in: Theologische Revue 118 (2022).

68. BAND: INSTRUKTIONEN UND RELATIONEN FÜR DIE NUNTIEN

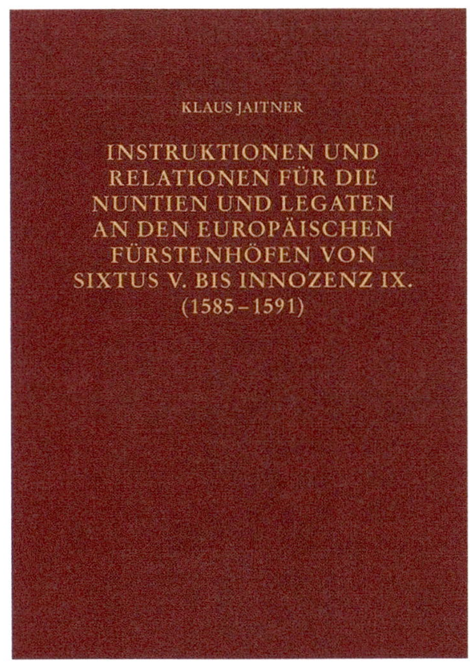

Klaus Jaitner, Instruktionen und Relationen für die Nuntien und Legaten an den europäischen Fürstenhöfen von Sixtus V. bis Innozenz IX. (1585–1591) (Freiburg i.Br. u.a.: Verlag Herder 2021, 512 Seiten, 85,– €.

INHALT:

Der Band bietet keineswegs nur eine Edition von päpstlichen Instruktionen, sondern beschreibt die Päpste, ihre Kurienbehörden, ihren Hofstaat und ihre Personalpolitik im letzten Viertel des 16. Jahrhunderts. Bekanntlich war diese Zeit besonders einschneidend für die Modernisierung des päpstlichen Regierungsapparats.

ANDERWEITIGE MONOGRAPHIEN

PETRUS UND PAULUS IN ROM

Stefan Heid (Hg.), Petrus und Paulus in Rom. Eine interdisziplinäre Debatte, herausgegeben von Stefan Heid in Zusammenarbeit mit Raban von Haehling, Volker Michael Strocka und Meinolf Vielberg (Freiburg i.Br. u.a.: Verlag Herder 2011), 552 Seiten, 105,– €.

Der Band vereinigt weitgehend die Vorträge zweier Tagungen der Görres-Gesellschaft. Vom 13. bis 17. Februar 2010 fanden sich unter Leitung von Stefan Heid Gelehrte zur »III. Römischen Tagung zur Frühen Kirche« des Römischen Instituts der Görres-Gesellschaft am *Campo Santo Teutonico* im Schatten des Petersdoms ein, um über »Petrus in Rom« zu diskutieren. Auf der Generalversammlung der Görres-Gesellschaft in Freiburg vom 25. bis 29. September 2010 sprachen dann Kollegen unter Federführung der Abteilungsleiter der Sektion für Altertumswissenschaft Raban von Haehling, Volker Michael Strocka und Meinolf Vielberg über »Die Apostel Petrus und Paulus in Rom«. Beide Tagungen fanden ein starkes Echo, so dass sich eine geschlossene Veröffentlichung von vornherein anbot.

INHALT:

I. Die Tagung in Rom

Ernst Dassmann, Petrus in Rom? Zu den Hintergründen eines alten Streites.

Dominik Burkard, Petrus in Rom – eine Fiktion? Die Debatte im 19. Jahrhundert.

Winfried Weber, Die Suche nach dem Petrusgrab. Zu den archäologischen Untersuchungen im Bereich der Confessio von St. Peter.

Caterina Papi, Der Name des Petrus und die konstantinische Bauhütte am Vatikan.

Jutta Dresken-Weiland, Petrusdarstellungen und ihre Bedeutung in der frühchristlichen Kunst.

Rainer Riesner, Apostelgeschichte, Pastoralbriefe, 1. Clemens-Brief und die Martyrien der Apostel in Rom.

Armin D. Baum, »Babylon« als Ortsnamenmetapher in 1 Petr 5,13 auf dem Hintergrund der antiken Literatur und im Kontext des Briefes.
Horacio E. Lona, »Petrus in Rom« und der Erste Clemensbrief.
Ch. Gnilka, Philologisches zur römischen Petrustradition.
Stefan Heid, Die Anfänge der Verehrung der apostolischen Gräber in Rom.
Oliver Ehlen, *Quando venisti?* Zur literarischen Konzeption des *Martyrium Petri.*
Heinz Sproll, URBS und ORBIS. Zwei Gedächtnisorte der frühchristlichen Geschichtskultur.

II. Die Tagung in Freiburg
Meinolf Vielberg, Einleitung in das Rahmenthema »Die Apostel Petrus und Paulus in Rom«.
Hugo Brandenburg, Die Aussagen der Schriftquellen und der archäologischen Zeugnisse zum Kult der Apostelfürsten in Rom.
Harald Mielsch, Die Umgebung des Petrusgrabes im 2. Jahrhundert.
Wilhelm Blümer, Zur Überlieferung der Apostelgeschichte in griechisch-römischer Tradition.
Michael Durst, Babylon gleich Rom in der jüdischen Apokalyptik und im frühen Christentum. Zur Auslegung von 1 Petr 5,13.
Otto Zwierlein, Petrus in Rom? Die literarischen Zeugnisse.
Walter Ameling, Petrus in Rom. Zur Genese frühchristlicher Erinnerung.
Meinolf Vielberg, Philologisches zum 1. Klemensbrief. Bemerkungen zum Gebrauch der Pronomina »Wir« und »Ihr«.
Wolfgang Dieter Lebek, Petrus als Blutzeuge. Tertullianische Probleme.
Tassilo Schmitt, Die Christenverfolgung unter Nero.
Raban von Haehling, Mutmaßungen zum Schweigen der Apostelgeschichte vom Tod der Apostel Petrus und Paulus.

REZENSIONEN:

C. Schlip, Die Tradition hat doch recht. Zur interdisziplinären Debatte über den Romaufenthalt der Apostelfürsten, in: Die Tagespost, 17.11.2011.
E. J. Nikitsch, in: Quellen und Forschungen aus italienischen Archiven und Bibliotheken 92 (2012) 619–621.
F. W. Horn, in: Theologische Literaturzeitung 137 (2012) 816–818.
M. Blum, in: Biblische Bücherschau 10.2012 (online).
P. Kubín, in: Listy Filologické / Folia Philologica 136 (2013) 273–281.
H. Hammerich, in: Sehepunkte, Ausgabe 13 (2013), Nr. 3 (online).
U. Lambrecht, in: Journal für Kunstgeschichte 17 (2013) 5–16.
U. Schmitzer, in: Gymnasium 112 (2014) 418–420.

PERSONENLEXIKON ZUR CHRISTLICHEN ARCHÄOLOGIE

Stefan Heid / Martin Dennert (Hg.), Personenlexikon zur Christlichen Archäologie. Forscher und Persönlichkeiten vom 16. bis zum 21. Jahrhundert, 2 Bände (Regensburg: Verlag Schnell & Steiner 2012), 1421 Seiten, 129,– €.

Das Lexikon wurde von Stefan Heid Ende 2005 begonnen. Bald kam Martin Dennert als wichtigster Mitarbeiter und schließlich als Mitherausgeber hinzu. Entstehungsgeschichte und Konzeption des Lexikons wurden bereits andernorts dargelegt (RQ 102 [2007] 215–224). Nach einem langen Prozess der Prüfung und Bearbeitung der Stichworte haben schließlich 166 Autoren 1.504 Personenartikel verfasst (illustriert mit über 700 Porträts). Flankiert wurde diese Arbeit durch zwei Autorenkonferenzen am Römischen Institut der Görres-Gesellschaft (RQ 105 [2010] 1–2; 106 [2011] 3–4). Aus diesen Konferenzen ging eine Reihe von Aufsätzen zur Geschichte der Christlichen Archäologie in der Römischen Quartalschrift hervor. Beim vorliegenden Lexikon handelt es sich um keine Personenkunde »christlicher Archäologen«, sondern um eine Prosopographie zur Christlichen Archäologie im weitesten Sinne, insofern Personen vom 16. bis zum 21. Jahrhundert aller Länder erfasst werden, die auf dem Gebiet der frühchristlichen Altertumsforschung und Archäologie relevant scheinen. Neben zahlreichen herausragenden Persönlichkeiten werden auch weniger bedeutende oder unbeachtet gebliebene Archäologen, Forscher und Gelehrte gewürdigt. Lebende Personen wurden nicht berücksichtigt. Über die biographische Würdigung und bibliographische Erschließung hinaus ist eine möglichst vollständige Zusammenstellung der Archivalien angestrebt. Das Lexikon, dessen Druck von der Görres-Gesellschaft gefördert wurde, ist Erwin Gatz und Otto Feld gewidmet. Es behandelt zahlreiche Mitglieder des Römischen Instituts der Görres-Gesellschaft und des Priesterkollegs am *Campo Santo Teutonico*, u.a. Karl Baus, Emmerich David, Anton de Waal, Franz Joseph Dölger, Johannes Emminghaus, Carl Maria Kaufmann, Johann Peter Kirsch, Engelbert Kirschbaum S.J., Theodor Klauser, Bernhard Kötting, Sebastian Merkle, August Schuchert, Eduard Stommel, Alfred Stuiber, Paul Styger, Ludwig Voelkl, Joseph Wilpert und Fritz Witte.

REZENSIONEN:

W. Brandmüller, Eine Leistung von säkularem Rang. Stefan Heid und Martin Dennert haben das Personenlexikon zur Christlichen Archäologie herausgegeben, in: Die Tagespost, 66. Jg., Nr. 140 vom 21.11.2013.

H. G. Thümmel, in: Theologische Literaturzeitung 138 (2013) 696–697.

I. Herklotz, in: Journal für Kunstgeschichte 18 (2014) 16–20.

A. Zäh, in: Südost-Forschungen 74 (2015) 216–218.

M. Pesditschek, in: Informationsmittel (IFB). Digitales Rezensionsorgan für Bibliothek und Wissenschaft (https://swbplus-t.bsz-bw.de/cgi-bin/result.pl?item=/bsz-368160262rez-1.pdf).

L. G. Khrushkova, in: Vizantijskij Vremennik 74 (2015) 374–377.

LA MORTE E IL SEPOLCRO DI PIETRO

Christian Gnilka, Stefan Heid, Rainer Riesner, La morte e il sepolcro di Pietro (Città del Vaticano: Libreria Editrice Vaticana 2014), 247 Seiten, 16,– €.

Es handelt sich um die italienische Übersetzung des Bandes »Blutzeuge. Tod und Grab des Petrus in Rom« (Verlag Schnell & Steiner, Regensburg 2010). Übersetzt haben Ilenia Gradante und für den Beitrag von Gnilka auch Bruno Argenton. Das Buch wurde am 9. April auf einer öffentlichen Buchvorstellung an der Dominikaneruniversität *Angelicum* von Prof. Dr. Paolo Liverani (Rom/Florenz) präsentiert.

WIDMUNG:

A Sua Santità Benedetto XVI, con profonda gratitudine e venerazione

INHALT:

Rainer Riesner, Paolo, Pietro e Roma nel Nuovo Testamento.
Christian Gnilka, Osservazioni di un filologo sulla tradizione romana di Pietro.
Stefan Heid, Il sepolcro dei martiri nella Lettera ai Romani di Ignazio di Antiochia.
Stefan Heid, Radici ebraiche del culto cristiano dei sepolcri.
Stefan Heid, Dalla Palestina alla diaspora cristiana.
Stefan Heid, Nessuna tradizione senza vettori di trasmissione.

OPERATION AM LEBENDEN OBJEKT

Stefan Heid (Hg.), Operation am lebenden Objekt. Roms Liturgiereformen von Trient bis zum Vaticanum II (Berlin: be.bra Wissenschaftsverlag 2014), 392 Seiten, Abbildungen, 32,– €.

Der Band vereint die Referate, die auf der Tagung »Operation am lebenden Objekt. Roms Liturgiereformen von Trient bis zum Vaticanum II« am *Campo Santo Teutonico* gehalten wurden (14.–18. Dezember 2012).

INHALT:

Kardinal Kurt Koch, Gabe und Aufgabe: Roms Liturgiereformen in ökumenischer Perspektive.

Peter Hofmann, Liturgie als theologischer Ort oder bloßes Ornament? Aspekte einer fundamentaltheologischen Problemgeschichte.

Johannes Nebel, Von der *actio* zur *celebratio*: Ein neues Paradigma nach dem Zweiten Vatikanischen Konzil.

Ralf van Bühren, Kirchenbau in Renaissance und Barock: Liturgiereformen und ihre Folgen für Raumordnung, liturgische Disposition und Bildausstattung nach dem Trienter Konzil.

Christian Hecht, Bilder und Bildersturm: Die Sakralkunst nach dem Trienter und dem Zweiten Vatikanischen Konzil.

Jörg Bölling, Vorauseilende Reformen: Musik und Liturgie im Umfeld des Trienter und des Zweiten Vatikanischen Konzils.

Harm Klueting, Vorwehen einer neuen Zeit: Liturgische Reformvorstellungen in der Katholischen Aufklärung und im Josephinismus.

Predrag Bukovec, »*Rubricarum Instructum*«: Die Rubrikenreform Papst Johannes' XXIII. im Vorfeld des Konzils.

Alcuin Reid, Bildung und Teilnahme: Die Fundamentalprinzipien der Liturgiereform nach *Sacrosanctum Concilium*.

Uwe Michael Lang, Historische Stationen zur Frage der lateinischen Liturgiesprache.

Hans-Jürgen Feulner, »Divine Worship« oder »Anglican Use des Römischen Ritus«? Die Einheit der Liturgie in der Vielfalt der Riten und Formen.

Harald Buchinger, Reformen der Osternachtfeier: Eine Fallstudie römischer Liturgiegeschichte.
Helmut Hoping, Der *Introitus* und das Stufengebet als Schwellentexte der römischen Messe.
Manfred Hauke, Das *Offertorium* als Herausforderung liturgischer Reformen in der Geschichte.
Stefan Heid, Tisch oder Altar? Hypothesen der Wissenschaft mit weitreichenden Folgen.

REZENSIONEN:

J. P. Chavanne, in: Analecta Cisterciensia 64 (2014) 419–420.
B. Kranemann, in: Archiv für Liturgiewissenschaft 56 (2014) 329–332.
B. Leven, Vatikanische und tridentinische Liturgiereformen, in: Gottesdienst 48 (2014) 142.
K.-P. Vosen, Heilbringende Gottesbegegnung. Stephan Heid beleuchtet die Geschichte römischer Liturgiereformen in der Neuzeit, in: Die Tagespost, 67. Jg., Nr. 149 vom 16. Dezember 2014, S. 6.
A. Wollbold, in: Römische Quartalschrift 110 (2015) 275–279.
Th. Paprotny, in: Una Voce Korrespondenz 45 (2015) 451–454.
W. Steck, in: Zeitschrift für Kirchengeschichte 127 (2016) 106–108.

BLUTZEUGE

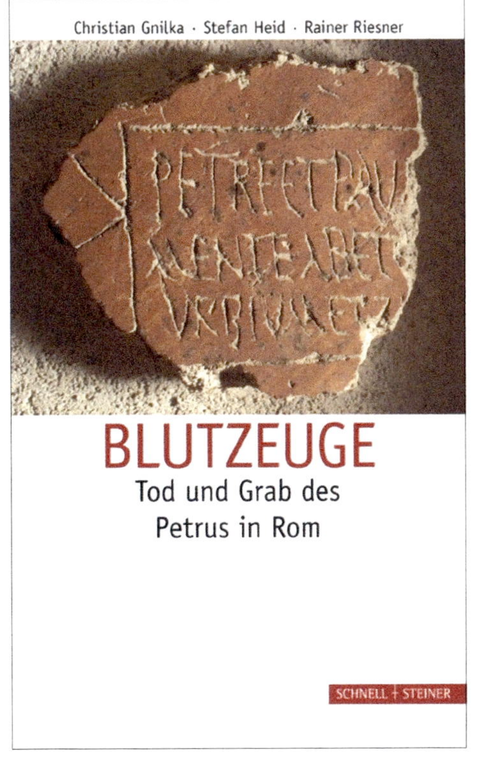

Christian Gnilka / Stefan Heid / Rainer Riesner, Blutzeuge. Tod und Grab des Petrus in Rom (Regensburg: Verlag Schnell & Steiner 2015), 2. Auflage, 197 Seiten, Abbildungen, 16,90 €.

Der Band enthält u. a. drei Beiträge, die die Autoren auf der III. Römischen Tagung zur Frühen Kirche (13.–17. Februar 2010) am *Campo Santo Teutonico* gehalten haben.

INHALT:

I. Petrus in Rom:
Rainer Riesner, Paulus, Petrus und Rom im Neuen Testament.
Christian Gnilka, Philologisches zur römischen Petrustradition.
Stefan Heid, Märtyrergrab im Römerbrief des Ignatius.

II. Jubel am Grab:
Stefan Heid, Jüdische Wurzeln christlicher Gräberehrung.
Stefan Heid, Von Palästina in die christliche Diaspora.
Stefan Heid, Keine Tradition ohne Traditionsträger.

REZENSIONEN (ZUR 1. AUFLAGE):

K. Piepenbrink, in: Gymnasium 118 (2011) 414–415.
J. Schmidt, in: Theologische Revue 107 (2011) 473–474.
M. Ziegler, in: H-Soz-Kult, 27.02.2012 (online).

WOHNEN WIE IN KATAKOMBEN

Stefan Heid, Wohnen wie in Katakomben. Kleine Museumsgeschichte des *Campo Santo Teutonico* (Regensburg: Verlag Schnell & Steiner 2016), 248 Seiten, zahlr. Abbildungen, 49,95 €.

INHALT:

Im Vatikan gibt es die bedeutende, jedoch kaum bekannte, umfangreiche Privatsammlung frühchristlich-mittelalterlicher Objekte des *Campo Santo Teutonico*. Erstmals werden die Anfänge dieses im späten 19. Jahrhundert entstandenen Museums aus unveröffentlichten Dokumenten und Fotografien rekonstruiert. Die Sammlung umfasst Grabinschriften, Sarkophage, Lampen, Ampullen, Gläser, Münzen, Ziegelstempel und vieles mehr. Der niederrheinische Priester Anton de Waal (1837–1917) gründete 1876 das deutsche Priesterkolleg für historische und archäologische Studien. Dafür legte er durch Einkäufe auf dem römischen Antiquitätenmarkt, mit Grabungsfunden und Schenkungen eine Sammlung an. Unter dem Leitbild der Kirche der Katakomben und Märtyrer diente sie didaktischen, wissenschaftlichen und apologetischen Zwecken. Die Geschichte der Sammlung gewährt spannende Einblicke in die aufblühende Wissenschaft der Christlichen Archäologie in Rom und in das Leben der Kollegbewohner zwischen Antike, Abenteuer und Alltag. Die Sammlung ist seit 1917 Eigentum der Erzbruderschaft zur Schmerzhaften Mutter Gottes beim Campo Santo der Deutschen und Flamen.

BUCHVORSTELLUNG:

durch Stefan Heid und Albrecht Weiland (Verlag Schnell & Steiner) am 8. Oktober 2016 am *Campo Santo Teutonico*.

REZENSION:

V. Fugger, in: Theologisch-praktische Quartalschrift 167 (2019) 89–91.

DER CAMPO SANTO TEUTONICO

Hans-Peter Fischer / Albrecht Weiland (Hg.), Der *Campo Santo Teutonico*. Eine deutschsprachige Exklave im Vatikan (Regensburg: Verlag Schnell & Steiner 2016), 128 Seiten, zahlr. Abbildungen, 24,95 €.

INHALT:

Hans-Peter Fischer, Vorwort.
Albrecht Weiland, Lage.
Albrecht Weiland, Name.
Albrecht Weiland, Frühgeschichte.
Albrecht Weiland, Die Erzbruderschaft.
Albrecht Weiland, Die Kirche.
Albrecht Weiland, Der Friedhof.
Hans-Peter Fischer, Das Priesterkolleg.
Stefan Heid, Das Römische Institut der Görres-Gesellschaft.
Albrecht Weiland, Der *Campo Santo Teutonico* und Papst Benedikt XVI.
Albrecht Weiland, Der *Campo Santo Teutonico* als Ort der Begegnung.

ALTAR UND KIRCHE

Stefan Heid

ALTAR UND KIRCHE

Prinzipien christlicher Liturgie

SCHNELL + STEINER

Stefan Heid, Altar und Kirche. Prinzipien christlicher Liturgie (Regensburg: Verlag Schnell & Steiner, 1.–2. Auflage 2019), 496 Seiten, 150 Abb., 50,– €.

INHALT:

Ein Altar ist eine Opferstätte oder ein Opfertisch als Verehrungsstätte für Gottheiten (Wikipedia). Ob das, was die Christen heute im Gottesdienst verwenden, ein Altar sein darf, darüber streiten sich die Konfessionen. Seit der Liturgiereform des Zweiten Vatikanischen Konzils steht jedenfalls der Altar im Mittelpunkt vieler Neugestaltungen katholischer Kirchenräume. Dabei orientiert man sich gern an der Frühen Kirche. Das Konzil verweist nämlich auf die »Norm der Väter«. Doch wie lässt sich das mit der weit verbreiteten Meinung vereinbaren, das Christentum habe anfangs keinen Kult und keine Opfer gekannt, sondern nur Liebes- und Sündermähler, in Hauskirchen begangen? Erst spät, seit Kaiser Konstantin, habe sich ein regelrechter Staatskult mit Opfern, Altären und prachtvollen Sakralräumen herausgebildet, und an diesem historischen Ballast leide die Kirche heute noch. Aber stimmt das wirklich? Oder sind das nicht eher Klischees, die man kritisch hinterfragen muss? Der vorliegende Band schlägt einige Schneisen in das Dickicht und kommt zu ebenso überraschenden wie anregenden Ergebnissen.

BUCHVORSTELLUNG:

durch Joachim Hake und Albrecht Weiland (Verlag Schnell & Steiner)
am 28. Mai 2019 an der Katholischen Akademie Berlin

durch Wilhelm Imkamp und Albrecht Weiland (Verlag Schnell & Steiner)
am 21. Juni 2019 am *Campo Santo Teutonico*

REZENSIONEN:

M. Schmidt, in: Liturgie und Kultur 10,3 (2019) 97–98.
A. Pflock, in: Lutherische Theologie und Kirche 43 (2019) 147–158.
N.N., in: Jahrbuch für Liturgik und Hymnologie 2019 (2020) 105–106.
M. Münzel, in: Fernblick. Das Onlinemagazin von Theologie im Fernkurs 7 (2019).
Ch. Dick, in: Vision 2000, 4 (2019) 21.
L. G. Khrushkova, in: Questions of the History of World Architecture 12 (2019) 285–287.
S. de Blaauw, in: H-Soz-Kult, 24.08.2020 (online).
J. Nebel, Liturgie im Glanz der frühen Kirche. Reflexionen über ein neues Grundlagenwerk zu Prinzipien der Liturgie, in: Forum Katholische Theologie 36 (2020) 101–126.
W. Brandmüller, Ein Tisch nicht von dieser Welt, in: Cato 5/2020, 53–55.
S. Würges, in: Theologisches 50 (2020) 173–176.

MACHT UND MOBILISIERUNG

Mariano Barbato / Stefan Heid (Hg.), Macht und Mobilisierung. Der politische Aufstieg des Papsttums seit dem Ausgang des 19. Jahrhunderts (Freiburg i.Br. u. a.: Verlag Herder 2020), 272 S., 36,– €.

Der Band geht hervor aus der Tagung »Der politische Aufstieg des Papsttums: Mobilisierung, Medien und Macht der modernen Päpste« am *Campo Santo Teutonico* (22.–26. März 2017).

INHALT:

Mariano Barbato, Die öffentliche Macht der modernen Päpste. Zur Einführung.

Olaf Blaschke, Der Aufstieg des Papsttums aus dem Antiklerikalismus. Zur Dialektik von endogenen und exogenen Kräften der transnationalen Ultramontanisierung.

Francisco Javier Ramón Solans, Lateinamerikanischer Ultramontanismus. Der Aufstieg des Papsttums als transatlantisches Phänomen.

Stefan Heid, Die Pilgermobilisierung unter Papst Pius IX. und die deutschen Katholiken.

Ulrich Nersinger, Die Eisenbahn nach Rom. Infrastruktur der Pilgermobilisierung.

Massimiliano Valente, Päpstliche Mobilisierungsfähigkeit während der beiden Weltkriege.

Stefan Samerski, Die Popularisierung des Papstes Pius XII. in medialer Modernität. Schlaglichter auf weltpolitische Krisenzeiten.

Charles R. Gallagher, Ein unbequemer Papst. Die Presse, Präsident Eisenhower und das Gnadengesuch Pius' XII. für Julius und Ethel Rosenberg.

Adrian Hänni, Das politische Papsttum im Jahrhundert transnationaler Massenmobilisierung. Der Fall der *Commission pour l'Église Persécutée.*

Thomas Brechenmacher, Johannes XXIII., *Pacem in Terris* (1963) und das Erbe Pius' XII.

Frank Bösch, Der »Medienpapst« als Herausforderer des Sozialismus. Die erste Polenreise von Papst Johannes Paul II.

Mariano Barbato, Der Papst auf Reisen. Mobilisierung und Landschaft.

Melanie Barbato, Mobilisierung jenseits des Kirchenvolks. Der Papst und der interreligiöse Dialog.

NEUE ASPEKTE EINER GESCHICHTE DES KIRCHLICHEN LEBENS

Neue Aspekte
einer Geschichte des
kirchlichen Lebens

Zum 10. Todestag
von Erwin Gatz
(1933–2011)

SCHNELL + STEINER

Clemens Brodkorb / Dominik Burkard (Hg.), Neue Aspekte einer Geschichte des kirchlichen Lebens. Zum 10. Todestag von Erwin Gatz (Regensburg: Schnell & Steiner 2021) 384 Seiten, 34,95,– Euro.

INHALT:

Aus Anlass des 10. Todestages von Erwin Gatz war für Mai 2021 am *Campo Santo Teutonico* eine wissenschaftliche Tagung geplant, die unter dem Titel »Neue Aspekte einer Geschichte des kirchlichen Lebens« eines seiner zentralen Forschungsanliegen aufgreifen und weiterdenken wollte. Hier sollten Themen behandelt werden, die seinerzeit nur gestreift worden waren oder überhaupt noch nicht auf der Agenda kirchenhistorischer Forschung standen, etwa weil sich die entsprechende Forschungsproblematik noch nicht oder nicht in dem Ausmaß wie heute stellte. Die Tagung musste abgesagt werden. Vorliegender Band bietet die zur Verfügung gestellten Vorträge. Sie sind dem dankbaren Gedenken eines inspirierenden Kirchenhistorikers, begnadeten Wissenschaftsorganisators und nicht zuletzt Freundes gewidmet; die lange *Tabula memorialis* zeugt davon.

BUCHVORSTELLUNG:

durch Stefan Heid und Felix Weiland (Verlag Schnell & Steiner) am 15. September 2021 am *Campo Santo Teutonico*.

REZENSION:

Stefan Heid, Neue Aspekte der Kirchengeschichte. Buchveröffentlichung zum 10. Todestag von Prälat Erwin Gatz, in: L'Osservatore Romano, Wochenausgabe in deutscher Sprache, 51. Jg., Nr. 44 vom 05.11.2021, S. 6.

HIMMLISCHE UND IRDISCHE LIEBE

Yvonne Dohna Schlobitten / Claudia Bertling-Biaggini / Claudia Cieri Via (Hg.), Himmlische und irdische Liebe. Ein anderer Blick auf Raffael (Regensburg: Verlag Schnell & Steiner 2022).

Der Band geht hervor aus der Tagung »L'Amore Divino e Profano – uno sguardo diverso su Raffaello / Himmlische und irdische Liebe – ein anderer Blick auf Raffael« (online-Tagung) (26., 28. November 2020).

»STERBEN & TÖTEN FÜR GOTT?

Peter Bruns / Thomas Kremer / Andreas Weckwerth (Hg.), Sterben & Töten für Gott? Das Martyrium in Spätantike und frühem Mittelalter. Internationale Tagung in Rom vom 20. bis 23 Februar 2019 = Koinonia – Oriens 57 (Münster: Aschendorff Verlag 2022).

Der Band geht hervor aus der internationalen und interdisziplinären Tagung »Sterben & Töten für Gott? Das Martyrium in Spätantike und frühem Mittelalter« am *Campo Santo Teutonico* (20.–23. Februar 2019).

KULT DES VOLKES

Stefan Heid / Markus Schmidt (Hg.), Kult des Volkes. Der Volksgedanke in den liturgischen Bewegungen und Reformen. Eine ökumenische Revision (Darmstadt: Wissenschaftliche Buchgesellschaft 2022) – in Planung

Der Band geht hervor aus der Tagung »Kult des Volkes. Der Volksgedanke in den liturgischen Bewegungen und Reformen. Eine ökumenische Revision« am *Campo Santo Teutonico* (24.–27. November 2021).

PERSONENVERZEICHNIS

G

H

L

M

R

S

T

U